HISTÓRIA DOS ANIMAIS

OBRAS COMPLETAS DE ARISTÓTELES
COORDENAÇÃO DE ANTÓNIO PEDRO MESQUITA

HISTÓRIA DOS ANIMAIS
Livros VII-X

Tradução de **Maria de Fátima Sousa e Silva**

wmf **martinsfontes**

SÃO PAULO 2018

Obra originalmente publicada pela Imprensa Nacional – Casa da Moeda, no quadro do projeto de tradução anotada das Obras Complementares de Aristóteles, promovido e coordenado pelo Centro de Filosofia da Universidade de Lisboa e subsidiado pela Fundação para Ciência e Tecnologia

Copyright da tradução © 2008, Centro de Filosofia da Universidade de Lisboa e Imprensa Nacional – Casa da Moeda, Lisboa, Portugal

Copyright © 2018, Editora WMF Martins Fontes Ltda., São Paulo, para a presente edição.

Todos os direitos reservados. Este livro não pode ser reproduzido, no todo ou em parte, armazenado em sistemas eletrônicos recuperáveis nem transmitido por nenhuma forma ou meio eletrônico, mecânico ou outros, sem a prévia autorização por escrito do editor.

1ª edição 2018

Tradução
MARIA DE FÁTIMA SOUSA E SILVA

Acompanhamento editorial
Fernando Santos
Revisões gráficas
Rogério Trentini
Ana Caperuto
Produção gráfica
Geraldo Alves
Paginação
Studio 3 Desenvolvimento Editorial

Dados Internacionais de Catalogação na Publicação (CIP)
(Câmara Brasileira do Livro, SP, Brasil)

Aristóteles
História dos animais : livros VII-X / Aristóteles ; tradução de Maria de Fátima Sousa e Silva. – São Paulo : Editora WMF Martins Fontes, 2018. – (Coleção obras completas de Aristóteles / coordenação de António Pedro Mesquita)

Título original: História dos animais
Bibliografia.
ISBN 978-85-469-0079-4

1. Animais 2. Aristóteles – Crítica e interpretação 3. Filosofia antiga I. Mesquita, António Pedro. II. Título. III. Série.

18-12385   CDD-185

Índices para catálogo sistemático:
1. Aristóteles : Obras filosóficas   185
2. Filosofia aristotélica   185

Todos os direitos desta edição reservados à
Editora WMF Martins Fontes Ltda.
Rua Prof. Laerte Ramos de Carvalho, 133   01325-030 São Paulo SP Brasil
Tel. (11) 3293.8150   Fax (11) 3101.1042
e-mail: info@wmfmartinsfontes.com.br   http://www.wmfmartinsfontes.com.br

ÍNDICE GERAL

Agradecimentos VII
Introdução, por Maria de Fátima Sousa e Silva IX
Bibliografia LIII

HISTÓRIA DOS ANIMAIS

LIVRO VII 3
LIVRO VIII 61
LIVRO IX 139
LIVRO X 163

Índice dos nomes de animais 185

AGRADECIMENTOS

Ao professor Carlos Almaça é devido um vivo agradecimento pela revisão competente e cuidada que fez da tradução, garantindo-lhe rigor na nomenclatura específica que tem inevitavelmente de corresponder a um texto de teor científico como é o do tratado em causa.

À professora Maria Helena Ureña Prieto exprimo também a minha gratidão pelo interesse manifestado pelo texto e pela disponibilidade para organizar o índice grego-português dos nomes de animais.

INTRODUÇÃO

Aristóteles e a ecologia

A ecologia, como saber que especula sobre a relação entre as espécies animais e os fatores ambientais que as rodeiam, era uma disciplina meramente subjacente a outras áreas de interesse cultural. Sem que se possa ainda falar de ecologia como uma ciência autônoma no mundo antigo, muitos dos conceitos e das questões colocadas pela ciência grega, desde o seu período arcaico e clássico, têm um sentido próximo do que hoje consideramos o cerne dessa área de conhecimento. Decerto que os geógrafos do século V a.C. (Ctésias, em particular), os filósofos pré-socráticos, os autores de tratados hipocráticos[1], bem como os historiadores (Heródoto, entre outros) e o próprio Platão[2], ao dedicarem uma parte relevante dos seus escritos à descrição de espaços distantes ou desconhecidos para o mundo grego, depois que a guerra rasgou, à penetração europeia, horizontes asiáticos e africanos, não

---
[1] É, por exemplo, manifesto o conhecimento que Aristóteles detém do tratado *Sobre os ares, águas e lugares* (século V a.C.), que formula teorias de natureza ecológica semelhantes às que encontramos disseminadas em *História dos animais*.

[2] Sobre a importância destas fontes de informação para a produção biológica de Aristóteles, cf. S. Byl, "Index géographique des traités biologiques d'Aristote", *Bulletin de l'Association Guillaume Budé*, 1 (2004), 109-119.

deixaram de elencar sua fauna e sua flora e de estabelecer, entre fatores climáticos ou físicos e os recursos naturais, relações evidentes. Este tipo de interesse não deixou nunca de mobilizar a atenção de historiadores e filósofos, ao longo de toda a Antiguidade. No que diz respeito a Aristóteles especificamente, F. Borca[3] salienta como o passo mais célebre, nesta perspectiva, é o que, em *A política*, 1327b, pretende caracterizar, em função da posição geográfica que ocupa, a natureza do homem grego, por contraste com o asiático e o que ocupa a Europa centro-norte. Mas naturalmente que os tratados de natureza biológica, desde logo a *História dos animais*, com particular relevância para os livros VII (VIII) e VIII (IX), alargam a perspectiva desta interação às espécies animais em geral, dentro do espaço amplo onde Aristóteles situa a sua investigação[4]. É relevante o número de situações observadas e a natureza dos fenômenos desencadeados, que uma avalanche significativa de exemplos torna incontestável; sobre as causas que os determinam é Aristóteles claramente mais parco, ora por desconhecimento ou por simples omissão[5].

Um primeiro pressuposto teórico é estabelecido em 589a3-6, que define, como funções essenciais à vida animal, a reprodução e a alimentação: "Uma parte da vida dos animais é portanto consagrada ao processo da reprodução, enquanto outra se reporta à alimentação. De fato, é em relação a estes dois objetivos que todo o seu programa de vida se organiza." Naturalmente que, por trás deste "programa de

---

[3] "Animali e ambienti naturali: spunti deterministici in Aristotele, *Historia Animalium*, 8. 28-29", *Aufidus*, 43 (2001), 7.

[4] Cf. M. F. Silva, *Aristóteles. História dos animais*, I (Lisboa, 2006), 23-28.

[5] P. Louis, *Aristote. Histoire des animaux*, I (Paris, Les Belles Lettres, 1964), XII, recorda a metodologia confessa de Aristóteles, em *Partes dos animais*, 646a8-12: depois de ter descrito, em *História dos animais*, as partes que constituem os seres vivos, em *Partes dos animais* propõe-se examinar as causas que explicam a especificidade de cada uma dessas partes. Logo, o conteúdo de *História dos animais* será uma recolha descritiva e exemplificativa, sendo a etiologia reservada para o tratado seguinte.

vida" que visa assegurar a sobrevivência e continuidade de cada espécie, está a relação possível com o meio ambiente como contexto que as condiciona e suporta. Por isso, Aristóteles acrescenta, como pressuposto seguinte (589a10-11): "As espécies dividem-se de acordo com o seu *habitat*. Assim, há as terrestres e as aquáticas."[6] Esta grande bipartição obedece a três critérios decisivos (590a13-16): se absorvem ar ou água, que temperatura corporal apresentam e que alimentação consomem.

Se é fundamental, em matéria ecológica, estabelecer, em termos ainda gerais, as características e necessidades essenciais dos seres vivos, não é menos relevante, numa perspectiva paralela, definir um conjunto de fatores que caracterizam cada *habitat* como determinantes à existência de um certo tipo de fauna e de flora. Registramos assim a insistência com que Aristóteles valoriza a relação entre o ambiente e as espécies que o habitam: "Para cada uma das espécies é importante o lugar onde vive" (602a16); "a própria natureza de cada espécie procura o *habitat* que lhe é mais conveniente" (615a25-26).

Porque cada lugar reúne um conjunto de características próprias, torna-se de certa forma específico o que se reflete na sua fauna e flora, como também nos seres humanos que nele residem e nos costumes que praticam. Aristóteles traduz esta singularidade em palavras particularmente breves e peremptórias: "A fauna varia conforme os lugares" (605b22). Pode mesmo estabelecer-se uma hierarquização, na relação *habitat*/espécies de vida animal, escalonada em três níveis: a existência, num determinado lugar, de uma espécie que obedece, em qualidade e quantidade, a um padrão normal ou regulamentar; ou então a existência residual de uma certa espécie, representada por um número de exemplares escasso e de uma qualidade ou tamanho inferior; ou, em caso limite, a inexistência pura e simples de uma espécie num determinado

---

[6] Platão (*Sofista*, 220a-b, *Político*, 264d-e) tinha já estabelecido repartição semelhante entre espécies aquáticas, terrestres e voadoras.

lugar. Mais difícil será encontrar, para esta verificação, uma justificação satisfatória, já que a enumeração e a comparação de exemplos mostrarão a existência de inconsequências nem sempre justificáveis. "Há casos" – continua Aristóteles, 605b25-27 – "em que as diferenças na fauna se verificam em regiões entre si próximas." Os exemplos que se seguem, na ausência de justificações, deixam a pairar sucessivas perplexidades, sem deixar de ser, na abundância com que são reunidos, a prova de uma verdade incontestável (605b27 ss.): assim, por exemplo, ao redor de Mileto há locais com cigarras e outros não[7], o mesmo se dando na ilha de Cefalênia em função das duas margens de um mesmo rio; um caminho separa, em Pordoselene, um terreno onde existem doninhas de outro que as não possui. E se são desconhecidas as razões destas disparidades, experiências feitas no sentido de as contrariar mostraram-se infrutíferas, como se a natureza reivindicasse, na distribuição destas espécies, uma autoridade exclusiva. Assim, se se procurar instalar doninhas em Livadeia, onde naturalmente não existem, elas adotam comportamentos estranhos, recusando-se a cavar a sua toca; do mesmo modo que lebres que se tente implantar em Ítaca, território onde não se encontram, não sobrevivem e, o que é ainda mais significativo, perecem junto à costa aonde chegaram, na denúncia manifesta de uma desadaptação intuitiva. E o texto continua (606a6 ss.) com uma profusão de outros exemplos que abonam a realidade pressuposta: nem todos os lugares são compatíveis com as diferentes espécies. O conjunto de observações feitas tem em consideração toda a metade oriental da bacia do Mediterrâneo: da Sicília, considerando naturalmente a Grécia continental e ilhas, até a zona asiática do Ponto, Síria e Índia, fechando o anel com o mar Vermelho, o Egito e a Líbia. As observações feitas a propósito de aspectos

---

[7] Cf. 556a, em que se diz que as cigarras não ocorrem em descampados, mas necessitam de ambientes arborizados e com sombra, o que pode talvez estar implícito como justificação para a divergência existente, neste caso concreto, entre as regiões ao redor de Mileto.

particulares da fauna que a povoa tanto podem dizer respeito a espaços restritos e confinados (os de uma ilha ou cidade, por exemplo) como alargar-se a todo um país ou continente (caso da Índia ou da Líbia). Dentro deste espaço se pode considerar, em termos de fauna, uma realidade que se poderia sintetizar da seguinte forma: inexistência total de certas espécies em regiões específicas (*e.g.*, "em toda a Líbia não há javalis, nem veados, nem cabras-montesas"; ou "na Índia [...] não há porcos, nem selvagens nem domésticos"); verificação de características físicas inusitadas (*e.g.*, "na Síria, os carneiros têm uma cauda com quarenta centímetros de comprimento, as cabras, umas orelhas de uns trinta centímetros, e algumas mesmo as têm a arrastar pelo chão; os bois, como os camelos, lá também têm bossas no dorso") ou de dimensões estranhas, por excesso ou por defeito (*e.g.*, "no mar Vermelho todos os testáceos são de um tamanho fora do comum"; "no Egito, animais do tipo bovino e caprino são maiores do que na Grécia; outras espécies são menores, como os cães, os lobos, as lebres, as raposas, os corvos e os falcões; outras são de tamanho idêntico, como as gralhas e as cabras")[8]; e finalmente, alterações no comportamento habitual de certas espécies.

Outros passos abonam informações equivalentes, como aquelas que circunscrevem uma espécie determinada a um único lugar, onde existe em exclusividade ou como particularmente frequente: o pica-pau-verde "é uma ave sobretudo

---

[8] Estas diferenças entre o Egito e a Grécia parecem residir na alimentação. F. Borca, *op. cit.*, 13-14, sintetiza as diferenças recordando: que, no Egito, a disponibilidade de frutos selvagens é limitada no tempo, o que explica a pouca quantidade e atrofia dos herbívoros e, por natural consequência, também a dos carnívoros que se alimentam de herbívoros. A inversão destas características na paisagem grega justifica a consequente inversão das condições de sobrevivência animal. No entanto, Aristóteles não deixa de reconhecer a capacidade que a criação doméstica tem de obter exemplares de qualidade (cf. *infra*, pp. 34-35), com a aplicação, determinada pela iniciativa humana, dos frutos produzidos no vale do Nilo, local de uma prosperidade de que a Grécia não dispunha.

frequente no Peloponeso" (593a11-12); a trepadeira-azul "é sobretudo na ilha de Ciros que se encontra" (617a23-24); um certo tipo de gralha é próprio da Líbia e da Frígia (617b18-19); ou ainda um certo tipo de ave existe na Cítia, que se pode comparar, em tamanho, com a abetarda (619b13-14). Há também aves que, embora oriundas de paisagens decerto mais rústicas ou florestais, "por hábito vivem sobretudo nas cidades, caso do corvo e da gralha" (617b12-14); acrescenta-se o exemplo do bisão, "que existe na Peônia" (630a18), do leão, que é sobretudo europeu, tal como o leopardo é asiático (606b14-17). Podem existir espécies animais que, além de circunscritas, primam pela raridade; caso paradigmático é o das chamadas "vacas de Pirro", que não só são exclusivas do Epiro, como também afetas a um criador particular, a corte; estão contabilizados os espécimes existentes, cerca de quatrocentos, e nunca foi possível transplantar esta raça para qualquer outro lugar (595b19-22). Como é ainda suscetível de observação um certo tipo de ave em lugares muito específicos, apenas aqueles onde habita, e inferir dessa restrição a ideia de que se trate de uma ave estranha à nossa paisagem, porque é raro vê-la fora desses lugares (616b20).

De certo modo, considerado numa visão geral o grande espaço geográfico conhecido, há que assinalar uma bipartição entre países frios e quentes: os rigores dos primeiros limitam o número de espécies ou o seu desenvolvimento pleno, enquanto a canícula dos segundos proporciona dimensões extravagantes. Numa posição intermediária, a realidade grega funciona como inevitável expressão da norma. Mas o mesmo olhar de conjunto sobre o mundo conhecido leva Aristóteles igualmente a pronunciar-se, ainda em termos comparativos, sobre o caráter e aspecto das diversas espécies de acordo com as grandes áreas geográficas (606b17-20): "De modo geral, os animais ferozes o são mais na Ásia, mas todos são mais valentes na Europa. Na Líbia é onde há formas mais variegadas, o que justifica o provérbio que diz que da Líbia vem sempre algo de novo." Três fatores parecem caracterizar as espécies de acordo com cada um dos continentes: à determinação e resistência próprias do ambiente europeu, opõe-se, entre o mundo bárbaro que se estende pela Ásia, uma correspondente ferocidade animal, reproduzindo-se, a este nível, a oposição que a Grécia clássica assinalou e avaliou no que se refere à sociedade humana. A Líbia, ou seja, a África destaca-se dos espaços anteriores – onde as espécies parecem sensivelmente se corresponder e apenas diferir na graduação das suas disposições – por um verdadeiro exotismo da sua fauna; para além de variedades diversas das europeias ou asiáticas, a capacidade de surpreender com novas e inusitadas espécies parece permanente[9]. O Estagirita sugere mesmo uma explicação interessante para o fato, que se relaciona com a fisiologia e o clima do espaço africano, capaz de proporcionar, em virtude da escassez de água, o encontro das diferentes espécies nos poucos locais onde o precioso líquido existe; desta necessidade vital resulta o acasalamento indiscriminado e o cruzamento de espécies, responsável por um exotismo imprevisível e inesgotável (606b20-22).

Se se encarar no pormenor o mesmo processo de diversidade animal conforme os lugares que as espécies habitam, podem-se assinalar exemplos sugestivos. Vejamos o que se passa com os peixes de mar, que se repartem essencialmente pela sua preferência pelo mar alto ou pela faixa costeira [fugindo a essa distribuição, dá-se o caso de que os há também capacitados para qualquer um dos dois *habitats* (602a15-18)]. Além desta repartição geral, vários tipos de diferença relacionam-nos com espaços concretos: diferenças no tamanho são um vestígio evidente dessa variação ["em Creta, góbios e todos os peixes de rocha são mais gordos" (598a17-18)]. No caso dos espécimes que vivem em albufeiras, pode-se assinalar a adequação desse *habitat* em termos de quantidade e de variedade de espécies que abriga; na Trácia, a ilha da

---

[9] F. Borca, *op. cit.*, 18, concretiza com a moderna palavra "biodiversidade" o caráter peculiar da fauna africana como a via Aristóteles e os seus contemporâneos, se tivermos em conta o caráter popular do provérbio.

Raposa e o lago Bistônide são exemplo disso (598a20-24). Finalmente, atitudes de adaptação por parte da fisiologia e dos hábitos de certos peixes ao meio ambiente podem-se exemplificar com a forma como os atuns se deslocam no Ponto (598b19-22): "Os atuns entram no Ponto seguindo ao longo da margem direita e saem pela esquerda. Há quem diga que procedem desta forma por verem melhor do lado direito, já que não são naturalmente dotados de boa visão." Por fim, sem sairmos das espécies marinhas, é interessante registrar a capacidade mimética de algumas espécies, como é o caso do polvo, que pode mudar de cor e confundir-se com o meio em que se encontra, para conseguir mais facilmente iludir as suas presas (622a9-10).

Se passarmos aos grupos terrestres, deparamo-nos com variações paralelas. Desde logo também neste caso o tamanho pode relacionar uma espécie com um espaço determinado, a que o calor está associado como um fator característico: "Na Líbia, as serpentes são de um tamanho enorme" (606b6-10). Mas, além dos traços meramente fisiológicos como a dimensão e a natureza do espaço, por exemplo, mais acessível ou favorável, ou, pelo contrário, mais inóspita e agressiva, projeta-se, pela própria necessidade de sobrevivência, no comportamento das espécies que abriga. É o que Aristóteles exprime numa formulação de teor geral (607a9-11): "Os lugares produzem também diferenças nos comportamentos; logo, os animais de lugares montanhosos e escarpados diferem dos que habitam regiões planas e suaves. Têm um aspecto mais feroz e altivo." Um exemplo concreto complementa este princípio: a agressividade das mordeduras de espécies variadas, que revestem graus diversos de perigo, permitindo a cura ou produzindo uma morte sem apelo conforme as regiões. Estabelece-se, por esta via, uma dicotomia fundamental na natureza, a que opõe ou polariza os espaços em duros e agressivos ou suaves e acolhedores, suscitando nas espécies que os habitam uma reação baseada na analogia:

ferozes e resistentes as primeiras, mais brandas e mais frágeis as segundas[10].

Se passarmos às aves, podemos acrescentar situações igualmente significativas. Dentro da mesma espécie, pode haver variedades com uma implantação diversa e com uma abundância díspar: "Há duas variedades de melro: uma negra, que se encontra em toda parte; a outra branca, ambas semelhantes no tamanho e com uma voz idêntica. Este último tipo encontra-se no monte Cilene, na Arcádia, e em mais parte nenhuma" (617a11-15); "as íbis do Egito são de dois tipos, umas brancas e outras pretas. Em todo o resto do Egito se encontram íbis brancas, menos em Pelúsio, onde não existem. As pretas, em contrapartida, não existem em qualquer outro lugar fora de Pelúsio" (617b28-32). Pequenos ajustes fisiológicos permitem a adequação de cada animal ao meio que prefere: "todas as aves palmípedes vivem junto ao mar, aos rios e aos lagos" (615a24-25); "há uma ave que vive nos rochedos a que se dá o nome de trepadeira-azul. [...] Tem patas grandes, que lhe permitem subir às pedras" (617a23-27). Naturalmente que é próprio das aves nidificar, como um processo essencial à sua sobrevivência e reprodução. Aristóteles dedica à construção dos ninhos, no que se refere aos materiais usados, técnica de construção, locais onde se encontram instalados (615b-616b), um conjunto de observações de pormenor, exemplificadas com as particularidades relativas às diferentes espécies. Limitar-nos-emos a salientar uma circunstância em que a nidificação manifesta a preocupação instintiva de uma ave no que respeita à adequação ao ambiente; trata-se do ninho do guarda-rios (616a29-30), minuciosamente descrito no seu aspecto mimético com a própria superfície marinha onde se encontra, mas sobretudo protegido da invasão da água: "Têm uma abertura estreita, apenas o suficiente para dar lugar a uma entrada pequena, de tal forma que, mesmo que o mar se agite, a água não entra."

---

[10] Cf. F. Borca, *op. cit.*, 20-21.

Uma palavra é ainda devida, sob este ponto de vista, às abelhas e espécies afins, que ocupam neste tratado uma posição de relevo[11]. Assim, entre as vespas, há uma repartição fundamental entre as selvagens e as domésticas, de que resultam circunstâncias contraditórias no que se refere à quantidade, tamanho, cor, agressividade, duração, atividade e hábitos de vida (627b23-628a10).

Considerada como uma evidência a relação entre a vida animal e o *habitat*, são avaliados os fatores que determinam o que chamaríamos hoje de equilíbrio ecológico e que passam por um convívio organizado e regulado, dentro de um mesmo lugar, entre animais da mesma espécie ou de diferentes tipos, como também do necessário ajuste entre fauna e flora. A própria coabitação envolve um fator incontornável de competição no uso do espaço, na sua dimensão e recursos. É princípio incontestável que "os animais entram em conflito quando ocupam os mesmos lugares, ou quando, para sobreviver, se valem dos mesmos recursos. Logo, se a comida escassear, até os animais da mesma espécie a disputam entre si" (608b19-22). Esta animosidade pode ocorrer, em primeiro lugar, entre animais da mesma espécie que, pelas exigências que a própria natureza lhes coloca, dificilmente se podem concentrar num espaço limitado: "Um casal de águias, por si só, ocupa um território enorme. Por isso não permitem que outras se instalem por perto" (619a30-31); "os corvos, em áreas reduzidas e onde a abundância de alimento não é suficiente para muitos, não ultrapassam o número de dois" (618b10). Mas é sobretudo entre diferentes espécies que as relações se tornam incompatíveis, difíceis, ou também de benéfica cumplicidade. A abundância que o Ponto possui de peixe, na perspectiva de variedades e quantidade, resulta da inexistência, nas suas águas, de exemplares de gran-

---

[11] S. Byl, "L'éthologie dans les traités biologiques d'Aristote", *Études Classiques*, 66 (1998), 240, põe em relevo a importância que os diversos aspectos da vida da colmeia detêm nos tratados biológicos de Aristóteles e a extensão das observações que inspiram.

des dimensões, predadores naturais das espécies pequenas (598b1-3); contraria-se assim, num ambiente específico, o que é uma tendência natural entre os peixes (591b15, 23-25, 610b18). A competição generalizada entre as diversas espécies obedece a estímulos de natureza variada, de onde avulta, antes de qualquer outra, a questão alimentar: entre espécies que mutuamente se devoram [*e.g.*, "a águia e o dragão são inimigos, porque a primeira se alimenta de serpentes" (609a4-5)], ou entre espécies que se alimentam dos ovos umas das outras (609a7-8); há casos em que a concorrência provém da partilha do lugar onde recolhem alimento e da semelhança do tipo de vida que levam (609a19, 610a34-35). A defesa dos seus abrigos e das crias neles depositadas acentuam a agressividade de certas espécies: tanto os pombos como as abelhas lutam e repelem os inimigos com maior vigor quando o conflito se processa perto do ninho ou da colmeia (613a10-11, 626a16-18). Algumas alianças podem também surgir de instintos de cooperação para satisfação das necessidades básicas: um exemplo é a amizade entre o corvo e a raposa por questões de defesa, já que o primeiro ataca o esmerilhão, sendo ambos aves de rapina, e assim protege dele a raposa (609b33--34; sobre outros casos de amizade entre diferentes espécies, cf. ainda 610a8-13). Entre os peixes proliferam situações equivalentes, de agrupamento, colaboração e harmonia entre espécies, ou de concorrência e de inimizade; estão em causa fatores como a reprodução, a alimentação ou a defesa, que continuam a ser, também neste outro reino animal, determinantes (602b25-26, 610b1-20). Existem mesmo casos que diríamos extremos; ou de uma colaboração estreita e que parece quase consciente entre espécies radicalmente diversas: "Quando os crocodilos estão com a boca aberta, os borrelhos enfiam-se lá para dentro, em pleno voo, e limpam-lhes os dentes; dessa forma, eles arranjam alimento, e os crocodilos, que percebem que eles lhes são úteis, não lhes fazem mal. Bem pelo contrário, quando os querem fazer sair, sacodem o pescoço para não os morderem" (612a21-24). Ou, pelo contrário, pode-se verificar uma incompatibilidade que leva à exclusão mútua; a evidência de que "lugar onde exista o peixe-pau não há predadores" (620b33) é tão absoluta que é tomada como indício de segurança pelos pescadores de esponjas, que o apreciam a ponto de darem "a este peixe o nome de sagrado". Mas, também, as relações de chacais com cães e leões, que são de uma tremenda animosidade, levam a que "não se encontrem normalmente em contato" (630a11-12). A sobrevivência de uma espécie, que passa pela exclusão de predadores do seu *habitat*, pode ser induzida, ou seja, produzida pela intervenção humana. Está neste caso a proteção que os apicultores tentam assegurar às colmeias, liquidando das proximidades aqueles que são os seus principais inimigos: vespas, algumas aves e sapos (626a8-14, 626a31-626b1).

O relacionamento dos seres vivos que ocupam o mesmo *habitat* passa também por uma adequação entre fauna e flora. Pode haver casos de total incompatibilidade, quando a existência de uma planta elimina pura e simplesmente um certo tipo de vida animal [*e.g.*, "os peixes são mortos por ação do verbasco" (602b31-603a1)], ou a faz perigar [*e.g.*, "o leopardo, se engoliu acônito, que é venenoso, procura dejetos humanos que lhe servem de remédio. O mesmo produto é também nocivo aos leões" (612a7-9)]. Em contrapartida, há situações em que a existência de uma determinada planta assegura a sobrevivência, como alimento ou mesmo com fins terapêuticos, de certos tipos de vida animal; pode-se afirmar, como realidade incontestável, que "os espaços ricos em algas convêm aos peixes. Certo é que as espécies capazes de viver em qualquer lugar, se capturadas em zonas ricas em algas, são mais gordas" (602a19-22); é também o comportamento "em Creta, das cabras-montesas que, quando atingidas por um dardo, se refugiam no dictamno", porque este, ao que se diz, ajuda a repeli-lo (612a3-5); ou das cadelas que, quando doentes, procuram instintivamente uma determinada planta com propriedades purgativas que as faça vomitar (612a6; cf. 594a28-30), do mesmo modo que as tartarugas, ao devorarem uma víbora, procuram simultaneamente ingerir orégano, que lhes serve de antídoto contra o veneno do réptil (612a25-28; sobre esta propriedade do orégano, cf. ainda 612a33-34). Ampla é a informação que o tratado proporciona sobre a criação de abelhas e a produção de mel, no que se refere à flora mais conveniente a este processo. Assim, desde logo o vigor e a salubridade de uma colmeia dependem do bom estado e do viço da flora que a abastece; plantas atacadas de míldio ou de mela ou vítimas de seca instalam doenças nas colmeias (605b18-19, 626b24). Determinadas flores ou árvores que produzam uma goma abundante são essenciais à construção dos favos (623b27-31). Também existem as particularmente favoráveis à alimentação das abelhas, caso do timo (626b21), que influenciam em definitivo a qualidade e a quantidade da produção do mel (626b32-627a10). Conhecedores do benefício de certas espécies florestais na vitalidade e produção das abelhas, os apicultores podem mesmo alterar a flora natural que as rodeia, plantando espécies particularmente favoráveis (627b19).

A alimentação

Especifiquemos ainda alguns aspectos relevantes no capítulo da alimentação, que, como vimos, representa uma das condições da vida animal e uma das principais condicionantes dos seus diversos comportamentos. A disponibilidade relativa de recursos alimentares, que depende das condições climáticas e ambientais de cada lugar, é um fator essencial na definição das características da respectiva fauna.

Há espécies que mantêm uma visível constância nas suas preferências alimentares, o que as vincula a um tipo de *habitat* específico:

"Todos os animais aquáticos, tanto os que se deslocam como os que se mantêm fixos, ou se alimentam nos lugares onde nasceram ou noutros com características semelhantes; porque é aí que cada um deles encontra a alimentação conveniente" (621b3-6); "os carneiros pastam em lugares definidos e não saem de lá; as cabras mudam muito de lugar e só comem as pontas das ervas" (596a13-16). Pelo contrário, há outras espécies que se dispersam por espaços muito diversificados, de acordo com as preferências alimentares. São exemplo as aves, que se repartem por terra firme, rios e lagos, ou costa marítima, conforme as tendências que manifestam na busca de alimento, que as subdividem em carnívoras e herbívoras (593a25 ss.). Há espécies que detêm uma autonomia alimentar absoluta, já que são fisiologicamente portadoras das substâncias de que se nutrem [caso dos búzios, nos quais "nasce, sobre a concha, uma espécie de alga ou líquen" (603a16-17)]; outras usam com perícia as características fisiológicas de que são dotadas na captura das suas presas, de uma forma meramente instintiva, ou até reveladora de um propósito inteligente [*e.g.*, "as lagostas levam a melhor sobre os congros; com as rugosidades que têm impedem-nos de lhes escapar. Os congros, por seu lado, devoram os polvos porque, graças ao corpo liso que têm, estes nada podem contra eles" (590b17-20); "os insetos que têm língua alimentam-se unicamente de líquidos" (596b11-12); "o leopardo, quando percebe que os outros animais selvagens apreciam seu cheiro, esconde-se para caçá-los" (612a13-15)].

Por outro lado, a capacidade que muitas espécies demonstram, na procura ou na adaptação às características do meio, para satisfação das suas necessidades alimentares é apreciável. Veja-se o caso dos peixes que, se carnívoros, se tornam, pela própria necessidade de perseguir as presas, mais ágeis nas deslocações que fazem (621b6); ou o dos abelhões, também eles essencialmente carnívoros, que "por isso passam muito tempo nas estrumeiras, à caça de moscas gigantes" (628b32-35). Há espécies capazes de tolerar mudanças nas condições alimentares de que dispõem; assim, as enguias, que, embora tenham preferência pela água potável, mais compatível com as guelras minúsculas que apresentam, são capazes, em lugares definidos, de se alimentar de lodo e dos produtos que se tira dele (591b30-592a2). Outras, pelo contrário, reagem negativamente a certos alimentos que interferem em seu grau de salubridade: "Entre os cavalos, os que pastam em liberdade estão protegidos das várias doenças, à exceção da gota [...]. Em contrapartida, os cavalos que vivem em estábulo estão sujeitos a um sem-número de doenças" (604a22-30); "há diferenças entre as abelhas conforme procuram alimento em terrenos cultivados ou em espaços de montanha. Assim, as que nascem de abelhas que frequentam os bosques são mais peludas, menores, mais ativas e mais agressivas" (624b27-30); "se um elefante comer terra, fica debilitado, a menos que o faça regularmente" (605a25).

Há espécies preparadas para se defenderem de alterações ou de condições adversas que ponham em risco o abastecimento alimentar. São exemplo de resistência a uma dieta prolongada as tarântulas e as serpentes (594a21-22); interessante é também o comportamento das abelhas que, porque necessitam de alimento constante, o armazenam se percebem qualquer risco de o perderem (623b20-23).

Apesar da capacidade que demonstram, no sentido da superação de condições adversas ou de procura da satisfação das suas necessidades, naturalmente que uma boa alimentação é pressuposto de qualidade e de boa compleição. Os equinos, por exemplo, se alimentados com uma forragem viçosa, têm o pelo liso (595b27-28); os quadrúpedes em geral têm melhor carne se alimentados em pastos mais secos e perdem qualidade se pastam em lugares pantanosos (596b3-4).

Interessante é também a influência que a alimentação pode ter no caráter ou comportamento dos animais, no que pode traduzir-se pela dicotomia agressividade/doçura. Considerando o processo evolutivo da própria natureza, Aristóteles enuncia como um princípio (608b30-33): "É provável que, havendo alimentos com fartura, os animais que hoje tememos e que são ferozes vivessem em harmonia com o homem, e agissem com mansidão equivalente uns com os outros." Para além de este ser um fenômeno que ainda se pode constatar em diferentes lugares, alguns exemplos podem ser invocados: o dos crocodilos no Egito, em relação ao sacerdote que lhes dá de comer (609a1-2). Mas para além desta situação, que advém de um processo de criação regulada pela vontade humana, reações absolutamente espontâneas, no *habitat* natural, concorrem para a mesma ideia: acontece que peixes que são, por hábito, inimigos possam agrupar-se na busca do mesmo tipo de alimento (610b11-14); ou ainda pode-se observar, no leão, uma atitude contraditória em termos de ferocidade conforme sinta fome ou esteja saciado (629b8-11).

Para além dos alimentos sólidos, a água é também um fator determinante no equilíbrio fisiológico dos animais, cuja intervenção, indispensável, é no entanto distinta conforme se trate de espécies aquáticas ou terrestres. Se a água é o meio natural de vida para os peixes, nem todas as espécies coincidem na sua preferência ou aceitação de idênticas condições, no que se refere sobretudo à salinidade, oxigenação e temperatura da água. Tomado como exemplo de qualidade ecológica para grande parte dos peixes, o Ponto oferece-lhes uma água mais doce, graças ao número elevado de rios que nele deságuam, e alimentação em abundância (601b16-19). A mesma preferência é atestada pela evidência de que "há uma infinidade de peixes que sobem os rios e que se sentem bem nos cursos de água doce e nos pântanos", onde podem até apresentar-se mais gordos e com uma qualidade superior. Aristóteles é igualmente preciso no relacionamento destes diversos fatores – salinidade e temperatura – com a questão climática, ao estabelecer peremptoriamente (601b24-27): "Quanto às águas propriamente ditas, as que mais convêm à maioria dos peixes são as chuvas de verão e quando acontece de a primavera, o verão e o outono serem chuvosos e o inverno suave." Mas ao fato de as águas menos salinizadas parecerem colher a preferência da maioria dos peixes, tal como dos testáceos, pode-se contrapor a incompatibilidade que algumas espécies específicas têm com a água doce; é o caso dos búzios, que são, entre os testáceos, uma exceção: "Se se puserem búzios na embocadura de um rio e eles provarem a água doce, morrem no mesmo dia" (603a13--14). Bem conhecida, porque sujeita a um processo de industrialização, é a adaptabilidade das enguias ao meio ambiente aquático (592a1-10); é sabido por todos os que acompanham ou observam a criação de enguias a sua preferência por água pura ou potável, que impõe exigências próprias na preparação e calafetagem dos viveiros; neste caso, a etiologia da preferência é até adiantada e remonta a um aspecto fisiológico: devido ao tamanho minúsculo das suas guelras, as enguias facilmente asfixiam se a água em que vivem não for pura. Se a criação bem-sucedida depende do zelo quanto a este fator, a captura usa a estratégia contrária, a de revolver as águas, de modo a misturá-las com o lodo e a torná-las turvas. Sensíveis à pureza da água, as enguias o são também às mudanças bruscas de temperatura. Por fim, como é sabido, a oxigenação da água é ainda um fator decisivo para a sobrevivência das espécies aquáticas, para lhes garantir a respiração; água em pouca quantidade e que não seja renovada com frequência liquida os peixes, "tal como os animais que respiram, se o ar de que dispõem for pouco e não renovado" (592a20-23).

Por seu lado, as espécies terrestres necessitam, em geral, de água para beber, embora essa necessidade seja muito relativa. Assim, as aves consomem pouca água, não lhes sendo mesmo "benéfico beber em demasia" (601a31; cf. o exemplo específico do milhafre, que, embora bebendo pouco, constitui mesmo assim exceção entre as aves de rapina, que, em geral, não bebem nada, 593b29-594a3). As abelhas dependem, para satisfazer essa necessidade, da existência de um rio, fidelizando-se ao que lhes fica mais próximo e, só na sua falta, recorrendo a outro mais distante (626b26-29).

Quanto aos quadrúpedes mamíferos, a água lhes é indispensável, até mesmo como um estímulo ao apetite (595b30). Mas divergem na preferência pela qualidade da água que consomem: os cavalos a consomem lamacenta, os bovinos apenas limpa, fresca e pura (605a10-15). Tal como o alimento, também a água interfere, pela abundância ou escassez, nas relações e comportamentos das espécies; assim, na Líbia, a necessidade que têm de beber e a pouca disponibilidade de água tornam as espécies, reunidas nos raros espaços onde o líquido existe, mais dóceis umas com as outras. De resto, o rigor da paisagem africana neste aspecto exige um esforço limite e até distorcido de adaptação (606b25-27): "Ao contrário dos outros animais, precisam beber sobretudo no inverno, mais do que no verão. Porque, uma vez que no verão a água escasseia, eles perdem o hábito de beber nesta estação."

Uma boa avaliação dos hábitos animais e das condições ecológicas que melhor se ajustam a eles é um pressuposto fundamental para a intervenção humana, em termos de rentabilização de meios, de produção ou de possível comercialização. Há muitas situações em que o controle do ambiente e da alimentação é fulcral para o sucesso na criação de espécies determinadas. Para além do exemplo dos viveiros de enguias, ao qual atrás aludimos (cf. *supra*, p. XXV), outros tipos de criação são mencionados por Aristóteles, instruídos com um conjunto de práticas que pode contribuir para o êxito dessa atividade. É o caso da criação e engorda de porcos, que exige controle ajustado do tempo, dosagem e tipo de alimento, acrescido de moderação na atividade ou movimento das reses. O conhecimento do efeito combinado destes diferentes fatores explica o sucesso particular desta atividade na Trácia (595a21-30). Em contrapartida, os caprinos engordam mais em função do que bebem e, por isso, se acrescenta sal em sua ração para conseguir um rebanho mais saudável e mais gordo, ou se forçam a caminhadas nas horas de calor intenso, com o objetivo de lhes estimular a sede (596a13-24); os bovinos se beneficiam da ingestão de ar, o que se proporciona com uma alimentação rica em produtos que causam flatulência, ou mesmo com a introdução artificial de ar, insuflado através de uma incisão feita na pele (595b5-9)[12].

A reprodução

Para além da alimentação, a reprodução – que Aristóteles considera a segunda função em volta da qual gravita a existência das espécies animais – envolve também algumas particularidades interessantes. São, antes de mais nada, evidentes as precauções que certas espécies tomam no sentido de preservar a segurança das crias, uma diligência generalizada em casos muito diversos; assim, os peixes tendem a reunir-se "quando as fêmeas estão prenhes, e outras [espécies] após a postura" (610b3); a corça vai parir à beira dos caminhos, de onde a presença humana afasta as feras (611a16-17); as fêmeas do bisão reúnem-se nos montes na altura de parir e, antes de o fazer, "cercam de excrementos o lugar onde se encontram, como para criar uma espécie de barreira de proteção" (630b15-18); por fim, entre as aves, há

....

[12] Merece ainda registro a intervenção humana no sentido da domesticação de certas espécies, de forma que sejam utilizadas para fins específicos. Isso acontece particularmente com o elefante na Índia, utilizado como montaria no combate, situação estranha para os estrangeiros, ou mesmo como máquina de ataque, usando a sua força na derrubada de muralhas ou de outros obstáculos (610a19). Além da força, este animal possui uma inteligência que o torna facilmente domesticável (630b18-20). Sobre a informação extensa que Aristóteles possui a respeito do elefante e do modo pelo qual a terá adquirido, cf. J. S. Romm, "Aristotle's elephant and the myth of Alexander's scientific patronage", *American Journal of Philology*, 110 (1989), 566-575; J. M. Bigwood, "Aristotle and the elephant again", *American Journal of Philology*, 114 (1993), 537-555. Outras espécies menos domesticáveis podem ser também adestradas para colaborarem com o homem em diversas tarefas; é exemplo disso a intervenção dos falcões na caça a aves menores, na Trácia; ou a participação de lobos na pesca, junto do lago Meotis (620a33-620b10).

as que, como o abutre, nidificam em penhascos inacessíveis (615a13), enquanto as perdizes e codornas "não escolhem sempre o mesmo lugar para pôr e chocar os ovos, com receio de que se descubra o local em que permanecessem por muito tempo" (613b16-17). Do ponto de vista do consumo alimentar, há que se estabelecer uma relação entre reprodução e qualidade (607b1--608a7): "Os animais distinguem-se ainda por estarem ou não em boas condições durante o tempo da gestação." O confronto entre uma grande variedade de peixes pode comprová-lo. Parece, de modo geral, que, no início da gestação, a qualidade é boa, podendo, entretanto, manter-se ou degradar-se. A idade ("os peixes velhos também não prestam") e o sexo ("Em todas as outras espécies, os machos são melhores do que as fêmeas, exceção feita ao siluro, em que se dá o contrário. Das enguias, as melhores são as chamadas fêmeas") são também fatores decisivos nesta matéria.

No que diz respeito à reprodução, pode haver intervenção humana, no esforço de obter padrões de qualidade superior. Métodos e objetivos variam, tal como os resultados. No Epiro, a interrupção da cobrição e procriação das vacas justifica-se pelo interesse de as fazer ganhar peso (595b17-19). Em contrapartida, podem ser promovidos cruzamentos de espécies, na procura de padrões raros, de excelente nível ou de ferocidade controlada. Entre as diversas experiências, são famosos os cães da Lacônia, cruzados de raposa e cão (607a1-9, 608a27-33). Por fim, já houve tentativas de elevar a qualidade de espécies com base em incesto, cruzando mãe e filho, com resultados desastrosos, como se a natureza repudiasse este tipo de ensaio (630b31-631a7).

O clima

É importante sistematizar com maior clareza, de acordo com a informação reiterada por Aristóteles, quais os fatores específicos que têm, sobre aspectos concretos da vida animal, efeitos etiológicos. Pela sua relevância, o clima, que envolve naturalmente a questão da temperatura, do efeito dos ventos, secas e chuvas que o próprio fluir das estações produz, merece uma atenção destacada. O próprio Estagirita estabelece, de forma clara e peremptória, esta coordenação (596b20-24): "Quanto às ações, todas sem exceção se reportam à reprodução, à criação dos filhos, à busca de alimento, e são condicionadas pela sequência do frio e do calor, de acordo com a mudança das estações." Se a relação entre as condições climáticas e a vida animal é um pressuposto verdadeiro em termos abrangentes, na prática esse relacionamento obedece a regras em que prima a heterogeneidade (601a23-26): "As estações propícias aos animais não são sempre as mesmas, tampouco os extremos climáticos. Por outro lado, a saúde e a doença, de acordo com as estações, afetam de modo diverso as diferentes espécies, como também não se manifestam de uma forma única para todos."

Dentro desta heterogeneidade de princípio, as diversas espécies são, de uma forma geral, afetadas. São visíveis alterações de natureza fisiológica, que envolvem efeitos variados. Vejamos o caso diametralmente oposto das aves e dos peixes (601a27-31): "No caso das aves, a seca favorece-lhes a saúde e a postura [...]; aos peixes, pelo contrário, fora uns tantos casos, são benéficas as chuvas." Vários exemplos podem abonar esta tendência dicotômica; é característica generalizada nas aves um consumo baixo de água, como consequência de um fator anatômico, o pulmão esponjoso que possuem; alterações de saúde, que podem resultar do desajuste às condições de ambiente ou de clima, denunciam-se exteriormente na própria disposição das penas: se eriçadas, revelam alterações no estado de saúde (601b5-9). É ainda característica de algumas aves a mudança de cor de acordo com a estação (607b17, 616b1-2), ou, juntamente com a cor, alterações na voz são também amplamente registradas (632b14-633a28). Com base nestas alterações – cor e voz –, de acordo com as estações, pode se estabelecer, entre espécies muito próximas, um critério de metamorfose que justifica uma situação de alternância: quando um tipo específico desaparece, aparece outro que lhe é em tudo semelhante, salvo diferenças menores na cor e na voz.

Se considerarmos, em particular, a reação dos peixes à variação de estação, verificaremos também a existência de exemplos contraditórios. É evidente a preferência que a maioria das espécies manifesta pela chuva, que lhes beneficia, como às plantas, o estado de saúde. Não sem que, no entanto, em casos particulares, as chuvas lhes possam provocar danos, verificados mas dificilmente justificáveis. Assim, algumas espécies cegam por efeito de uma pluviosidade elevada, ou, talvez, para o mesmo processo contribua a baixa temperatura (602a1 ss.), já que se pode afirmar, em termos gerais, que "em lugares frios os peixes não se dão bem". Há mesmo, estranhamente, tipos de peixe que prosperam em anos de seca, como o roncador. E se o frio não é, em princípio, favorável a eles, há os que manifestam um gosto particular pelo calor; parece ser o atum aquele em que esta característica é mais visível, já que "é à procura dele que se dirigem para os areais, junto à costa, e lá se mantêm à tona, aquecendo-se" (602a32-602b1). No entanto, o prazer que o atum revela pelo calor não coincide com a época mais favorável para a captura e a qualidade. No tempo quente, este animal sofre a invasão de um parasita que, para além de o incomodar, prejudica a qualidade da sua carne, em termos de consumo (598a18-20, 602a25-31). Aristóteles tem, no entanto, uma ideia clara sobre o efeito pernicioso das temperaturas elevadas, que afetam, antes de mais nada, a própria reprodução dos peixes (602b4-5): "Quanto aos ovos e ao sêmen, há uma boa parte que se deteriora devido ao calor. Porque a temperatura elevada é prejudicial para tudo o que esteja sujeito a ela." Mas nem mesmo alguns animais já adultos escapam do seu efeito pernicioso; assim, o siluro, "sobretudo em tempo de canícula, porque nada à superfície, sofre de insolação e fica paralisado por efeito de um trovão violento" (602b22-24). Diversos efeitos podem ainda ser registrados nos peixes de acordo com o fator clima, como a mudança de cor, fenómeno que alguns partilham com as aves (607b12 ss.). O conhecimento dos hábitos e reações das espécies às estações ou às condições climáticas é, também neste caso, garantia de uma rentabilização eficaz da atividade da pesca, tanto em quantidade como em qualidade. Avaliar a direção dos ventos pode equivaler a um acréscimo de capturas: "A direção do vento, conforme sopra do norte ou do sul, tem também a sua importância. Assim, os peixes maiores dão-se melhor com o vento do norte e, no verão, num mesmo lugar, é com vento desse quadrante que se apanha um maior número de peixes, grandes e chatos" (602a22-25). A este processo, que corresponde, no verão, à preferência das espécies por um tempo refrescante, contrapõe-se, no inverno, a preferência por níveis mais superficiais da água, fugindo do frio das profundezas; armadilhas montadas nos rios podem rentabilizar também com sucesso esta outra circunstância (603a2-11). Se a estação pode ser decisiva para uma captura bem-sucedida, não o é menos a hora em que se desenvolve o trabalho, em função do fator luz e do que ele implica para a realidade da vida marinha (602b6-11): "As horas mais favoráveis à pesca são as que precedem o nascer do sol e as que se seguem ao poente, e de uma forma geral as que confinam com o pôr do sol e com a aurora [...]. É sobretudo nessas horas que os peixes são mais facilmente enganados pela visão; durante a noite ficam em repouso e quando a luz é mais forte veem melhor." Interessante é também o que se passa com os testáceos, particularmente favorecidos pela chuva. Ocorrência curiosa foi a registrada no estreito de Pirra, onde não apenas a seca levou ao desaparecimento dos leques, como também "o apetrecho usado para os capturar" (603a11 ss.), no que parece uma menção clara a um processo eficaz que, usado de modo desregulado, levou à extinção, num espaço marítimo determinado, de uma espécie que nele abundava.

Entre os quadrúpedes, há exemplos nítidos de incompatibilidade com condições climáticas determinadas; o frio, a que a raça asinina não se adapta, justifica a ausência de burros do Ponto, da Cítia e da Gália, ou o seu atrofiamento na Ilíria, na Trácia e no Epiro (605a20-21, 606b3-5); nos porcos "a doença chamada bronquite é sobretudo frequente quando o verão é fértil em figos e eles engordam muito" (603b14--15). Por fim, os insetos manifestam com o clima um relacionamento que se pode exprimir nos seguintes termos (605b6-8): "Na sua maioria, sobrevivem bem na estação em que nascem, quando acontece de o ano ter um tempo de características primaveris, úmido e quente." De onde se pode inferir a fragilidade que manifestam em relação aos rigores do inverno, comprovada pelo exemplo das abelhas e das vespas. Entre as primeiras, o período de maior vitalidade, que se exprime por uma incansável diligência, coincide, de acordo com a tendência geral entre os insetos, com a primavera, sobretudo se fizer bom tempo (625b24); em contrapartida, os rigores do inverno bloqueiam as funções vitais desta espécie: a reprodução pode ser suspensa durante algum tempo (625b28-30) e a alimentação depende das reservas postas à disposição da colmeia, na fase em que a recolha de pólen e a produção de mel cessam (626a2-5). Parece mesmo haver nas abelhas um instinto que as faz pressentir as intempéries e tomar, em relação a este tipo de agressão natural, medidas cautelares que são patentes a quem se dedica à sua criação (627b11-13): "não voam para longe da colmeia; ficam por ali a revolutear enquanto ainda há bom tempo, o que mostra aos apicultores que se dão conta da tempestade". Não surpreende, portanto, que sejam a primavera e o outono as estações propícias à produção de mel, sobretudo a primeira das duas, porque "o mel se torna mais agradável se provém de uma cera nova e de plantas tenras"; também a fabricação de cera coincide com o tempo em que "as plantas estão em flor" (626b30 ss.). Contra a agressão de fatores climáticos pontuais, como o vento, as abelhas se defendem, transportando, segundo a versão do tratado (626b25), uma pedra para resistirem às lufadas e estabilizarem o voo. Além da estação, que condiciona a vida e a atividade das abelhas em função da temperatura e da flora, a própria hora do dia determina também o seu programa na colmeia; silenciosas de manhãzinha, reagem ao zumbido de despertar lançado por uma delas e o alarido instala-se na plenitude da azáfama; o processo decrescente ocorre paralelamente, quando o zumbido de uma as convida a um progressivo silêncio, que corresponde à hora do sono (627a25-28). Mais sensíveis ainda do que as abelhas, as vespas e os abelhões não resistem à agressividade do inverno e morrem (628a5-8, 629a15). A reprodução das vespas exige condições próprias: coincide com os calores do verão (628a11-12) e prefere o tempo seco e os solos ásperos (628b10, 27-31).

A provisão de alimentos, como condição à função alimentar, tem também uma relação evidente com o tempo e a hora. Abundantes são os exemplos que as aves proporcionam: "os falcões variam o seu modo de caçar; assim, no verão, não agarram a presa do mesmo modo" (615a7-8); "a híbris [...] nunca aparece de dia, por não ver bem. É durante a noite que caça, como os mochos" (615b11-13); "a pega [...], quando as bolotas escasseiam, faz uma provisão desse produto e o mantém escondido" (615b23); "é de noite que o mocho-galego sai em busca de alimento; de dia, raramente aparece" (616b25-26); a garça "está ativa durante o dia" (616b35); a águia "caça e voa [...] do almoço à noitinha" (619a15); "as corujas, os corujões e todas as outras aves que, à luz do dia, não veem, vão à caça de noite, à procura de alimento. Mas não ocupam nessa tarefa a noite inteira; atuam só à tardinha e ao nascer do dia" (619b18-21). Outras espécies também têm comportamentos equivalentes, como a aranha (623a21--23): "Se qualquer circunstância danificar a teia, ela recomeça a tecê-la, ao crepúsculo ou ao nascer do dia, porque é sobretudo nessas horas que as presas são capturadas." Por fim, uma menção pode ser feita aos ruminantes: que "é sobretudo no inverno que ruminam" (632b5).

Mas entre os comportamentos que atestam o esforço que as diversas espécies desenvolvem com vista à adaptação e à sobrevivência perante as contingências do clima conta-se a forma como ativamente se protegem ou abrigam. Aristóteles condensa as várias atitudes nesta matéria com a seguinte observação (596b25-30): "Tal como no caso do homem, há os que se recolhem em sua casa durante o inverno, enquanto outros, porque são senhores de vastos territórios, passam o verão em regiões frias e o inverno em zonas quentes; assim procedem também as espécies que podem deslocar-se. Uns encontram, nos próprios lugares onde habitualmente vivem, recursos de proteção, outros migram."

A procura de um abrigo corresponde à fuga de qualquer excesso, dos rigores do inverno ou da canícula, e pode afetar toda uma espécie ou apenas parte dela (599a5 ss.). A preferência vai, em geral, para lugares abrigados e quentes, que lhes sejam familiares e próximos do seu *habitat*. Os exemplos sucedem-se com abundância significativa. Desde logo os testáceos tendem todos a se abrigar, marinhos e terrestres, sendo o processo mais perceptível, naturalmente, nos que habitualmente se movem. Diferem, no entanto, na estação em que o fazem, e na duração do processo. Há também os que procuram abrigo, outros que possuem, pela carapaça que os reveste, meios próprios de proteção (599a10-20). Quanto aos insetos, a tendência de procura de abrigo é semelhante, à exceção daqueles que, dada a proximidade que têm com o homem, gozam de condições de proteção dentro das casas. Os que se abrigam o fazem por períodos de duração variada (599a21-29). Hibernam os répteis, mantendo-se em jejum durante esses meses, ocultos debaixo da terra ou sob as pedras (599a31-599b2). Há espécies que, durante a hibernação, sofrem um processo de mudança de pele (600b15 ss.). Esse comportamento também é comum nos peixes. Neste caso, é através da pesca que se pode fazer a distinção, já que há épocas bem determinadas para o desaparecimento de certas espécies ou para a sua captura. Podem hibernar sozinhos ou em grupo e em diferentes lugares ou profundidades. Muitas vezes, a qualidade do pescado é condicionada pelo processo de hibernação. Há, em contrapartida, entre os peixes espécies que, ainda que raras, abrigam-se sobretudo do calor (599b2-600a10). Entre as aves (600a11-28), embora haja uma boa parte migratória, há todavia algumas espécies que se abrigam (617a29-32, 617b11-12). Os exemplos são múltiplos, mas o da rola parece característico, porque não há memória de alguém ter visto uma que seja durante o inverno (593a17-18, 600a21-22). Nos abrigos, as aves tendem a perder penas e nem sempre mantêm um bom estado de nutrição. Hábil é o caso da élea, que muda de abrigo conforme as exigências da estação (616b13-16): "No verão, instala-se num local exposto ao vento e à sombra; no inverno, pelo contrário, procura o sol e um lugar abrigado do vento." Curiosamente, o ouriço-cacheiro tem um procedimento paralelo ao desta ave (612b4-10): "Se os ventos do norte ou do sul mudarem de quadrante, os que vivem escondidos na terra mudam também a abertura do buraco, e os domésticos mudam de parede para se abrigarem. De tal forma que, em Bizâncio, ao que se ouve dizer, houve quem ganhasse a fama de prever o tempo a partir dos registros que fazia do comportamento dos ouriços-cacheiros."

Alguns quadrúpedes hibernam igualmente; é um exemplo sugestivo o dos ursos (600a28-600b12), que de tal modo ganham peso durante esse período que ficam imóveis. É também essa a altura própria para a procriação da espécie. Estas circunstâncias são acompanhadas de um jejum tão rigoroso que chega a produzir, como consequência fisiológica, a colagem dos intestinos. Comportamento assinalável é o das cabras, que, no inverno, nos estábulos, deixam de se deitar frente a frente e passam a fazê-lo de costas umas para as outras, talvez na tentativa de um contato maior que produza aquecimento (611a5-7). Por fim, veados e corças protegem-se em refúgios inacessíveis, em regiões escarpadas, e como precaução em face do excesso de peso que então ganham (cf. *supra* o exemplo dos ursos) mudam com frequência de abrigo, para que a obesidade não os converta em presas fáceis. Parece resultar também numa medida de proteção a perda dos chifres, que permite a eles se ocultarem de um modo eficaz (611a20-29).

Diferentemente de todas aquelas espécies que procuram refúgio no lugar da sua permanência habitual, há outras que empreendem deslocamentos que podem representar distâncias extremas, de um ao outro limite do mundo conhecido. Talvez sejam as aves o tipo de animal que empreende as maiores migrações. O Ponto, situado já numa latitude afetada pelo frio, vê, com a chegada do outono, partir algumas das espécies animais que o habitam em busca de regiões mais quentes, de onde regressam ao Ponto quando o calor aperta nos destinos onde passaram o inverno. A Cítia e o Egito funcionam como pontos extremos, exemplo dos rigores do inverno e da canícula, respectivamente (596b30-597a6); os grous, por seu lado, talvez representem o tipo de ave capaz de realizar as migrações mais ousadas e longínquas (cf. 597a30, 614b18-26), "de um extremo ao outro do mundo". Dão, na forma como gerem estes deslocamentos, provas de uma grande inteligência; voam alto, dominando com a vista horizontes amplos e assim orientando a sua rota; pousam e suspendem o voo se detectam indícios de tempestade; deixam-se guiar por um chefe, que os conduz, e com os sons que produzem conseguem manter juntos, apesar de todas as dificuldades, os vários elementos do bando; se pousam, o chefe passa a desempenhar funções de vigilância e de advertência dos companheiros em caso de perigo. Mais do que o instinto, há também uma acuidade que preserva e salvaguarda a espécie nestes seus longos itinerários. Os pelicanos representam um outro tipo de ave migratória, conhecidos pelas suas peregrinações entre a Trácia e o delta do Danúbio (597a10--11). São claras as diferenças existentes entre espécies variadas no que se refere à temperatura que buscam nas suas migrações (613b3-6): "As rolas passam o verão em regiões frias, enquanto os tentilhões se refugiam, na mesma estação, em zonas quentes e, no inverno, nas frias." Reconhecido que é o esforço que os longos voos migratórios representam, há estratégias conhecidas que várias espécies adotam (597b3 ss.): as mais frágeis, que precisam de mais tempo para cumprir o seu itinerário, partem mais cedo do que as mais robustas; há casos de organização entre diferentes tipos de aves (cf. 600a26), ou entre pares do mesmo tipo, no que parece resultar num processo de colaboração e ajuda mútua. Um pio que convida à partida é o sinal de mobilização para os vários elementos do bando. Para além da distância, outras condições ou circunstâncias podem envolver dificuldades para estes voos; os ventos contrários criam, muitas vezes, uma oposição insuperável às espécies que não são voadoras exímias. Mas há também o problema de conciliar, com as migrações, o processo de reprodução. Entre as espécies que escolhem a Grécia como região de destino, podem-se verificar diferentes opções (593a22-24): "Estas aves chegam às nossas regiões já com as crias. Todas as outras que chegam no verão vêm nidificar aqui e, na sua maioria (exceção feita às columbinas), alimentam os filhos com pequenos animais."

Os peixes praticam também a migração, antes de mais nada condicionados pela temperatura, pelas necessidades de alimentação e pelo processo de reprodução e de salvaguarda das crias. O percurso das suas migrações é o que opõe o alto--mar às regiões costeiras (597a16-18): "Há os que, no inverno, deixam o alto-mar e se aproximam da costa, em busca de calor, e que, no verão, deixam o litoral e regressam ao alto--mar para escapar à canícula." O Ponto e regiões marítimas anexas são o espaço que permite, graças à abundância de espécies que o frequentam, uma observação fecunda de resultados. Há casos de peixes que partem de lá e para lá regressam, conforme a estação (597a14-15). Para muitas espécies, o Ponto é um mar que oferece condições ideais de provisão de alimento e de segurança (598a30-598b1): "Nadam para o Ponto à procura de alimento, que ali é mais abundante e melhor por causa da água doce; há também a vantagem de, nessa região, os peixes grandes e vorazes serem raros." As mesmas razões propiciam a desova e a preservação dos espécimes recém-nascidos (598b3-6); o mar em volta de Lesbos reúne também condições atrativas para a desova de muitas espécies (621b23-24), embora a temperatura fria das águas as afaste durante o inverno (621b14)[13]. Os ventos estão entre os fatores climáticos que condicionam a rapidez da migração, que se processará mais rapidamente se o vento, favorável, impulsionar o deslocamento das espécies (598b7-9, 599a1-2). Mas a luz pode ter também uma intervenção determinante (598b22-27): "Os peixes que vivem em bancos deslocam-se durante o dia; de noite repousam e alimentam-se, a menos que haja luar; nesse caso, seguem viagem sem repousar." No inverno, vítimas de uma maior obscuridade e dos rigores da temperatura, podem até ficar imóveis, numa espécie de hibernação. Espécies particulares revelam comportamentos surpreendentes e próprios; assim, contrariando a tendência de muitos peixes que se refugiam no Ponto, muitas cavalas preferem a Propôntida para passar o verão e para a desova, e o Egeu como estância de inverno (598a24-26); também é peculiar a atitude da sardinha, que se vê à entrada do Ponto, mas nunca à saída, porque o itinerário que segue é diverso; encontrar uma sardinha à saída é uma situação tão estranha que justifica um ritual apotropaico (598b13-18).

Um último exemplo de deslocamento é abonado pelas abelhas, que se movem coletivamente. Quando se reúnem "encostadas umas às outras, é sinal de que o enxame se prepara para partir" (627b14-15, 629a9-10).

---

[13] Sobre as condições da vida animal em torno de Lesbos e o conhecimento que delas tinha Aristóteles, cf. F. Solmsen, "The fishes of Lesbos and their alleged significance for the development of Aristotle", *Hermes*, 106 (1978), 467-484.

A sexualidade humana

Abordaremos este tema, desenvolvido nos livros IX (VII) e X, em duas fases, dada a polêmica que envolve a autenticidade deste último.

Livro IX (VII) – A reprodução humana

Apesar de ter havido, desde a Antiguidade até os nossos dias, grande controvérsia em volta dos livros VII (IX)-X da *História dos animais*, filiamo-nos ao grupo daqueles para quem os argumentos usados para impugnar a autoria aristotélica do conjunto – excluído o caso particular do livro X, que nos parece realmente espúrio – não são decisivos. Assim, alguma inconsistência de fatos e teorias, variações no vocabulário ou no estilo, como também conclusões imprecisas ou mesmo absurdas, imputáveis ao Estagirita ou a intervenções de outros peripatéticos, não isolam, de forma visível, este conjunto dos últimos quatro livros dos cinco primeiros[14].

No seu plano fundamental, o livro IX (VII), dedicado à sexualidade humana, obedece a um projeto coerente. A reflexão inicia-se com a puberdade masculina e feminina, os sinais que a evidenciam, os comportamentos que determina e o processo fisiológico que leva à definição final da estrutura orgânica de cada indivíduo (581a-582a). Vinte e um anos é a idade apontada para o início do período fértil, que segue, no caso das mulheres – mais precoces – e dos homens, ritmos diferentes. O número de partos e a sua influência na maturidade física e nos comportamentos de cada sexo são também observados, com particular atenção para o período menstrual e a sua relação com a concepção e a gravidez (582a17-583a13). Segue-se a gestação, que implica uma abordagem sob diver-

---

[14] Sobre este assunto e para uma maior pormenorização dos argumentos expostos, *vide* D. M. Balme, *Aristotle. History of animals* (Cambridge, 1991), 3-13.

sas perspectivas: os incentivos à concepção ou à anticoncepção, os sintomas, o tempo em que ocorre, o processo abortivo, os prematuros, os gêmeos e a superfetação, para além de contribuições laterais, mas influentes, como a alimentação (583a14-585a33). O estabelecimento do período fértil, no homem e na mulher, leva à consideração de situações de esterilidade resultantes da incompatibilidade do par, ou da propensão que certos progenitores manifestam para procriar crianças de um único sexo ou para o aborto. Possíveis tratamentos de infertilidade completam a reflexão sobre este aspecto (585a34-585b28). Fatores de hereditariedade são também considerados, ligados à fertilidade, sendo ponderados elementos como a deficiência ou as características físicas na sua relação com o ascendente (585b29-586a14). O desenvolvimento do feto até o momento do parto e a forma como este último decorre ou como deve ser preparado, facilitado ou assistido (586a15-586b6), precede as considerações finais, dedicadas ao comportamento e reações do recém-nascido, ao aleitamento e à mortalidade materno-infantil (587b7-588a13).

Particularmente interessante pode ser acrescentar, a esta súmula coerente de etapas que cobrem todo o percurso da reprodução humana, a metodologia técnica, que progride desde uma observação minuciosa e comparativa até a possibilidade de uma intervenção preventiva, corretora ou terapêutica, mobilizando para tal todos os processos de conhecimento disponíveis.

A comparação entre os diversos seres vivos é, antes de mais nada, um processo intuitivo, que permite superar, de certa forma, as barreiras éticas que se opõem a um conhecimento aprofundado da espécie humana. Se a comparação com as plantas não pode deixar de ser meramente pontual (581a16), a que é feita com outras espécies animais é mais insistente, porque também mais profícua; assim, os adolescentes capazes de gerar "têm filhos pequenos e malformados, como acontece com a maior parte dos animais" (582a18-19); no que respeita à quantidade de fluxos seminais, o esperma masculino e a menstruação feminina, ela é, no homem, superior à dos parceiros respectivos nas outras espécies (582b29-30, 583a5-9)[15]; o tempo de gestação, que é rígido nos outros grupos para todos os indivíduos que neles se integram, na mulher varia entre os sete e os dez meses, ou mesmo, excepcionalmente, pode chegar aos onze (584a35-584b2, 584b26-28); durante a gestação, "são sobretudo a mulher e a égua que têm relações" (585a3-7), podendo daí resultar, no ser humano, casos de gêmeos; o grau de sobrevivência dos gêmeos oscila, sendo mais viável nas espécies animais do que na humana (584b37-585a3); no parto, é a mulher que experimenta maior sofrimento (586b36-587a3). Na evolução da cria, a criança mostra-se mais lenta do que os filhotes dos animais na consistência óssea, que só com o tempo se adquire, bem como na dentição (587b12-15).

Algumas realidades na reprodução animal impõem-se pela própria evidência e, por isso, estão consagradas no saber universal e consignadas sob forma de provérbios. É sabido, por exemplo, que a puberdade se anuncia pela mudança de voz; é o que se chama, na linguagem comum, "balir como uma cabra" (581a21). Um ritual vulgar, como o sacrifício de animais, pode servir de termo de comparação para definir o fluxo menstrual: "trata-se de sangue como o de um animal acabado de degolar" (581b1). A coincidência do período menstrual com o final do mês[16] levou a um dito gracioso: "Daí haver uns engraçados que dizem que a lua também é feminina, porque há uma coincidência entre a menstruação da mulher e o curso da lua: passada a menstruação e o quarto minguante, uma e outra recuperam a plenitude" (582a34--582b3). O mito, como repositório de uma experiência consagrada pela tradição, dá também exemplos expressivos nes-

---

[15] L. Dean-Jones, "Menstrual bleeding according to the Hippocratics and Aristotle", *Transactions and Proceedings of the American Philological Association*, 119 (1989), 177-192, valoriza, nesta perspectiva comparativa, a pesquisa sobre a fisiologia feminina.

[16] Sobre os pressupostos desta ideia, *vide* L. Dean-Jones, *op. cit.*, 190.

ta matéria. Curiosamente é o mito de Hércules o que abona dois tipos de situação bem conhecidos: o nascimento de gêmeos, após duas concepções a curto prazo, caso dos dois filhos de Alcmena, sendo Íficles fruto de uma relação com o marido, Anfitrião, e Hércules de um encontro com o amante divino, Zeus (585a13-14); e a tendência de certos progenitores para gerarem filhos de um só sexo, como Hércules, "que, em setenta e dois filhos, só teve uma menina" (585b22-24). Por serem menos frequentes, os casos de gêmeos, com diferentes peculiaridades, tornaram famosa uma série de situações particulares, que podem ser enumeradas como casos conhecidos (585a15-24).

Para além desta sabedoria popular, o técnico faz também uma observação mais específica das situações que estão ao seu alcance, em primeiro lugar registrando sinais exteriores, para os quais emite explicações justificativas. O fator alimentação é determinante em vários momentos ou circunstâncias do processo reprodutivo. Desde logo na puberdade, o fluxo branco que algumas moças emitem tem uma relação direta com uma alimentação rica em líquidos (581b2-4). Durante a gravidez são bem conhecidos "os apetites ou desejos", que podem até indicar o sexo da criança: "As que estão grávidas de uma menina têm desejos mais imperiosos, mas quando os satisfazem sentem menos prazer" (584a20-21). Mas não é menos conhecida a relação existente entre a alimentação da mãe e a nutrição do feto, incluindo o inconveniente de alguns elementos em excesso, caso do sal (585a25-27). A questão alimentar prossegue com o aleitamento, do qual depende em boa parte a saúde e a sobrevivência do recém-nascido. A dentição, por exemplo, é precoce naquelas crianças "cujas amas tenham o leite mais quente" (587b18). Da qualidade do leite dependem também certas patologias; um leite demasiado abundante ou espesso pode provocar convulsões na criança; o vinho ou uma alimentação pesada e causadora de flatulência, nas mulheres que amamentam, suscita o mesmo tipo de perturbações (588a3-8).

Além da alimentação, o meio ambiente tem também uma interferência clara nas diversas manifestações das espécies que o habitam, e o processo reprodutivo não é exceção. Entre o Egito e a Grécia, com as suas diferenças geográficas e ambientais, podem-se estabelecer contrastes interessantes neste nível. A saúde materno-infantil conhece no Egito uma situação mais vantajosa: "no Egito [...] onde as mulheres são boas parideiras, que engravidam com facilidade e têm inúmeros partos, e onde as crianças sobrevivem mesmo com malformações – [...] as crianças nascidas de oito meses sobrevivem e se desenvolvem, enquanto na Grécia são muito poucas as crianças nessa situação que o conseguem" (584b7-13). Dentro da mesma perspectiva, casos de gêmeos são mais frequentes no país dos faraós (584b30-32).

Naturalmente, a hereditariedade também é um fator decisivo. Desde as deficiências até os simples sinais ou semelhanças físicas, o ascendente evidencia-se na descendência, saltando até, por vezes, a geração imediata para se manifestar a seguir (585b32-35): "Já se viu este tipo de marcas reaparecer na terceira geração; houve o caso de alguém que tinha uma tatuagem no braço cujo filho nasceu sem qualquer sinal, mas o neto veio com uma nódoa escura, de contornos difusos, no mesmo lugar." Particularmente curiosa é a incidência deste fator no caso da mistura de raças, à qual a bacia do Mediterrâneo proporciona oportunidades frequentes; assim, o caso concreto citado por Aristóteles em 586a2-5: "As semelhanças podem de resto se achar várias gerações atrás, como aconteceu na Sicília com uma mulher que teve relação com um etíope: a filha não era negra, mas o filho dela sim." A gravidez é um processo que desencadeia um conjunto de sinais exteriores de fácil identificação. Às mulheres cabe registrar, pelo grau de umidade que resta após a cópula, a probabilidade da concepção: "É sintoma de concepção quando, nas mulheres, depois da relação, as partes genitais ficam secas" (583a14-15). Mas sinais a todos evidentes aparecem com o tempo: "Quando as mulheres engravidam, são sobretudo as ancas que dão sinal [...] bem como as virilhas" (583a35-583b3). Quando os primeiros movimentos do feto se fazem sentir, pode até prever-se, verificadas certas tendências, o seu sexo: "Quando se trata de um embrião masculino, sente-se mexer mais do lado direito [...]. Se o embrião for feminino, sente-se mexer mais à esquerda [...]. Mas esta regra está longe de ser infalível" (583b3-7). Igualmente expressivos são os incômodos provocados pela gravidez. Aumento de peso, desmaios e dores de cabeça, náuseas e vômitos são sinais inevitáveis, que variam, na fase e na intensidade com que ocorrem, de mulher para mulher (584a2-12). Também deles podem-se tirar ilações sobre o sexo provável da criança: "Em geral as mulheres grávidas de um menino passam melhor e têm melhor cor do que as grávidas de uma menina. Estas tendem a ficar mais pálidas, sentem mais o peso, e muitas têm edema nas pernas e erupções de pele" (584a12-14). Os trâmites do parto merecem ainda uma referência detalhada, sendo que os incômodos que provocam denunciam igualmente o sexo provável do nascituro; é maior a mobilidade do feto masculino e mais rápido o processo do nascimento, mas são diferentes as dores que provoca, contínuas e surdas no caso de uma menina, agudas e muito mais penosas no de um menino, ou o aspecto dos fluxos expelidos (586b32-35); é também de registrar a dor causada no momento em que o feto dá a volta, na iminência do parto (584a27--34). Consoante a localização das dores do parto pode-se avaliar da maior demora ou da prontidão de todo o processo (586b27-32).

Noções sobre a preparação necessária a um parto menos doloroso baseiam-se em princípios ainda modernamente recomendados, como o exercício físico e a respiração adequada (587a2-6): "As mulheres [...] têm dores mais agudas, sobretudo as que levam uma vida sedentária e aquelas que, por não terem bons pulmões, não conseguem suster a respiração. Maior ainda é o sofrimento se, durante o trabalho de parto, elas expiram quando estão fazendo força com a respiração." Fundamental é por fim a intervenção competente da parteira, desde logo para cortar e atar corretamente o cordão umbilical, bem como na assistência prestada à mãe e à criança, de modo a resolver as contingências que possam surgir (587a9-24). Observáveis são também as reações do recém-nascido, como chorar, levar as mãos à boca e ter o instinto de sugar (587a25-35).

Fatores concomitantes com este processo são entrementes avaliados, como a importância da multiplicação de partos no controle psicológico da mulher libidinosa (582a25-28), ou a relação entre o sexo do feto e o tipo de esperma do progenitor (582a30-32).

Além da observação e acompanhamento dos diversos trâmites do processo que decorre entre a concepção e o parto, os abortos são situações que facultam um estudo mais profundo dos fenômenos em causa. São conhecidos os períodos mais suscetíveis à ocorrência de abortos, que correspondem aos primeiros quarenta dias após a concepção (583b10-14). O feto rejeitado permite então que se vá mais longe no conhecimento através da própria experimentação, que leva a conclusões mais precisas sobre a diferente evolução dos fetos masculinos e femininos (583b15-26, 586a18-21).

Alguma intervenção se vislumbra no campo terapêutico, ainda que expressa em processos elementares. Pode-se assim considerar algumas práticas estimuladoras da concepção ou anticonceptivas (583a20-24); como também, detectadas dificuldades no aleitamento, promover a sua correção ou pelo menos verificar se ocorre naturalmente (587b22-27).

Por fim, é feito um balanço sobre deficiências e mortalidade infantil. Aristóteles afirma a hereditariedade inegável na transmissão de certas deficiências, que parece até ter um espectro amplo de influência (585b29-32): "De progenitores diminuídos podem nascer crianças diminuídas. Por exemplo, de coxos nascem coxos, de cegos, cegos, e em geral os filhos se parecem com os pais pelas deficiências." Sem deixar de reconhecer, por outro lado, que "na maior parte das situações, pais deficientes podem ter filhos perfeitos, sem que haja no processo qualquer regra estabelecida" (585b35-36).

Por outro lado, a mortalidade materno-infantil tem os seus períodos de maior incidência bem definidos pela constatação em face da generalidade dos casos. Na fase pré-natal, o quarto e o oitavo mês são os períodos em que a mortalidade do feto é mais frequente, acarretando, muitas vezes, a morte da mãe (584b15-18). Após o nascimento, "a mortalidade infantil ocorre sobretudo nos primeiros sete dias. É aliás por isso que o nome só é dado às crianças nessa altura, por se pensar que é a partir daí que a probabilidade de sobrevivência é maior" (588a8-10).

É portanto notável, malgrado todas as limitações, o elenco de questões colocado, sobre as quais incide a observação ou mesmo a intervenção direta do técnico. Tem certamente razão J. Capriglione[17] ao comentar: "O discurso de Aristóteles sobre a fisiologia da sexualidade é muito mais rico do que o de Platão, provavelmente porque Aristóteles tinha uma maior cultura médica e também porque, ainda que poucas décadas tivessem passado, a literatura médica havia se enriquecido com muitas observações e descobertas, sobretudo graças às investigações dos médicos cosmopolitas da escola de Cós."

Livro X – Fertilidade e esterilidade humanas

É, hoje em dia, corrente entre os estudiosos da *História dos animais* o ceticismo a propósito da autenticidade do livro X. Este livro foi, já desde a Antiguidade, isolado daqueles que se ocupavam da investigação sobre os animais, porque voltado para um tema alheio ao do conjunto, "a esterilidade" especificamente humana. Daí propor-se a sua exclusão

[17] "La sexualidad en Platón y Aristóteles", in *Hijas de Afrodita: la sexualidad femenina en los pueblos mediterráneos*, A. Pérez Jiménez e G. Cruz Andreotti (eds.) (Madrid, 1995), 61.

como parte do tratado[18]. Diferentes autores modernos vão mais longe ao excluí-lo também da produção do Estagirita[19]. Vários são os sinais em que se fundamenta essa opinião. Comecemos pelos estruturais, ou seja, por aqueles que o deveriam articular com todos os livros que o precedem. A habitual comparação de espécies, que contrasta o ser humano com os vários grupos animais, anunciada como um princípio em 491a9, está dele completamente ausente[20]; concomitantemente, a falta de remissões entre passos reforça o mesmo corte – nada há nos livros precedentes que remeta para o X, nem vice-versa. Não menos evidentes são os indícios colhidos na expressão vocabular ou na redação, em que se pode verificar uma sintaxe irregular e a abundância de uma terminologia rara, que distingue manifestamente o estilo em relação ao dos livros anteriores[21]. Se considerarmos a teoria nele expressa, não são de excluir por completo algumas posições concordantes com outras afirmadas por Aristóteles em diferentes tratados (veja-se, por exemplo, a concordância entre 638a11 e *Geração dos animais*, 775b26-34); há outras noções, todavia, em que a oposição de opiniões é manifesta: o recurso a uma espécie de sopro na aspiração do esperma pelo útero (634b34-35, 636a5-9), embora conforme à teoria hipocrática [*Sobre a antiga medicina*, 22 (Littré, I, pp. 626-628)], é renegado por Aristóteles em *Geração dos animais* (737b28-32); como também a ideia de que a mulher emita esperma, de forma semelhante ao homem, no ato da

---

[18] Sobre o assunto, *vide* D. M. Balme, *Aristotle. History of animals*, 3-4; P. Louis, *Aristote. Histoire des animaux*, III (Paris, 1969), 147, 149-150.

[19] Informação bibliográfica sobre o estado da questão é sistematizada por P. J. van der Eijk, "On sterility, a medical work by Aristotle?", *Classical Quarterly*, 49.2 (1999), 490.

[20] Em contrapartida, são aqui frequentes comparações entre os órgãos ou o funcionamento do aparelho reprodutor com outras partes ou reações dentro da fisiologia humana (*e.g.*, 633b18-30, 634a22-23, 635b5-6, 18-28, 637a17-18, 28-35).

[21] Um número abundante e significativo de casos é apresentado por P. Louis, *op. cit.*, 151-153.

concepção (634b29) encontra discordância em *Geração dos animais* (727a27)[22].

Apesar de igualmente discutível, a semelhança com os tratados hipocráticos não deixa de merecer alguma ponderação. Julgo talvez radical a afirmação de Balme[23] de que *História dos animais*, X, não tem caráter médico, nem nos objetivos, nem nos conteúdos: "os elementos que fornece respeitam às funções corretas do útero e não à discussão tipicamente hipocrática das doenças e terapias (a não ser ocasionalmente, para produzir um contraste com a situação de normalidade)". Parece-me, no entanto, que a perspectiva de uma intervenção corretora tem uma presença, no livro X, mais expandida do que a observação de Balme leva a crer[24]. Na sua índole global, este livro não obedece tanto a interesses biológicos, mas sobretudo a pressupostos médicos.

Noções de diagnóstico surgem, tanto do ponto de vista da verificação da normalidade como da detecção da anomalia. Os primeiros capítulos deste livro (633b13-636b3) ocupam-se do normal funcionamento do útero. Por comparação com a regra que se aplica a outros órgãos, "percebe-se que [o útero]

---

[22] Outros desajustes entre o livro X e *Geração dos animais*, em termos de interpretação fisiológica, são enumerados por Van der Eijk, *op. cit.*, 491.

[23] *Op. cit.*, 27. De resto, este autor aceita a autoria de Aristóteles, ainda que destaque o livro X como não pertencente a *História dos animais*. Faz também um arranjo na ordem dos diversos livros, pondo em sequência o IX (VII) e o X em função do seu conteúdo.

[24] O mesmo autor (*op. cit.*, 27) desvaloriza ainda esta possível relação com o argumento de que os pontos abordados não passam de questões do conhecimento comum. Opinião diversa é a de Van der Eijk (*op. cit., passim*), para quem o livro em questão contém uma observação ampla das causas possíveis de esterilidade. Por isso, este estudioso define-o, na sua p. 492: "*História dos animais*, X, é um trabalho 'prático', isto é, médico, de concepção pouco sistemática e limitada, projetado para identificar causas de esterilidade, ou, noutras palavras, valorizando um conhecimento suscetível de aplicação prática." Também P. Louis, *op. cit.*, 153-154, ao contestar a autoria aristotélica deste livro, atribui-a com empenho a um médico. Sobre a questão da reprodução humana à luz do conhecimento clássico na Grécia, *vide* A. Preus, "Biomedical techniques for influencing reproduction", *Arethusa*, 8. 2 (1975), 237-263.

está saudável quando cumpre bem a sua função, não produz sofrimento, nem se cansa depois de ter trabalhado" (633b18--21). Pode mesmo haver uma situação aceitável em que, apesar de registrar algumas deficiências, o útero mantém, mesmo assim, um funcionamento satisfatório (633b25-29). As condições essenciais para um bom trabalho deste órgão são desta forma identificadas: é, em primeiro lugar, fundamental uma posição estável, que lhe permita absorver com prontidão o esperma (633b30-634a8, 634b34-39, 635a25-30), e também a elasticidade, que o torna sensível aos estímulos e maleável na abertura e retração (634a10-12, 635a6-25, 635b7-11).

O útero são exprime-se por sinais exteriores facilmente observáveis: é responsável por um fluxo menstrual equilibrado, em quantidade e periodicidade (634a13-26). A apreciação do tipo de fluxo emanado do útero, a sua coloração, o odor, a temperatura corporal são os fatores de onde se pode inferir a capacidade plena de uma mulher para conceber (634b118-26). O funcionamento indolor é, naturalmente, também um sinal positivo (635a26-28); como importante é a contribuição do esperma com que o útero feminino é capaz de participar na fertilização (635a31-37, 635b17-31, 636b24 ss.).

Igualmente sintomáticas são as anomalias múltiplas que podem interferir em todo o processo de funcionamento e fecundação do útero. A elas, o período introdutório deste livro refere-se como uma prioridade na reflexão que anuncia (633b15-18): "Começando pela mulher[25], convém examinar o comportamento do útero, de modo a, se a razão da esterilidade estiver aí, se arranjar tratamento adequado; e se não, canalizar os cuidados necessários noutra direção." Este considerando ganha expressão maior quando as anomalias verificáveis são colocadas num plano perfeitamente localiza-

---

[25] O livro X dá um relevo substancialmente maior à responsabilidade feminina na esterilidade, reservando ao parceiro masculino uma referência ligeira (vide infra, p. LII). Verificada a esterilidade masculina através de relações com diferentes parceiras, o livro X não identifica as razões dessa infertilidade (ao contrário do que se passa em Geração dos animais, 746b16 ss.).

do, ou apenas reflexo de um processo mais amplo de patologia (634a17-19): "Pelo contrário, se as menstruações forem demasiado frequentes, raras ou incertas, enquanto o resto do organismo não está sendo tratado e goza de boa saúde, a anomalia está claramente no útero"; "se houver alterações na frequência ou na abundância do período, com modificações simultâneas no resto do organismo, que se mostra mais úmido ou mais seco, a causa da perturbação não está no útero; simplesmente ele se vê obrigado a acomodar-se ao funcionamento do organismo, e a receber ou a expelir um fluido proporcionalmente ao que lhe é fornecido" (634b2-7).

Que tipo de anomalias vão sendo nesse ínterim contempladas? Parece fundamental o equilíbrio na quantidade e natureza dos fluxos produzidos pelo útero, bem como a ausência de incômodos (634a25-29): "Também um útero que evacua demasiado fluxo dá sinal de uma inflamação; esse humor será idêntico ao que é habitual, mas mais abundante. Se, pelo contrário, mesmo se idêntico, esse fluxo estiver deteriorado em relação ao que proviria de um útero são, há qualquer afecção, que tem os seus sintomas próprios. É nesse caso inevitável que sobrevenham dores, que provam que algo de anormal se passa." A detecção oportuna de anormalidades nos fluxos uterinos pode inclusive permitir uma intervenção precoce e a prevenção de uma esterilidade futura (634a33-35). É sensato também avaliar a gravidade das alterações verificadas e perceber se se trata de uma característica orgânica ou realmente de uma alteração patológica, para atuar em conformidade (634a40-634b1): "Não se trata propriamente de uma doença, mas de uma daquelas alterações que se podem regularizar mesmo sem tratamento, se não existir qualquer outra anomalia"; ou (634b6-7) "se o organismo em geral estiver bem de saúde, ainda que com alterações pontuais, não há necessidade de tratamento".

Para além de situações relativamente benignas, que ou se resolvem por si mesmas ou com tratamentos adequados[26], há anomalias mais profundas e insuscetíveis de solução (634b40-635a3): "Se [...] o útero não estiver bem direito, mas voltado para as nádegas, para os rins ou para o baixo--ventre, a concepção é impossível pela razão que referimos, porque o útero não tem capacidade de absorver o esperma. Se, portanto, por natureza ou em consequência de uma enfermidade, o útero estiver nessas posições estranhas, o mal é sem remédio." Às anomalias que resultam de "posições estranhas" somam-se aquelas que têm a ver com a menor flexibilidade dos tecidos do útero[27] (635b10-15): "Pelo contrário, se este fenómeno não se verificar, é sinal de que o útero é de um tecido demasiado espesso, ou de que não tem sensibilidade suficiente, por natureza ou em consequência de qualquer patologia. Logo, não tem capacidade para alimentar um embrião; deixa-o abortar, o que sucede se este tipo de deficiências for acentuado, quando o embrião é ainda pequeno, ou, se as deficiências forem menos sensíveis, quando ele for maior. Se forem apenas ligeiras as deficiências, o produto desse útero é malformado e dá a impressão de ter saído de um recipiente de má qualidade."

Uma patologia possível é a chamada "gravidez de vento" (636a9 ss.). Trata-se de um processo em que o ato sexual não produz uma fusão normal de fluxos seminais, ocasionando uma gravidez ilusória; surgem os sintomas habituais de dilatação do útero, que não diminui com a expulsão. Apesar de haver tendência para lhe atribuir motivações sobrenaturais, a verdade é que se trata de um processo orgânico bem identificado e mesmo, em certas circunstâncias, curável. Espasmos, tumores ou malformações são outros tantos obstáculos à concepção (636a28-636b6).

Além dos motivos de infertilidade que se enraízam na fisiologia da mulher ou nas anomalias que a afetam, o mal pode

---

[26] De fato, o livro X nunca concretiza nenhum tratamento, limitando--se a contrastar situações nas quais ele é possível com outras em que se verifica a sua inutilidade.

[27] *Vide supra*, onde se enunciam posição e flexibilidade como condições para um bom funcionamento do útero.

provir de incompatibilidades entre o casal ou de esterilidade masculina (636b7-10). Na relação heterossexual é estritamente necessária a sincronia entre os dois elementos do par (636b7-11, 13-23); se esta não existe, não haverá fecundação. Por outro lado, a infertilidade masculina é facilmente identificável, se houver relações com outras mulheres seguidas ou não de gravidez (636b12-13).

Finalmente conseguidas a concepção e a gravidez, a anomalia pode incidir no processo de gestação, com resultados abortivos (638a10 ss.), que atingem não só o feto como também põem em risco a vida da mulher. Sobre os motivos que podem desencadear esta anomalia, os técnicos remetem para a influência do calor e da umidade do útero, embora alguns erros de diagnóstico cometidos (638b15) comprovem o desconhecimento do processo e a consequente falibilidade do diagnóstico.

Mesmo se consideradas as dúvidas que envolvem a autoria e natureza deste livro X, há pelo menos um aspecto essencial que conflui, de certa forma, com a própria teoria aristotélica[28]: o reconhecimento da participação ativa do útero na geração, opondo-se à velha teoria da passividade da mulher, que não seria mais do que o receptáculo da semente que fazia do homem o verdadeiro, ou único, progenitor.

A questão da autenticidade deste livro continua. As incongruências enumeradas pelos diversos estudiosos em relação à obra aristotélica na sua generalidade, ou à *História dos animais* em particular, não são conclusivas, na medida em que situações semelhantes de disparidade ocorrem entre diversos textos de Aristóteles, cuja autoria não pode ser posta em causa. Sobra, no entanto, o ponto de distinção fundamental, que isola este livro X dos outros nove: a sua índole, sobretudo prática ou médica, em contraste com a natureza mais teórica que se prefere no tratado em geral.

Maria de Fátima Sousa e Silva

---

[28] Aliás, Balme chega a defender que este livro X pudesse representar um estudo preliminar do papel da mulher no processo reprodutivo, mais tarde "apurado" no estudo amadurecido que é *Geração dos animais*.

BIBLIOGRAFIA

Edições e traduções

BALME, D. M.
 – 1991: *Aristotle. Historia animalium*, VII-X (Cambridge). Foi esta a edição que serviu de base à tradução.
DONADO, J. V.
 – 1990: *Aristóteles. Historia de los animales* (Madrid).
GUAL, C. G, e BONET, J. P.
 – 1992: *Aristóteles. Investigación sobre los animales* (Madrid).
LOUIS, P.
 – 1969: *Aristote. Histoire des animaux*, III (Paris).

Estudos

BALME, D. M.
 – 1987: "The place of biology in Aristotle's philosophy", in *Philosophical issues in Aristotle's biology*, ed. by A. Gotthelf and J. Lennox (Cambridge), 9-20.
BIGWOOD, J. M.
 – 1993: "Aristotle and the elephant again", *American Journal of Philology*, 114, 537-555.
BORCA, F.
 – 2001: "Animali e ambienti naturali: spunti deterministici in Aristotele, *Historia animalium*, 8. 28-29", *Aufidus*, 43, 7-21.
BYL, S.
 – 1980: *Recherches sur les grands traités biologiques d'Aristote* (Bruxelles).
 – 1998: "L'éthologie dans les traités biologiques d'Aristote", *Études Classiques*, 66, 237-244.
 – 2004: "Index géographique des traités biologiques d'Aristote", *Bulletin de l'Association Guillaume Budé*, 1, 109-119.
DAVIES, J. C.
 – 1985: "The assumptions of Aristotelian science", *Euphrosyne*, 13, 171-178.
DEAN-JONES, L.
 – 1989: "Menstrual bleeding according to the Hippocratics and Aristo-

tle", *Transactions and Proceedings of the American Philological Association*, 119, 177-192.

DUMINIL, M. P.
– 1984: "Les théories biologiques sur la génération en Grèce antique", *Pallas*, 31, 97-112.

EGERTON, F. N.
– 1975: "Aristotle's population biology", *Arethusa*, 8. 2, 307-330.

EIJK, P. J. van der
– 1999: "On sterility, a medical work by Aristotle?", *Classical Quarterly*, 49.2, 490-502.

KULLMAN, W.
– 1991: "Aristotle as a natural scientist", *Acta Classica*, 34, 137-150.

PREUS, A.
– 1975: "Biomedical techniques for influencing reproduction", *Arethusa*, 8.2, 237-263.

ROMM, J. S.
– 1989: "Aristotle's elephant and the myth of Alexander's scientific patronage", *American Journal of Philology*, 110, 566-575.

SOLMSEN, F.
– 1978: "The fishes of Lesbos and their alleged significance for the development of Aristotle", *Hermes*, 106, 467-484.

HISTÓRIA DOS ANIMAIS

Livro VII (VIII)

A psicologia dos animais

1. Eis como se apresentam a constituição dos animais e os seus modos de reprodução. Quanto ao comportamento e tipo de vida, eles dependem dos costumes e da alimentação. De fato, encontram-se, na maioria dos outros animais, vestígios de traços fisiológicos que, no homem, exibem diferenças mais evidentes. Assim, o caráter dócil ou agressivo, o humor mais acessível ou mais difícil, a coragem e a covardia, o medo e a temeridade, os desejos[1], as velhacarias, os traços de inteligência aplicada ao raciocínio apresentam, na maior parte dos animais, semelhanças com o homem, que lembram o que dissemos anteriormente sobre as partes do corpo[2]. Também neste caso há os que diferem do homem por uma questão de grau, maior ou menor, do mesmo modo que o homem em relação à maioria dos animais (ou seja, há certos estados psicológicos mais fortes no ser humano, e há os que o são em outros animais); há casos que têm com ele relações de analogia. Assim, ao que no homem é arte, sabedoria e inteligência corresponde, em alguns animais, outro tipo de capacidade

588a

---

[1] Cf. Platão, *Timeu*, 69d.
[2] Cf. 486a16-23, 488b12-28, onde são anunciados os temas desenvolvidos nos livros VII (VIII) e IX, 497b20 ss.

natural equivalente³. Esta relação é particularmente óbvia se considerarmos as crianças na primeira infância. Nelas percebem-se os traços e os germes das disposições futuras, mas, em termos intelectuais, não há, por assim dizer, nesta fase diferenças em relação aos animais; de modo que nada há de estranho em se dizer que determinados traços psíquicos se correspondem, entre o homem e os outros animais, que outros são parecidos e outros ainda análogos.

Continuidade na escala dos seres

A natureza passa, pouco a pouco, dos seres inanimados aos dotados de vida, de tal modo que a continuidade existente torna imperceptível a fronteira que os separa, não permitindo decidir a qual dos dois grupos pertence a forma intermediária⁴. Depois do gênero dos seres inanimados⁵ vem, em primeiro lugar, o dos vegetais. Entre estes, uma planta distingue-se da outra pela maior força vital que aparenta. O reino vegetal no seu conjunto, se comparado com os corpos inertes, quase parece animado; em comparação com o reino animal, dá ideia de inanimado⁶. A passagem dos vegetais aos animais é, como atrás ficou dito⁷, contínua. Na verdade, em relação a alguns seres marinhos, pode-se pôr em dúvida se se trata de um animal ou de uma planta⁸. Trata-se de seres que vivem fixos e muitos morrem se forem despregados. É o caso dos funis, que vivem fixos, e dos lingueirões, que, se

---

³ Cf. 488b11. *Sophia* e *synesis* são, para Aristóteles, qualidades intelectuais propriamente ditas (*Ética a Nicômaco*, 1103a), enquanto a *techne* constitui uma competência de caráter eminentemente prático (*Metafísica*, 1046b3).

⁴ Cf. *Partes dos animais*, 681a12-15.

⁵ Ou seja, os minerais.

⁶ Cf. *Sobre a alma*, 402b5-8, 413a25 s.; cf. Platão, *Fedro*, 245c.

⁷ Cf. *supra*, 588b4-6.

⁸ É o caso das actínias; cf. 531b9, *Partes dos animais*, 681a36-b13.

retirados dos seus buracos, não resistem[9]. De modo geral, todos os testáceos se parecem com as plantas, por comparação com os animais que se deslocam[10].

Quanto à sensibilidade, alguns desses seres não dão sinal de a possuírem, outros a têm, mas muito tênue. A natureza do corpo de alguns deles é carnuda, por exemplo as chamadas ascídias[11], ou também as actínias[12]. A esponja[13] assemelha-se em tudo às plantas.

Sempre há diferenças, por pequenas que sejam, que permitem situar um animal antes de outro e mostram que ele tem mais vida e movimento. E outro tanto se diga sobre os processos vitais. De fato, as plantas não têm outra função que não seja produzir outras que se assemelham a elas, no caso das que nascem de uma semente[14]. De igual modo há uns tantos animais em que não se reconhece outra função que não seja a reprodutora. Por isso, o processo em questão é comum a todos os seres vivos[15]. Mas se se tiver também em conta a sensibilidade, já os seres vivos são diferentes no que se refere ao acasalamento, por sentirem prazer, como também pelo parto e cuidados que dispensam aos filhos. Assim, certos animais, do mesmo modo que as plantas, limitam-se a reproduzir-se na estação própria; outros tratam também de alimentar os filhos, mas abandonam-nos quando estão criados e não mantêm qualquer relação com eles; outros ainda, que são mais inteligentes e dotados de alguma memória, vivem durante mais tempo e de forma mais sociável com a descendência.

....
[9] Cf. 535a16, 548a5.
[10] Cf. 528a33.
[11] Cf. 528a18-20, *Partes dos animais*, 681a10-35.
[12] Cf. 531a31-b17, *Partes dos animais*, 681a36-b13.
[13] Cf. 548b10-549a8, *Partes dos animais*, 681a11, 15-17.
[14] Cf. 539a15-20. Quanto à origem das plantas, Aristóteles ora afirma que provêm de uma semente proporcionada por outra planta, ora que nascem espontaneamente.
[15] Cf. 539a15, *Física*, 190b1.

Uma parte da vida dos animais é portanto consagrada ao processo da reprodução, enquanto outra se reporta à alimentação. De fato, é em relação a estes dois objetivos que todo o seu programa de vida se organiza. As preferências alimentares variam sobretudo de acordo com a matéria de que os animais são constituídos, já que é a partir dessa matéria que o crescimento de cada um se efetua naturalmente. O que é conforme com a natureza é agradável, e todos os seres procuram o prazer que melhor se concilia com a sua natureza[16].

Animais terrestres e aquáticos

2. As espécies dividem-se de acordo com o seu *habitat*. Assim, há as terrestres e as aquáticas. Tal distinção implica dois entendimentos: umas são chamadas terrestres e as outras aquáticas, porque as primeiras absorvem ar e as segundas água. Há também as que não absorvem nem uma coisa nem outra, mas cuja constituição está adaptada, numa proporção correta, à temperatura refrigerante de cada um destes elementos[17]; continuamos então a chamar a umas terrestres e a outras aquáticas, ainda que nem umas inalem ar nem as outras absorvam água. Há também seres que recebem aquelas designações porque se alimentam e vivem num ou noutro dos dois *habitats*. Muitos são, realmente, os animais que absorvem ar e têm as crias em terra, mas vão procurar alimento no meio aquático, e vivem grande parte da sua vida dentro da água. Estes serão, por certo, os únicos animais anfíbios, que tanto poderiam se classificar entre as espécies terrestres como entre as aquáticas.

Dos que absorvem água não há nenhum terrestre nem voador, nem nenhum que procure alimento em terra; em contrapartida, entre os terrestres e que absorvem ar, há muitos que tiram seu sustento da água. Há mesmo alguns cuja constituição não lhes permite viver separados do meio aquático,

[16] Cf. *Partes dos animais*, 661a6-8.
[17] Cf. *Sobre a respiração*, 474b26 ss., 475b5, 15.

como as tartarugas, os crocodilos, os hipopótamos, as focas, ou, entre as espécies menores, os cágados e as rãs. Todos estes animais, se ficarem sem respirar durante um certo tempo, morrem asfixiados. Têm os filhos e os criam em terra firme, outros na sua proximidade, mas vivem na água.

O mais extraordinário, entre este grupo de animais, é o golfinho e todos os que se assemelham a ele, quer entre os aquáticos ou os outros cetáceos do mesmo tipo, por exemplo a baleia e todos os providos de espiráculo. Na verdade, não é fácil incluir estes animais apenas entre os aquáticos ou só entre os terrestres, se por terrestres se entender os que inalam ar e por aquáticos os que, por natureza, absorvem água. É que eles partilham das duas situações. Assim, o golfinho tanto ingere a água do mar, que projeta pelo espiráculo[18], como recebe o ar com os pulmões. Porque este tipo de animal tem este órgão e respira; por isso, o golfinho preso nas redes asfixia rapidamente por não poder respirar[19]. Fora da água vive muito tempo, emitindo uma espécie de murmúrio ou de suspiro, como os outros animais que respiram[20]. Mesmo dormindo mantém o focinho à tona para respirar.

589b

Incluir os mesmos animais nos dois grupos, quando estes têm características contrárias, é absurdo. Talvez haja necessidade de precisar melhor o que se entende por aquático. Há assim animais que absorvem água e a expelem pela mesma razão que os animais que respiram absorvem ar: por uma questão de arrefecimento, ou então por razões alimentares. Porque é inevitável que os que retiram o alimento do meio líquido ingiram juntamente a água, e porque a absorvem precisam ter um órgão para a expelir[21]. Logo, os animais em que a absorção da água tem um papel análogo à respiração têm guelras; os que a absorvem por uma questão alimentar, que

---

[18] Não é água do mar ingerida que o golfinho e outros cetáceos expelem pelo espiráculo, mas sim vapor d'água contido nos pulmões que condensa em contato com a atmosfera.
[19] Cf. *Sobre a respiração*, 476b21-22.
[20] Cf. 535b32-536a4.
[21] Cf. *Sobre a respiração*, 476b23-30.

são também sanguíneos, servem-se do espiráculo. Algo semelhante acontece com os cefalópodes e os crustáceos, que também absorvem água como forma de conseguir alimento. São aquáticos de outro tipo, por uma questão de constituição ou modo de vida, aqueles que absorvem ar mas vivem na água, ou os que absorvem água e têm guelras, mas podem vir a terra firme à procura de alimento. Há um único animal deste gênero que até hoje tenha sido observado, o chamado tritão[22]: não tem pulmões, mas guelras, e parece um quadrúpede, portanto apto a marchar em terra firme. Dá ideia de que a natureza de todas essas espécies sofreu um desvio, algo parecido com o que se passa com certos machos que adquirem aspecto de fêmeas, ou vice-versa. De fato, os animais que sofrem, em partes pequenas do seu corpo, modificações parecem apresentar grandes diferenças na compleição geral do seu organismo. Este é um processo que se observa, por exemplo, nos animais castrados: neles a mutilação de uma pequena parte do corpo basta para os transformar em fêmeas. É assim evidente que, se desde o início da formação do indivíduo se registra variação no tamanho de uma parte minúscula, sob condição de que se trate de um componente generativo, daí resulta que o animal se torna fêmea ou macho, ou que a sua mutilação total o impede de adquirir um ou outro sexo[23]. Do mesmo modo, a condição de terrestre ou de aquático, de acordo com qualquer dos dois critérios, depende de alterações produzidas em pequenas partes do corpo. É daí que resulta que haja animais terrestres e outros aquáticos. E se uns são anfíbios e outros não, é porque os seus respectivos organismos, em fase de formação, ingeriram em maior ou menor quantidade um determinado nutriente. Porque a cada espécie animal é agradável o que é conforme à sua natureza, como foi dito anteriormente[24].

---

[22] Cf. *Sobre a respiração*, 476a6, *Partes dos animais*, 695b25. É enigmática esta referência aos tritões (anfíbios com cauda). Apenas se coaduna com a espécie *Proteus anguinus*, que vive na Eslovênia e nordeste da Itália.

[23] Cf. *Geração dos animais*, 716b3-12.

[24] Cf. *supra*, 589a9.

Alimentação das espécies aquáticas: os testáceos

Se se dividir os animais em aquáticos e terrestres, de acordo com um dos três critérios – com a circunstância de absorverem ar ou água, com a temperatura do corpo e, finalmente, com a alimentação –, os seus modos de vida acompanham a mesma tripartição. De fato, a classificação de uns animais depende da temperatura que apresentam e da alimentação que consomem, para além de absorverem ar ou água; outros há em que a classificação se faz apenas de acordo com a temperatura e o modo de vida. No que se refere aos testáceos, há alguns que vivem fixos e se alimentam de água doce (que é filtrada através das paredes espessas[25] por ser mais fluida do que a água do mar, quando esta é submetida a um processo de digestão), já que é dela que recebem a sua formação inicial[26]. A existência, na água do mar, de uma parte potável e suscetível de ser filtrada é um fato incontroverso. De resto já se tem feito uma experiência que não deixa dúvidas: se se modelar, com cera, um vaso de paredes finas, que se ata com um cordel e se mergulha vazio na água do mar, ao fim de uma noite e um dia ele fica cheio de água, e esta é manifestamente potável[27].

As actínias alimentam-se dos peixinhos pequenos que ficam ao seu alcance. Têm a boca no meio do corpo, fato sobretudo evidente nos espécimes maiores. Exibem também, tal como as conchas, um orifício por onde evacuam os alimentos[28], situado na parte superior do animal. É que a ac-

[25] Certamente tecidos internos do animal; cf. *Partes dos animais*, 677b25.

[26] É a água uma substância essencial à sua formação e dela lhes provém o alimento; cf. *supra*, 589a6-10, 590a9 12.

[27] A mesma experiência é narrada por Eliano, *História dos animais*, 9.64, *Questões meteorológicas*, 358b35.

[28] Dá ideia de haver aqui uma confusão com as ascídias, que de fato apresentam dois orifícios, um para absorver o líquido e outro para expelir; cf. 531a12-14. Sobre as actínias, cf. 531a31 ss., *Partes dos animais*, 681a36-b13.

tínia parece-se com a parte carnuda existente no interior da concha, e é a rocha que faz as funções desta.

As lapas[29] soltam-se e mudam de lugar em busca de alimento. Entre os testáceos que se movem, há os que comem animais e se alimentam de peixes pequenos, como o búzio (que é carnívoro e é esse o tipo de isca que se usa na captura), e também os que se nutrem de plantas marinhas.

As tartarugas alimentam-se de conchinhas (são, por isso, os animais que têm a boca mais resistente); tudo o que apanham – seja uma pedra ou outra coisa qualquer – mastigam e trituram; quando saem da água, comem erva. É frequente que corram perigo e morram quando vêm à superfície e secam ao calor do sol, pois têm dificuldade em voltar a mergulhar.

Alimentação dos crustáceos

Os crustáceos alimentam-se da mesma maneira; são também onívoros. Tanto comem pedras, lodo, algas e excrementos – caso dos caranguejos das rochas –, como são carnívoros. As lagostas chegam a apanhar peixes graúdos, mas pode acontecer que, na pescaria, sofram algum percalço. Assim, os polvos são mais fortes do que elas, de modo que, se as lagostas se aperceberem de que há polvos por perto, na mesma rede, morrem de susto. Em contrapartida, as lagostas levam a melhor sobre os congros[30]; com as rugosidades que têm impedem que eles escapem. Os congros, por seu lado, devoram os polvos, porque, graças ao corpo liso que têm, estes nada podem contra eles. Todos os cefalópodes são carnívoros. As lagostas devoram os peixinhos que capturam junto às suas tocas. Vivem no alto-mar, em lugares com fundos irregulares e pedregosos. É aí que estabele-

---

[29] Cf. 528b1-2.

[30] Cf. Eliano, *História dos animais*, 1.32, 9.25, 10.38, Plínio, *História natural*, 9.185.

cem os seus refúgios. Tudo o que a lagosta apanha leva à boca com a pinça bifurcada que tem[31], como fazem os caranguejos. A sua forma natural de caminhar é para a frente, se nada tem a temer, com as antenas de cada lado para baixo. Se se assusta, foge andando para trás, projetando as antenas para longe. Lutam umas com as outras, como os carneiros com os chifres, de antenas erguidas, que usam para atacar[32]. Podem se ver muitas vezes em grupo compacto, como um rebanho.

Alimentação dos cefalópodes

É este o tipo de vida dos crustáceos. Entre os cefalópodes, as lulas e as sibas podem mesmo capturar peixes graúdos. Os polvos apanham sobretudo conchas pequenas, das quais retiram a parte carnuda de que se alimentam. Assim, é pelas conchas que os que caçam polvo detectam seu esconderijo[33]. Há quem diga que o polvo come a si próprio[34], o que é falso. Na verdade, os tentáculos que faltam a alguns foram devorados pelos congros[35].

591a

Alimentação dos peixes

Todos os peixes se alimentam de ovas na época da postura; porém, o resto da sua alimentação é variável. Há os que são exclusivamente carnívoros, como os seláceos, os congros, os serranos, os atuns, os peixes-lobo, os dentões, os bonitos, as agulhas e as moreias. O ruivo, para além de carnívoro, ali-

[31] Cf. 525b15 s., 526a13.
[32] Cf. Eliano, *História dos animais*, 9.25.
[33] Cf. *infra*, 622a5-8.
[34] Cf. Hesíodo, *Trabalhos e dias*, 525. Na realidade, a autofagia é conhecida no polvo-comum, *Octopus vulgaris*, espécie de vasta distribuição geográfica.
[35] Cf. Plínio, *História natural*, 9.87, Eliano, *História dos animais*, 1.27, 14.26.

menta-se também de algas, conchas e lodo; o dascilo[36], de lodo e excrementos; o papagaio e o melanuro[37], de algas; a salema, de excrementos e algas; esta última consome também a zostera[38] e é o único peixe que se pesca com uma abóbora[39]. Todos os peixes, exceção feita à tainha, se devoram uns aos outros, sobretudo os congros[40]. O barbudo e a tainha são, em definitivo, os únicos não carnívoros. A prova está em que nunca se capturou um só exemplar que tivesse no estômago o mais pequeno vestígio de tal alimento, e ainda no fato de que, como isca para os capturar, não se usa carne, mas pão. Todas as variedades de tainha se alimentam de algas e de areia. Quanto ao barbudo, aquele que há quem designe por roncador[41], vive perto da costa, o que não é o caso do de alto-mar. Este alimenta-se do muco que ele próprio segrega, e é por isso que está sempre vazio de alimentos. O barbudo consome lodo, de onde resulta o peso e a viscosidade que tem, mas geralmente não devora outros peixes. Como vive no lodo, é frequente dar saltos para sacudir a sujeira que o envolve. Nenhum predador come suas ovas e por isso se encontra em grande número. É quando cresce que passa a servir de alimento a outros peixes, nomeadamente ao arcarno[42]. A tainha é, de todos os peixes, o mais voraz e insaciável; daí que tenha sempre o estômago intumescido; se estiver em jejum não presta. Quando se assusta, esconde a cabeça como se estivesse a esconder o corpo inteiro[43].

[36] O nome deste peixe tem esta única ocorrência, por isso não se pode deduzir o seu sentido ou o animal a que se refere.

[37] Literalmente "de cauda negra".

[38] Planta marinha diferente das algas, pois se trata de uma espermatófita (plantas com sementes); cf. Teofrasto, *História das plantas*, 4.6.2.

[39] Espécie de pepino amargo. Cf. Plínio, *História natural*, 20.8.

[40] Cf. *infra*, 593b27-28.

[41] Cf. 543b15, 570b2.

[42] Peixe não identificado. Em 602a12, Aristóteles diz que ele suporta mal o calor e, por isso, perde peso. Talvez se trate do besugo.

[43] Cf. Plínio, *História natural*, 9.59.

O dentão é também carnívoro e come os cefalópodes. É frequente vê-lo, como ao serrano, deitando o estômago pela boca afora, quando em perseguição de peixes menores[44]; é que, nos peixes, o estômago fica perto da boca e não têm esôfago[45].

Portanto, como acabamos de dizer, há espécies exclusivamente carnívoras, como o golfinho, o dentão, a dourada e os seláceos, entre os peixes, e também os cefalópodes. Há outros que, na maior parte das vezes, se alimentam de lodo, algas, musgo do chamado *cáulion*[46] e de tudo o que cresce no mar, como a abrótea, o góbio e os peixes de rocha. A abrótea não toca noutra carne a não ser na dos camarões. Mas é comum, como afirmamos[47], que os peixes se comam uns aos outros, os maiores aos menores. Prova de que são carnívoros é que, para pescá-los, se use carne como isca. A sarda, o atum e o peixe-lobo são em geral carnívoros, mas também consomem algas. O sargo alimenta-se à custa do ruivo; quando este, depois de agitar o lodo, se afasta (porque pode manter-se lá enterrado), o sargo desce à procura de alimento, impedindo outros peixes mais fracos de se aproximar. O chamado papagaio parece ser, dos peixes, o único que rumina[48], como os quadrúpedes.

Os outros peixes capturam os menores atacando-os de frente, com a boca, na posição que lhes é natural quando nadam. Em contrapartida, os seláceos, os golfinhos e todos os cetáceos voltam-se de barriga para cima para capturarem a presa[49], porque têm a boca na face inferior. Torna-se por isso mais fácil aos peixes pequenos escapar. Caso contrário,

[44] Cf. 507a28-30.
[45] Cf. 507a27, *Partes dos animais*, 675a9.
[46] Planta aquática não identificada. Musgo não é, seguramente, pois estas plantas não suportam a água salgada.
[47] Cf. *supra*, 591a17.
[48] Cf. 508b11, *infra*, 632b10, *Partes dos animais*, 675a4, Plínio, *História natural*, 9.62, Eliano, *História dos animais*, 2.54.
[49] Cf. *Partes dos animais*, 696b26.

por certo poucos resistiriam, porque, no que toca ao golfinho, a rapidez e a voracidade que tem são espantosas[50].

Alimentação das enguias

592a No que se refere às enguias, apenas algumas, e em lugares definidos, se alimentam de lodo e daquilo que se atira a elas, mas a maior parte vive na água potável. Os criadores de enguias procuram conservar a água o mais pura possível, sempre corrente e fluindo sobre um fundo de pedras chatas. Ou então revestem o viveiro com reboco. É que as enguias asfixiam com facilidade se a água em que vivem não for pura, porque têm guelras minúsculas. Essa a razão por que, para as pescar, se agita a água[51] e por que são apanhadas no Estrimão[52], na altura das Plêiades[53]. Essa é uma ocasião em que a água e o lodo se misturam por efeito dos ventos contrários. Se não, mais vale ficar quieto.

Quando mortas, as enguias não flutuam nem vêm à superfície, como a maior parte dos peixes. É que têm o estômago pequeno. São poucas as que têm gordura, a maioria não possui. Se retiradas da água podem resistir cinco ou seis dias[54], sobretudo se houver vento norte, menos tempo se o vento vier do sul[55]. Quando, no verão, se transferem dos lagos para os viveiros, morrem; no inverno, não. Também não toleram mudanças profundas, como, por exemplo: se, durante o transporte, forem mergulhadas em água fria, na maior parte dos casos morrem em massa. Do mesmo modo asfixiam se a criação for feita em pouca água. Isso também se passa com os outros peixes: asfixiam quando permanecem na mesma

---

[50] Cf. *infra*, 631a20 ss., Plínio, *História natural*, 9.20.
[51] Cf. Aristófanes, *Cavaleiros*, 864-867.
[52] Rio da Trácia.
[53] Em maio.
[54] Cf. Plínio, *História natural*, 9.74.
[55] Ou seja, resistem melhor com tempo fresco do que quente.

água e esta for em pequena quantidade, tal como os animais que respiram, se o ar de que dispõem for pouco e não renovado. Há algumas enguias que vivem sete ou oito anos.

Para se alimentar, também os peixes de rio se devoram uns aos outros, como consomem ervas e raízes, e tudo o que puderem encontrar no lodo. É sobretudo de noite que se alimentam; de dia refugiam-se nos fundos.

Alimentação das aves

3. Eis o que se oferece dizer sobre a alimentação dos peixes. Quanto às aves: as de garras curvas são carnívoras, e mesmo que se metesse grãos no seu bico não conseguiriam engoli-los; é o caso de todas as variedades de águias, dos milhafres, dos dois tipos de falcão, o que ataca os pombos-bravos e o que caça tentilhões (estes dois tipos de falcão são muito diferentes um do outro em dimensão)[56], e da águia-de-asa-redonda. Este último é do tamanho do milhafre e aparece durante todo o ano[57]. Há também o caso da águia-pesqueira e do abutre, o primeiro superior em tamanho à águia e de cor cinza. De abutres há duas espécies, uma pequena e mais para o esbranquiçado, outra maior e mais acinzentada.

592b

Além disso, há umas tantas aves noturnas de garras curvas, como o corujão, a coruja e o bufo-real. Este último é parecido com a coruja, mas em tamanho não fica atrás da águia. Há também a coruja-das-torres[58], o mocho-galego e o mocho-de-orelhas. Destes últimos, a coruja-das-torres é maior do que o galo, o mocho-galego sensivelmente do mesmo tamanho e ambos caçam pegas. O mocho-de-orelhas é menor do que a coruja. Mas os três são idênticos de aspecto e todos carnívoros.

[56] Cf. *infra*, 620a17 ss.
[57] Cf. Plínio, *História natural*, 10.21.
[58] *Eleos*, o nome pelo qual esta espécie é designada, alude ao seu piar lamuriento.

Das aves que não têm garras curvas há também algumas carnívoras, caso da andorinha. Há as que comem minhocas, como o tentilhão, o pardal, o chasco, o verdelhão e o chapim. Há três espécies de chapim: o maior é o chapim-real (porque é do tamanho do tentilhão); o segundo é o montês, porque vive nas montanhas, e que tem cauda longa; o terceiro é semelhante aos anteriores, apenas difere no tamanho, por ser o menor de todos. Citemos também o papa-figos, a toutinegra, o dom-fafe, o pisco, a toutinegra-comum, a felosa e a estrelinha. Esta última é um pouco maior do que o gafanhoto, tem uma cabeça laranja-vivo e é, no conjunto, uma avezinha muito graciosa e bem proporcionada. A alvéola[59] é do tamanho do tentilhão; o tentilhão-montês é parecido com o comum e tem mais ou menos o mesmo tamanho; difere no pescoço, que é azulado, e vive nas montanhas; por fim há ainda a estrelinha-de-cabeça-listrada e a frouva[60].

Portanto, todas estas aves e as que lhes são congêneres se alimentam praticamente de vermes; vêm depois as que consomem plantas espinhosas: o pintassilgo[61], o pintarroxo e a ave chamada crisometris. Todas estas se alimentam de arbustos espinhosos e não comem vermes nem nada que seja vivo. Dormem e alimentam-se no mesmo lugar.

Há outras que se alimentam de formigas e que vivem sobretudo a caçá-las, caso do pica-pau maior e do menor. Há quem designe a ambos por pica-paus. Parecem-se entre si e emitem um som semelhante, salvo que o maior o emite mais forte. Ambos voam para as árvores à procura de alimento. Há também o pica-pau-verde, que é do tamanho de uma rola, mas completamente verde; este é também um pica-pau vigoroso, que em geral se alimenta nos troncos das árvores e que emite um som potente. Esta é uma ave sobretudo frequente no Peloponeso. Há uma outra chamada pa-

---

[59] Esta é a palavra que em grego designa a "flor".
[60] O nome desta ave em grego significa "que colhe grãos".
[61] Cf. *infra*, 610a4, 6, 616b31, Plínio, *História natural*, 10.205.

pa-moscas⁶², que não é maior do que um pintassilgo; tem um tom acinzentado com manchas e uma voz fraca; também nidifica nos buracos das árvores.

Há outras que vivem à base de grãos e de erva, como o pombo-bravo, o pombo-torcaz, o pombo-comum, o pombo--ruivo e a rola⁶³. O pombo-torcaz e o comum encontram-se em todas as estações do ano, a rola só no verão; no inverno desaparece porque se recolhe ao ninho⁶⁴. O pombo-ruivo é no outono que aparece e se pode apanhar. É maior do que o pombo-comum, mas menor do que o bravo. O momento próprio para capturá-lo é quando está bebendo. Estas aves chegam às nossas regiões já com as crias. Todas as outras que chegam no verão vêm nidificar aqui e, na sua maioria (exceção feita às columbinas), alimentam os filhos com pequenos animais.

No conjunto, as aves dividem-se mais ou menos assim: há as que procuram alimento em terra firme, outras que frequentam rios e lagos, outras ainda que vivem junto ao mar. As palmípedes passam a maior parte do tempo dentro da água; as fissípedes, perto dela; entre estas há umas tantas que não são carnívoras e se alimentam de vegetais. São frequentadoras de lagos e rios a garça-real e a garça-branca⁶⁵. Esta última é, em tamanho, menor do que a primeira, com bico largo e longo. Há também a cegonha e a gaivota – esta última de cor acinzentada –, o abibe, o pilrito e a águia-rabalva; esta última é a mais corpulenta destas aves de médio porte, de um tamanho equivalente ao do tordo⁶⁶. Todas elas agitam a cauda. Inclua-se também o maçarico, que tem plumagem pintalgada, embora o tom dominante seja o cinzento. A família dos guarda-rios é também aquática, embora se subdi-

593b

---

⁶² Cf. Aristófanes, *Aves*, 590, Aristóteles, *Sobre a sensação*, 444b12.
⁶³ Uma referência às diversas variedades de pombos é feita também *supra*, 544b1 ss.
⁶⁴ Cf. *infra*, 600a20, 613b2.
⁶⁵ Cf. *infra*, 609a22, 616b32-617a7.
⁶⁶ Comparação que a realidade não abona.

vida em dois tipos: há os que cantam, pousados sobre os caniços, e os que não têm voz, que são os maiores. Ambos têm o dorso azulado. Por fim, acrescente-se o borrelho[67].

Junto ao mar encontram-se o guarda-rios de peito branco e de colete. É nessas paragens que também as gralhas procuram alimento, caindo em voo sobre os animais que dão na costa, porque são onívoras. Junte-se a elas a gaivota-branca, o galeirão, o alcatraz e o borrelho.

Das palmípedes, as mais pesadas vivem nos rios e lagos, como o cisne, o pato, a galinha-d'água, o mergulhão, ou ainda o marreco, parecido com o pato mas menor, e o chamado corvo-marinho. Este é do tamanho da cegonha, mas tem as patas mais curtas; é palmípede, bom nadador e de cor negra. Pousa nos galhos das árvores, e é, deste tipo de aves, a única que lá nidifica. Podemos incluir ainda o ganso, o merganso-pequeno, que vive em grupo, o tadorno, a cabra[68] e a piadeira. A águia-rabalva vive também na costa marítima e depreda os lagos.

Há aliás inúmeras aves onívoras. As de garras curvas atacam outros animais, se têm a oportunidade de dominá-los, e outras aves. Todavia, não comem exemplares da mesma espécie, no que diferem dos peixes, que muitas vezes se devoram uns aos outros[69]. O gênero das aves em geral consome pouco líquido – as de rapina até não bebem nada –, exceção feita a um grupo restrito de espécies, e mesmo assim raras vezes. É principalmente o caso do peneireiro[70]. O milhafre também bebe pouco, mas há quem o tenha visto beber.

Alimentação dos répteis

4. Os animais dotados de escamas, como o lagarto e todos os que têm quatro patas, além das serpentes, são oní-

---

[67] Sobre o borrelho, cf. *infra*, 612a21-24, Heródoto, 2.68.
[68] Talvez se refira ao ostraceiro.
[69] Cf. *supra*, 591a17.
[70] Cf. *Geração dos animais*, 750a8.

voros, ou seja, carnívoros e herbívoros. As serpentes são mesmo, entre todas as espécies, as mais vorazes. De toda forma, este tipo de animal, como os outros que possuem pulmões esponjosos, bebem em pequena quantidade[71]. O pulmão esponjoso é próprio de seres dotados de pouco sangue e dos ovíparos. As serpentes são sensíveis ao vinho[72], por isso, há até quem cace víboras pondo vinho num recipiente e metendo-o nos buracos das paredes. Quando embriagadas, deixam-se apanhar.

Como as serpentes são carnívoras, expelem o animal que apanham por evacuação, depois de o terem sugado completamente. Processo semelhante ao que ocorre com outros animais, como as aranhas. Mas estas sugam a presa no exterior, enquanto as serpentes o fazem no próprio ventre.

De fato, a serpente engole seja o que for que encontre, venha de onde vier (come crias das aves ou de outros animais e suga os ovos)[73]; depois de capturar a presa e de atraí-la, quando a engole, primeiro empina-se e depois encolhe-se, até se reduzir ao mínimo; quando volta a se distender, a presa já está no extremo do seu corpo. Atua assim por ter o esôfago estreito e comprido. Tanto as tarântulas como as serpentes podem passar muito tempo sem comer. Este é um fenômeno que se pode observar quando são criadas pelos farmacêuticos.

Alimentação dos animais selvagens

5. Entre os quadrúpedes vivíparos, os que são selvagens e com dentes em serra[74] são todos carnívoros. Há quem diga, no entanto, que os lobos constituem exceção, e que, quando estão famintos, comem até um certo tipo de terra[75];

---

[71] Cf. *Partes dos animais*, 669a26-34.
[72] Cf. Plínio, *História natural*, 10.198.
[73] Cf. Plínio, *História natural*, 10.197.
[74] Cf. 501a8 ss.
[75] Cf. Plínio, *História natural*, 10.200.

são o único animal com tal comportamento. Só consomem erva se estiverem doentes, como as cadelas, que só a ingerem para provocar vômitos e produzir um efeito purgativo[76].

Os lobos que vagabundeiam sozinhos atacam mais facilmente o homem do que os que andam em alcateias. O animal que se designa ora por *glano* ora por hiena[77] não é inferior ao lobo em tamanho; tem uma crina parecida com a do cavalo, com pelos mais rijos e mais hirsutos ao longo de toda a espinha. Fica à espreita e ataca o homem[78], como ataca também os cães, fazendo um ruído que parece um vômito humano. Até nos túmulos ela penetra, atraída pela carne.

O urso é onívoro. Assim, come fruta (trepa nas árvores valendo-se da agilidade que tem); pode se alimentar de legumes; consome mel, depois de partir as colmeias, caranguejos, formigas, e é também carnívoro. A força que possui permite-lhe fazer frente não apenas aos veados, mas também aos javalis, se conseguir atacá-los de surpresa, e aos touros. De fato, avança sobre o touro e, quando o tem bem de frente, deixa-se cair sobre o dorso; quando o touro arremete, aperta-lhe os chifres com as patas anteriores, morde-lhe o ombro e derruba-o[79]. É capaz de andar, por um curto período, sobre as duas patas posteriores. Deixa apodrecer primeiro todas as carnes de que se alimenta.

O leão é carnívoro, como todos os outros animais selvagens com os dentes em serra. Devora as presas com voracidade, pode até engoli-las inteiras, sem mastigar, e fica então dois ou três dias sem comer. Pode passar sem alimento porque fica empanturrado[80]. Beber, bebe pouco. Evacua também raramente, algo como de dois em dois dias ou com intervalos irregulares; os excrementos que expele são duros e

---

[76] Cf. *infra*, 612a6.

[77] Cf. livro VI, 32, *Geração dos animais*, 757a3-13. *Glano* significa "animal voraz".

[78] Cf. Eliano, *História dos animais*, 7.22, Plínio, *História natural*, 8.106.

[79] Cf. Eliano, *História dos animais*, 6.9, Plínio, *História natural*, 8.131.

[80] Cf. Eliano, *História dos animais*, 4.34.

secos, semelhantes aos do cão. Solta gases bastante ácidos e tem uma urina com um cheiro forte; é por isso que fareja as árvores como um cão; e também como este alça a perna para urinar[81]. Com o bafo contamina tudo o que come com um cheiro intenso; aliás, se for estripado, solta um cheiro insuportável.

Alguns quadrúpedes selvagens encontram alimento junto aos pântanos e aos rios; nenhum perto do mar, a não ser a foca. Este é o caso do chamado castor, da marta, da toupeira-d'água, da lontra e do animal que se designa por rato-d'água. Este último é maior do que a lontra, e possui uma dentição poderosa. É frequente que saia da água durante a noite e que, com os dentes, corte os choupos nas margens dos rios. A lontra chega a morder o homem e não o solta, ao que se diz, antes de ouvir estalar seus ossos. O rato-d'água tem os pelos rijos, com um aspecto intermediário entre a foca e o veado[82].

595a

Modo de beber dos animais

6. Os animais com dentes em serra lambem o líquido. Há outros que, embora não tenham este tipo de dentição, o fazem também, caso dos ratos. Os que não têm os dentes em serra sorvem o líquido, como os cavalos e os bois. O urso nem lambe, nem sorve, bebe às goladas. Entre as aves, todas sorvem o líquido, à exceção das de pescoço comprido, que bebem a intervalos e erguem a cabeça. O caimão é o único que bebe aos goles[83].

[81] Cf. 574a18, b19.

[82] Há neste parágrafo referências enigmáticas. As espécies denominadas por "toupeira-d'água" vivem apenas, no período geológico atual, uma nas bacias do Volga e do Don, a outra na Península Ibérica (parte norte). É improvável que Aristóteles conhecesse alguma. A espécie que designa por "rato-d'água" parece ser, pelo porte e hábitos a ela atribuídos, antes o castor.

[83] Cf. Plínio, *História natural*, 10.129, Ateneu, 398c.

Criação dos porcos

Os animais com chifres, domésticos ou selvagens, como todos os que não têm os dentes em serra, ou se alimentam de frutos ou são herbívoros, a menos que estejam muito pressionados pela fome[84]; excetua-se o porco, que é pouco dado a ervas e frutos. É dos animais o que demonstra uma preferência mais acentuada por raízes, por ser naturalmente dotado de um focinho bem adaptado a essa função; é também aquele que melhor se adapta a todo tipo de alimento. Em relação ao tamanho, o porco é o animal que engorda mais rapidamente. Engorda-se um porco em sessenta dias. Quem faz criação pode comprovar essa característica se os pesar em jejum. Antes de se passar à engorda, põe-se o porco em jejum absoluto durante três dias[85]. Assim também acontece, aliás, com os outros animais, que devem ficar de dieta antes de passarem à fase da engorda. Ao fim desses três dias, os criadores passam a dar-lhes uma ração abundante. Os trácios os engordam dando-lhes água para beber no primeiro dia, depois deixam passar um intervalo, a princípio só de um dia, depois de dois, três, quatro, até sete. Este animal é engordado com cevada, milho, figos, bolota, peras e abóbora[86]. Mas o que sobretudo os faz engordar, como a todos os que têm bom estômago, é o descanso. É próprio dos porcos chafurdar na lama. Gostam de ir à procura de alimento com os da mesma idade. Um porco é capaz de lutar com um lobo. Perde uma sexta parte do peso que tem enquanto vivo, o correspondente aos pelos, ao sangue e ao resto. As porcas, quando amamentam, emagrecem, como de resto todos os animais. Eis o comportamento desta espécie.

---

[84] Cf. Plínio, *História natural*, 10.199.
[85] Cf. Plínio, *História natural*, 8.207.
[86] Cf. *infra*, 603b27; cf. *Odisseia*, 10.241-243.

Alimentação dos bovinos

7. Os bovinos comem frutos e erva. Alimentam-se de produtos que causam flatulência, por exemplo de alfarroba, pasto ou folhagem de favas, ou então, no caso das reses mais velhas, fazendo-se nelas uma incisão na pele para lhes insuflar ar, antes de lhes dar de comer[87]. Pode-se dar cevada a eles, ao natural ou moída, e alimentos açucarados, como figos ou passas, vinho ou folhas de olmeiro. Mas o melhor ainda são os dias de sol e os banhos quentes. Os chifres dos novilhos, se amolecidos com cera[88], facilmente tomam a forma que se quiser. Têm menos dores nos cascos se seus chifres forem endurecidos com cera, pez ou azeite[89]. Quando se deslocam, sofrem mais em tempo de geada do que debaixo de neve. Tornam-se mais corpulentos se ficarem, durante anos, sem acasalar. No Epiro, as chamadas vacas de Pirro[90] ficam nove anos[91] sem serem cobertas – diz-se que estão "sem touro" –, para ganhar peso. Há quem diga que são cerca de quatrocentos exemplares. São propriedade real, e não se dão em qualquer outra região. Porque já houve quem tentasse esse tipo de criação.

Alimentação dos equinos

8. Os cavalos, as mulas e os burros alimentam-se de grãos e erva, mas engordam mais se tiverem de beber. Porque é em função da água que bebem que os animais de carga ganham apetite: quanto menos desagradável for para eles a água que bebem, mais nutritivos se tornam os pastos. A forragem verde

---

[87] Cf. Plínio, *História natural*, 8.178.
[88] Com cera aquecida; cf. Plínio, *História natural*, 11.126.
[89] Cf. *infra*, 604a16-17.
[90] Cf. 522b24.
[91] Cf. Plínio, *História natural*, 8.176, que fala apenas de quatro anos.

torna seu pelo liso, a que tem talos duros não é boa. O primeiro corte da luzerna[92] é de má qualidade e, se em contato com a água fétida, não presta, porque ganha mau cheiro.

Os bois procuram beber água limpa, enquanto os cavalos[93] fazem como os camelos, que bebem de preferência a água turva e lodosa. Não bebem nem mesmo água dos rios sem a turvar primeiro[94]. Podem ficar sem beber até quatro dias. Ultrapassado este tempo, bebem com fartura[95].

596a

Alimentação do elefante

9. O elefante[96] pode comer até nove medimnos macedônios de cevada por refeição[97], mas uma tal quantidade de alimento é perigosa. Em geral consome seis ou sete medimnos, cinco, se for de farinha, e cinco *maris* de vinho (o *maris* corresponde a seis cótilos)[98]. Houve um caso em que um elefante bebeu de uma só vez catorze metretas macedônias[99] de água e, pela tarde, bebeu mais oito.

A maioria dos camelos vive cerca de trinta anos[100], alguns mesmo bastante mais. Podem chegar aos cem anos. Quanto ao elefante, há os que dizem que vive trezentos anos; outros, duzentos[101].

---

[92] Cf. 522b27.
[93] Cf. *infra*, 605a10.
[94] Cf. Eliano, *História dos animais*, 17.7.
[95] Cf. Plínio, *História natural*, 8.68.
[96] Cf. Eliano, *História dos animais*, 17.7.
[97] O medimno equivale a 192 cótilos (0,27 l). Fala-se portanto de cerca de 52 litros.
[98] Ou seja, cerca de 1,6 litro.
[99] A metreta equivale a 144 cótilos, ou seja, a cerca de 39 litros.
[100] Cf. 578a12, onde se diz que vive mais de cinquenta anos.
[101] Parece haver algum exagero nestes números. O máximo que se refere para o elefante é de cento e cinquenta anos.

Alimentação dos carneiros e cabras

10. Os carneiros e as cabras comem erva; os carneiros pastam em lugares definidos e não saem de lá; as cabras mudam muito de lugar e só comem as pontas das ervas. O que mais engorda os carneiros é o que bebem; por isso, no verão, se dá sal a eles, à razão de um medimno a cada cinco dias, para cada cem cabeças. Com este processo, o rebanho fica mais saudável e mais gordo. Pela mesma razão se salgam todos os alimentos que recebem; põe-se, por exemplo, sal com fartura na forragem (para fazê-los ter sede e beber mais), e, no outono, salpica-se a abóbora com sal. Assim consegue-se que produzam mais leite. É também verdade que as reses que se deslocam no meio do dia bebem mais ao entardecer. Quando estão para parir, as ovelhas que consomem mais sal têm as tetas pendentes e mais túmidas.

Para engordar os carneiros é preciso alimentá-los com rebentos de oliveira, de cultivo ou selvagem, com cizirão ou com qualquer tipo de forragem. Qualquer destes alimentos acelera o processo de engorda se for aspergido com salmoura. A engorda é mais acentuada após um período de jejum de três dias. A água que cai do quadrante norte, no outono, é melhor para os carneiros do que a que cai do sul, como também os pastos voltados ao poente lhes são mais benéficos; grandes caminhadas ou fadigas os fazem emagrecer.

Os pastores distinguem as ovelhas com mais vigor, quando, no inverno, umas estão cobertas de geada e outras não; é que, exatamente devido à fraqueza, as que não têm vigor chocam-se com as outras fazendo cair a geada.

A carne de qualquer quadrúpede perde qualidade se ele pastar em lugares pantanosos, em vez de o fazer em altitude.

As ovelhas de cauda larga[102] resistem ao inverno com mais dificuldade do que as de cauda longa, e as que têm o pelo curto pior do que as que apresentam uma lã mais espessa. As de pelo frisado também resistem mal. De toda forma, as

[102] Cf. *infra*, 606a13, Heródoto, 3.113, Eliano, *História dos animais*, 10.4.

ovelhas têm melhor saúde do que as cabras, mas estas são mais resistentes do que aquelas. A pele e a lã dos carneiros mordidos pelos lobos, bem como as roupas confeccionadas com elas, ganham parasitas com mais facilidade do que as outras[103].

Alimentação dos insetos

11. Os insetos com dentes[104] são onívoros; os que têm língua alimentam-se unicamente de líquidos, servindo-se dela para sorvê-los seja em que lugar for. Entre estes últimos, há os que são onívoros (porque aspiram qualquer suco), caso das moscas, outros que se alimentam de sangue, como o moscardo e o estro; há outros ainda que vivem dos sucos das plantas e dos frutos. A abelha é o único inseto que não pousa em substâncias putrefatas e que não consome qualquer alimento que não seja adocicado[105]. É também com avidez que consomem água, onde quer que ela brote límpida.

Migrações dos animais

12. São estes os tipos de alimentação das várias espécies animais. Quanto às ações, todas sem exceção se reportam à reprodução, à criação dos filhotes, à busca de alimento, e são condicionadas pela sequência do frio e do calor, de acordo com a mudança das estações. Todos os animais, de fato, são sensíveis, por instinto, às variações de temperatura; e, tal como no caso do homem, há os que se recolhem em sua casa durante o inverno, enquanto outros, porque são senhores de vastos territórios[106], passam o verão em regiões frias e o in-

---

[103] Cf. Eliano, *História dos animais*, 1.38, Plínio, *História natural*, 11.115.
[104] Refere-se certamente ao aparelho bucal mastigador.
[105] Cf. 535a2-4.
[106] Há quem pense que Aristóteles tem em mente o exemplo da corte persa que, senhora de um enorme território, se dava ao luxo de escolher um

verno em zonas quentes; assim procedem também as espécies que podem deslocar-se. Uns encontram, nos próprios lugares onde habitualmente vivem, recursos de proteção, outros migram. Assim, após o equinócio de outono, deixam o Ponto[107] e as regiões frias, fugindo da aproximação do inverno; depois do equinócio de primavera, regressam das terras quentes, em direção às frias, com receio do calor; há os que migram entre regiões próximas, outros que vão, por assim dizer, de um extremo ao outro do mundo, como acontece com os grous. Estes migram das planícies da Cítia para os pântanos do Alto Egito[108], onde nasce o Nilo. É essa a região habitada pelos pigmeus[109]. Não se pense que é pura lenda que tais criaturas existam; trata-se, ao que se diz, de uma raça de pequena estatura, de homens e de cavalos, que vivem em cavernas[110]. Os pelicanos são também aves migratórias. Voam do Estrimão até o Istro[111] e é aí que têm as crias. Deslocam-se em bando e os da frente esperam pelos que se atrasam, porque, quando sobrevoam montanhas, os que vão à frente deixam de ser visíveis aos de trás.

597a

Assim fazem os peixes. Uns deixam o Ponto e para lá regressam mais tarde; há os que, no inverno, deixam o alto-mar e se aproximam da costa, em busca de calor, e que, no verão, deixam o litoral e regressam ao alto-mar para escapar da canícula[112]. De igual modo, as aves mais frágeis, durante o inverno e em tempo de frio, descem para as planícies à procura de calor, e, no verão, devido à canícula, regressam ao cimo

....
lugar de residência para o verão e outro para o inverno. Cf. Eliano, *História dos animais*, 3.13.

[107] Ou seja, o Ponto Euxino ou mar Negro.

[108] Cf. Heródoto, 2.22.4, Eliano, *História dos animais*, 2.1, 3.13, Plínio, *História natural*, 10.58.

[109] Cf. *Ilíada*, 3.2-7, Eliano, *História dos animais*, 15.29, Plínio, *História natural*, 7.26, 10.58.

[110] Cf. *Geração dos animais*, 749a4-6.

[111] O Estrimão corre na Trácia e deságua perto de Anfípolis, o Istro corresponde ao Danúbio.

[112] Cf. Eliano, *História dos animais*, 9.57.

das montanhas. São sempre as espécies mais frágeis as primeiras a migrar, num sentido ou noutro, conforme os extremos de temperatura; por exemplo, os rascassos antecipam-se aos atuns, as codornas, aos grous. Assim, os primeiros migram no mês de boedrômio[113], os segundos no memactério[114].

Qualquer animal está mais gordo quando emigra de regiões frias do que quando vem de lugares quentes; assim também as codornas são mais gordas no outono do que na primavera. A partida de zonas frias coincide com o fim da estação quente. Os animais têm mais propensão para acasalar na primavera, ou seja, quando emigram de zonas quentes.

Migração das aves

Entre as aves, como foi dito anteriormente[115], os grous migram de um para outro extremo da Terra, voando contra o vento. Aquela história que se conta da pedra é pura fantasia. Diz-se que eles têm por lastro uma pedra[116], que serve, quando a lançam fora, para testar o ouro[117].

Também os pombos-torcazes e os pombos-bravos migram. No inverno não se encontram, como é também o caso das andorinhas e das rolas. Por sua vez, os pombos-comuns permanecem. Do mesmo modo, as codornas partem também, salvo um certo número de rolas e codornas que se abrigam em locais bem expostos ao sol. Os pombos-torcazes e as rolas organizam-se em bandos, tanto quando regressam como quando se preparam para partir de novo. Quando as codornas pousam, se houver bom tempo e o vento vier do norte, elas vão aos pares e andam bem; mas se houver vento

---

[113] Entre meados de setembro e meados de outubro.
[114] Entre meados de outubro e meados de novembro.
[115] Cf. *supra*, 597a5.
[116] No estômago.
[117] Cf. Eliano, *História dos animais*, 2.1, 3.13, Plínio, *História natural*, 10.69.

sul, têm dificuldade em fazê-lo, porque estas espécies não são boas voadoras. É que o vento sul é úmido e pesado. É por isso que os caçadores atuam com vento sul. Se está bom tempo, elas não voam bem devido ao peso, porque são corpulentas. É então que crucitam enquanto voam, porque sofrem. De toda maneira, quando chegam de fora não têm líder. Mas quando partem de novo, o maçarico parte com elas, como também o frango-d'água, o bufo-pequeno e o codornizão. Este último as chama durante a noite; os caçadores, quando ouvem seu grito, ficam sabendo que as codornas vão partir. O frango-d'água tem uma forma muito semelhante à das aves lacustres; o maçarico tem uma língua que pode estender muito para fora. O bufo-pequeno se parece com a coruja e tem uma plumagem ao redor das orelhas. Há quem o chame de "corujão". É muito ativo e bom imitador; quando se põe a imitar a dança de um caçador, deixa-se apanhar por outro que o agarre por trás[118], tal como a coruja. Em geral, todas as aves de garras curvas têm pescoço curto, língua chata e são boas imitadoras. A ave-da-índia, ou seja, o papagaio, a qual chamam de a ave com voz de gente, é um bom exemplo. Torna-se até mais atrevida quando bebe vinho[119].

Entre as aves gregárias, estão o grou, o cisne, o pelicano e o merganso-pequeno.

Migrações dos peixes

13. Entre os peixes, como dissemos[120], uns migram do mar alto para a costa, e vice-versa, para escaparem de extremos de frio e de calor. Os que se encontram junto à costa são melhores do que os de alto-mar, por terem uma alimentação mais abundante e de boa qualidade. Assim, em lugares expostos ao sol, há plantas em maior quantidade, de qualidade

---

[118] Cf. Plínio, *História natural*, 10.69, Ateneu, 390d.
[119] Cf. Plínio, *História natural*, 10.117.
[120] Cf. *supra*, 597a14-17.

superior e mais tenras, tal como nos jardins. [...][121] A alga[122] negra cresce junto à costa, a outra variedade parece-se mais com as ervas daninhas. Além disso, os espaços marinhos mais próximos da costa são temperados com um misto de calor e de frio. Em consequência, a carne dos peixes que neles vivem é mais rija, enquanto a dos de alto-mar é mais mole e flácida.

Junto à costa encontram-se o dentão, a xaputa, a agulha, a dourada, a tainha, o ruivo, o bodião, o peixe-aranha, o cabeçudo, o góbio e todos os peixes de rocha; no mar alto, a uje, os seláceos, os congros-brancos, o serrano, a bica e a sereia. Os pargos, os rascassos, os congros-pretos, as moreias e os peixes-cuco tanto vivem num lugar como no outro. Há, no entanto, diferenças conforme os lugares que habitam; assim, em Creta, os góbios e todos os peixes de rocha são mais gordos. O atum tem qualidade depois do Arcturo[123], porque na estação que então começa deixa de estar infestado de parasitas[124] que, durante o verão, o tornam menos saboroso.

Nas lagunas litorais vive uma enorme quantidade de peixes, caso da salema, da dourada, do ruivo e praticamente da grande maioria das espécies restantes. Lá se pode encontrar também o bonito, por exemplo junto à ilha da Raposa[125]. No lago Bistônide[126], existe uma variedade apreciável de peixes. Há um grande número de cavalas que não penetra no Ponto; passam o verão na Propôntida, onde desovam, e o inverno no Egeu. Os atuns, as sereias e os bonitos migram para o Ponto na primavera e passam lá o verão; isso também se passa com a maior parte dos peixes que vivem em cardumes. Aliás, a maioria dos peixes vive em cardumes. E quando é assim, todos têm líder. Nadam para o Ponto à

---

[121] Há aqui uma lacuna no texto.
[122] Esta é uma passagem de leitura duvidosa.
[123] Em meados de setembro.
[124] Cf. *supra*, 557a28, e *infra*, 599b26, 602a25.
[125] Perto do Quersoneso trácio.
[126] Lago trácio, na região de Abdera.

procura de alimento, que ali é mais abundante e melhor por causa da água doce[127]; há também a vantagem de, nessa região, os peixes grandes e vorazes serem raros. Além do golfinho e da toninha, não existem outros no Ponto, e mesmo o golfinho é pequeno. Fora deste mar, é fácil encontrar espécies de grandes dimensões. É portanto em busca de alimento que os peixes vêm para essa região, e para desovar. De fato, esses lugares são propícios à desova, e a água potável e mais doce alimenta os alevins. Depois da desova e quando as crias crescem, eles deixam o Ponto a partir das Plêiades[128]. Se o vento de inverno vier do sul, a saída processa-se mais lentamente[129]; se vier do norte, acontece com mais rapidez, porque o vento os empurra. A nova criação que então se pesca junto a Bizâncio é pequena, porque a permanência que teve no Ponto foi curta.

598b

Podem-se ver os outros peixes saindo e entrando, só as sardinhas é que são apanhadas na entrada, mas nunca se veem sair; quando se apanha uma sardinha na região de Bizâncio nessas circunstâncias[130], os pescadores tratam de purificar as redes, porque é caso raro vê-las sair. O motivo por que isso acontece é que elas são as únicas que sobem o Istro, para depois, no ponto em que o rio se bifurca, descerem até o Adriático[131]. A prova está em que lá se passa exatamente o contrário: não se apanha a sardinha na entrada do Adriático, mas na saída.

[127] A água doce resulta da quantidade de rios que lá deságuam, cf. Eliano, *História dos animais*, 9.64, Plínio, *História natural*, 9.49. Sobre as vantagens da água doce sobre as espécies, cf. *infra*, 601b18, *Geração dos animais*, 761b11.

[128] Possivelmente no início de novembro.

[129] Porque o vento sopra de frente.

[130] Ou seja, à saída do Ponto.

[131] Aristóteles exprime-se como se o Danúbio (Istro) se ligasse ao Adriático por um dos seus braços. A ideia de uma ligação fluvial entre o mar Negro e o Adriático – talvez acompanhando uma rota comercial – era antiga e difundida. Cf. ainda Plínio, *História natural*, 9.52-53, Estrabão, 1.153, Apolônio de Rodes, 4.283.

Os atuns entram no Ponto seguindo ao longo da margem direita e saem pela esquerda[132]. Há quem diga que procedem desta forma por enxergarem melhor do lado direito, já que não são naturalmente dotados de boa visão. Os peixes que vivem em bancos deslocam-se durante o dia; de noite repousam e alimentam-se[133], a menos que haja luar; nesse caso, seguem viagem sem repousar. Os habitantes da faixa costeira dizem que, próximo do solstício de inverno, eles deixam de se deslocar e ficam em repouso no lugar onde forem surpreendidos pela chegada da estação, até o equinócio.

É sobretudo na entrada do Ponto que se pescam as cavalas, e menos na saída. São ótimas na Propôntida, antes da desova. Os outros peixes que se deslocam em bandos são pescados melhor na saída do Ponto e é então que têm mais qualidade. Na entrada, os que são capturados mais perto do Egeu são muito gordos; à medida que se afastam, vão sempre emagrecendo. É frequente, quando o vento sul contraria a saída das cavalas e dos rascassos, que seja mais fácil apanhá-los mais abaixo do que na região de Bizâncio.

Outros casos de procura de um abrigo entre os animais

Eis como se processam as migrações. Instinto semelhante se encontra também entre os animais terrestres no que se refere à procura de abrigo: no inverno arranjam um e lá se refugiam, abandonando-o no tempo quente. Mas tratam também de se abrigar dos excessos próprios de cada estação do ano. Às vezes é toda uma espécie que procura abrigo, noutras apenas alguns e outros não. Todos os testáceos se abrigam, caso dos que vivem no mar, os búzios, os búzios-fêmea e todos os do mesmo tipo. Se é evidente que todos os ágeis se abrigam (porque uns se escondem, por exemplo os leques;

---

[132] Cf. Eliano, *História dos animais*, 9.42, Plínio, *História natural*, 9.50.
[133] Cf. Eliano, *História dos animais*, 9.46.

outros têm uma concha que os cobre, como os caracóis), nos que estão fixos a mudança não é perceptível. Nem todos se abrigam na mesma estação: os caracóis o fazem no inverno, os búzios e os búzios-fêmea na canícula, durante cerca de trinta dias, e os leques por volta da mesma época. Mas a maioria destes animais tende a abrigar-se, quer nos extremos do frio, quer nos excessos de calor.

Hibernação dos insetos

14. Praticamente todos os insetos se abrigam, salvo os que vivem em contato com o homem, dentro de casa, e os que morrem antes de passado um ano. Os outros hibernam. Há os que levam a maior parte dos dias recolhidos; outros apenas no tempo mais frio, caso das abelhas. Porque estas hibernam. A prova está em que não parecem consumir o alimento que têm à disposição. Se uma vai para fora, parece transparente, e é visível que tem o ventre vazio. Mantêm-se em repouso desde o ocaso das Plêiades[134] até a primavera.

Hibernação dos outros animais

15. Os animais hibernam escondendo-se em lugares quentes ou naqueles onde tenham o hábito de se abrigar. Há também um grande número de animais sanguíneos que hibernam, por exemplo os que têm escamas, como as serpentes, os lagartos, os sardões e os crocodilos de rio, durante os quatro meses mais frios, sem consumirem qualquer alimento. Quanto às serpentes, abrigam-se debaixo da terra, salvo as víboras, que se escondem debaixo das pedras.

---

[134] Desde o início de novembro.

Hibernação dos peixes

Há muitos peixes que hibernam[135], fato particularmente visível no caso da cavalinha e do roncador durante o inverno. Estes são, realmente, os únicos que nunca são pescados, seja em que lugar for, se não em épocas bem determinadas, e que são sempre as mesmas; os restantes praticamente todos hibernam. Abrigam-se também a moreia, a agulha e o congro. Os peixes de rocha abrigam-se aos pares, machos com fêmeas, como acontece também na desova, caso do bodião, do melro e da perca. Os atuns também hibernam, em lugares profundos, e, em consequência da hibernação, ganham muita gordura. A captura começa a partir do nascimento das Plêiades e prossegue até o pôr do Arcturo[136]. No resto do tempo ficam tranquilos nos seus refúgios. Há também quem apanhe, em plena hibernação, os atuns e os outros peixes que passam por este processo, porque eles se deslocam, se o local for temperado e se for o caso de haver uns dias de bom tempo. É comum que então saiam um pouco dos abrigos à procura de alimento. O mesmo se passa durante a lua cheia. É sobretudo na época da hibernação que são mais saborosos.

Os atuns jovens enfiam-se no lodo[137]. A prova está em que não são capturados e aparecem com o dorso coberto de um lodo espesso e com as barbatanas comprimidas. Na primavera, põem-se em movimento e aproximam-se da costa para acasalar e procriar; quando são capturados nessa época, têm ovas. É de resto essa a ocasião própria para apanhá-los, porque no outono e no inverno não são tão bons. Pela mesma época os machos aparecem também cheios de sêmen. Todavia, quando têm crias pequenas, dificilmente são pescados; quando elas crescem, a captura é abundante devido ao incômodo que lhes causam os estros[138].

---

[135] Cf. Eliano, *História dos animais*, 9.57, Plínio, *História natural*, 9.57.
[136] De início de maio a final de outubro.
[137] Cf. Plínio, *História natural*, 9.47.
[138] Cf. *supra*, 598a18.

Há peixes que se escondem na areia; outros, no lodo, só com a boca para fora. A maioria, no entanto, só se abriga durante o inverno; todavia, os crustáceos, os peixes de rocha, as raias e os seláceos só se recolhem durante os dias mais frios. Este fato torna patente a impossibilidade de capturá-los quando faz frio.

Há peixes que se abrigam no verão, como a tintureira. Ela fica oculta em épocas quentes, durante uns sessenta dias[139]. Recolhem-se também a pescada-branca e a dourada. O que parece indicar que a pescada se mantém abrigada durante boa parte do tempo é que a sua captura só acontece muito de tempos em tempos. Percebe-se que há peixes que se abrigam durante o verão porque as capturas ocorrem com o nascer das constelações, e sobretudo no tempo quente. Essa é realmente uma época em que o mar está revolto[140]. Este processo é muito sensível no Bósforo, onde o lodo vem à superfície e os peixes são arrastados com ele. Diz-se também que, com frequência, quando se draga o fundo, se apanha uma maior quantidade de peixe com o segundo arrasto do que com o primeiro[141]. Na época das grandes chuvas, aparecem muitos animais que antes nunca se viam ou só raramente se encontravam.

600a

Abrigos das aves

16. Há também muitas aves que se abrigam, e nem todas migram para regiões quentes, como por vezes se pensa. Assim, aquelas que se encontram na proximidade de lugares do tipo que habitam permanentemente, como os milhafres e as andorinhas, se mantêm sempre ali e é neles que se refugiam. As que vivem mais afastadas deste tipo de região não migram, antes procuram abrigar-se. Já se tem visto, de

---

[139] Cf. Plínio, *História natural*, 9.58.
[140] Cf. Plínio, *História natural*, 9.58.
[141] Cf. *supra*, 592a7-10.

fato, muitas andorinhas em abrigos, totalmente desprovidas de penas, e milhafres que, na sua primeira aparição, levantam voo desses lugares. Do ponto de vista da procura de refúgio, não há diferenças entre as aves de garras curvas e as de garras direitas. Hibernam a cegonha, o melro[142], a rola e a calhandra; sobretudo no que se refere à rola, a opinião é unânime, porque a verdade é que não há memória de se ouvir alguém dizer que viu uma rola no inverno. Quando começa a ocultar-se, é bastante gorda; durante a hibernação perde as penas, sem deixar de ser nutrida. Entre os pombos-torcazes, há uns que hibernam e outros não. Estes últimos migram com as andorinhas. Também hibernam o tordo e o estorninho, e, dentre as aves de garras curvas, o milhafre, que se esconde durante uns dias, e a coruja.

Hibernação dos quadrúpedes

17. Entre os quadrúpedes vivíparos, hibernam o porco-espinho[143] e o urso. É pelo menos o caso evidente do urso selvagem[144]; é discutível apenas se hibernam devido ao frio ou por qualquer outro motivo. Durante esse período, machos e fêmeas tornam-se muito gordos, a ponto de não conseguirem se mexer. Essa também é a época para a fêmea parir; mantém-se depois abrigada até o momento de dar à luz os filhotes. Isso acontece na primavera, cerca de três meses depois do solstício de inverno. O urso hiberna pelo menos durante quarenta dias, e, nesse período, ao que se diz, fica

---

[142] Deve referir-se ao melro-de-papo-branco, pois o melro-preto é sedentário na Península Balcânica, como de resto na Europa Central e Ocidental.

[143] O porco-espinho vive apenas (na Europa) na Itália e Sicília, para onde pode ter sido trazido do norte da África pelos romanos. No entanto, é conhecido em estado fóssil e subfóssil desde pelo menos o Plistoceno Superior na Itália e países vizinhos. Existiria na Grécia na época de Aristóteles?

[144] Cf. 579a25 ss., Eliano, *História dos animais*, 6.3, Plínio, *História natural*, 8.126-127.

duas semanas sem se mexer; nos dias restantes, que são a maioria, mantém-se abrigado, mas mexe-se e fica desperto. Nunca se capturou uma ursa prenhe, ou se tal fato aconteceu foi em casos muito raros. No tempo da hibernação, é notório que os ursos não se alimentam. É que não saem, e se são capturados, nota-se que têm o estômago e os intestinos vazios. Até se diz que, à força de jejum, o urso fica com as paredes do intestino quase coladas, e que é por isso que, na primeira saída que faz, come árum[145], para distender e dilatar o intestino[146]. Hiberna também o arganaz, que se esconde nas árvores e fica muito nutrido, bem como o arminho do Ponto.

Mudas

Entre os animais que hibernam há uns tantos que perdem a chamada "camisa"[147]. Trata-se da parte exterior da pele, o invólucro dentro do qual se processa o crescimento do animal. Entre os terrestres vivíparos, no que se refere ao urso, o motivo por que hiberna tem sido objeto de discussão, como antes registramos[148]. Pelo contrário, no referente aos animais com escamas, pode dizer-se que praticamente todos hibernam, e que todos os que têm uma pele mole mudam de "camisa"; não é o caso dos que possuem uma carapaça, como a tartaruga (sem que por isso a tartaruga deixe de pertencer ao grupo dos que têm escamas, bem como o cágado), mas, por exemplo, do sardão, do lagarto e sobretudo das serpentes; todos eles perdem a pele na primavera, quando saem, e de novo no outono; também as víboras mudam de pele na primavera e no outono, pelo que é errado dizer, como é opinião de alguns, que são a única espécie, entre os ofídios, em que não há troca. Quando principia a muda de pele das ser-

---

[145] Cf. Plínio, *História natural*, 19.96, 24.142-143.
[146] Cf. *infra*, 611b35.
[147] Cf. 549b26.
[148] Cf. *supra*, 600a29-30.

pentes, é pelos olhos que ela começa a sair, de tal forma que pode dar a ideia, a quem não entenda muito do assunto, de que os animais ficam cegos. A seguir, a mudança continua pela cabeça, que, em todos eles, fica branca. Mais ou menos no período de uma noite e de um dia, a pele sai toda, desde a cabeça até a cauda. Depois da muda, a pele fica virada do avesso. É que, com os animais que mudam de pele, passa-se o mesmo que com os embriões que saem dos seus invólucros.

Os insetos que mudam passam por um processo idêntico, caso da barata[149], do *aspis* e dos coleópteros, como o escaravelho. Todos mudam após o nascimento. Do mesmo modo que, com as crias dos vivíparos, o cório se rasga, ou, no caso dos animais que provêm de larvas, o casulo abre, o que também ocorre com as abelhas e os gafanhotos. As cigarras[150], quando saem, pousam nas oliveiras e nos caniços. Depois o casulo se abre e elas saem, deixando um vestígio de umidade; algum tempo depois levantam voo e começam a cantar.

Entre os animais marinhos, as lagostas e os lavagantes mudam, ora na primavera ora no outono, depois da postura[151]. Já aconteceu de se capturar algumas lagostas que apresentam, em volta do tórax, umas partes moles, pelo fato de a carapaça, nesse ponto, ter se fendido, enquanto a parte inferior é dura porque ali a carapaça se manteve intacta. Porque a muda não se opera, nestes animais, da mesma forma que nas serpentes[152]. As lagostas hibernam durante cerca de cinco meses. Os caranguejos também mudam, fato que é consensual no que respeita aos de casca mole, mas há quem afirme que o mesmo se passa com os de casca dura, caso da

---

[149] A designação de *silphe*, aplicada à barata, tem esta única ocorrência em Aristóteles; em geral, o Estagirita refere-se a ela com a palavra *spondyle*.
[150] Cf. 556b5 ss.
[151] Cf. 549b25 ss.
[152] Cf. *supra*, 600b30. Aristóteles quer dizer que a muda não ocorre, neste caso, por um processo único, que vai da cabeça à cauda; acontece por fases, segmento por segmento.

aranha-do-mar. Quando estes animais mudam, a carapaça fica completamente mole, e, pelo menos no caso dos caranguejos, deixa-os incapazes de grandes caminhadas. Estes animais não sofrem apenas uma muda, mas várias.

Eis o que se oferece dizer sobre os animais que hibernam, sobre a época e modo por que a hibernação acontece, bem como sobre a muda e a época própria para este processo.

Influência do clima sobre as aves

18. As estações propícias aos animais não são sempre as mesmas, tampouco os extremos climáticos. Por outro lado, a saúde e a doença, de acordo com as estações, afetam de modo diverso as diferentes espécies, como também não se manifestam de uma forma única para todos.

Assim, no caso das aves, a seca lhes favorece a saúde e a postura, o que não é menos verdade no caso do pombo-torcaz; aos peixes, pelo contrário, fora uns tantos casos, são benéficas as chuvas. Logo, se às aves são prejudiciais os anos demasiado chuvosos (porque desde logo não é benéfico a elas beber em demasia), em contrapartida aos peixes é desfavorável a seca. Os animais de garras curvas, como anteriormente foi dito[153], dispensam toda e qualquer bebida (situação esta que Hesíodo desconhecia; de fato, no poema que escreveu sobre o cerco de Nínive, apresenta a águia que presidia à adivinhação bebendo)[154]. As outras aves sem dúvida bebem, mas não são grandes bebedoras. É esse o caso, aliás, de todos os ovíparos com pulmão esponjoso[155]. A falta de saúde nas aves denuncia-se pela plumagem. Assim, ficam com as penas eriçadas e não ordenadamente dispostas como quando estão saudáveis.

601b

[153] Cf. *supra*, 593b28-594a1.
[154] Há erro manifesto na referência a Hesíodo. A substituição por Heródoto, que alguns manuscritos registram, também não permite identificar a descrição do cerco de Nínive.
[155] Cf. *Partes dos animais*, 669a23 ss., 33-34.

Influência do clima sobre os peixes

19. Dos peixes, a maior parte das espécies fica melhor de saúde, como o dissemos antes[156], em anos chuvosos. Porque não só, nesse caso, dispõe de uma alimentação mais abundante, como também, de modo geral, o tempo chuvoso lhe é mais propício, da mesma forma que às plantas que nascem da terra[157]. Pode-se regar bem as verduras, mas elas serão sempre mais abundantes se houver chuva. O mesmo acontece com os canaviais que existem nos pântanos; pode dizer-se que praticamente não crescem se não houver chuva[158]. A prova está também no fato de, na sua maioria, os peixes emigrarem para o Ponto para ali passarem o verão. É que, por efeito do grande número de rios, lá a água é mais doce e os cursos de água proporcionam uma alimentação em maior quantidade[159]. De resto há uma infinidade de peixes que sobem os rios e que se sentem bem nos cursos de água doce e nos pântanos, como o bonito e a tainha. Também os góbios engordam nos cursos fluviais. E de uma forma geral são as regiões pantanosas as que melhores peixes produzem. Quanto às águas propriamente ditas, as que mais convêm à maioria dos peixes são as chuvas de verão e quando acontece de a primavera, o verão e o outono serem chuvosos e o inverno suave. De resto pode dizer-se que, em geral, se o ano for bom para os seres humanos, o é também para a maioria dos peixes. Em lugares frios não se dão bem. E os que mais sofrem com o inverno são os que têm uma pedra na cabeça[160], como o calafate, o peixe-lobo, o salvelino e o pargo. É devido à pedra que congelam[161] e surgem na costa.

[156] Cf. *supra*, 601a28-31.
[157] Cf. Teofrasto, *História das plantas*, 5.2.
[158] Cf. Plínio, *História natural*, 9.56.
[159] Cf. *supra*, 598a30.
[160] Trata-se do chamado otólito, um cálculo que se forma no aparelho auditivo de certos animais. Cf. Plínio, *História natural*, 9.57, Eliano, *História dos animais*, 9.7.
[161] Cf. Eliano, *História dos animais*, 9.7.

Estas são, portanto, as condições que melhor convêm à maioria dos peixes. Em contrapartida, com a tainha, o barbudo e com o peixe que há quem chame de mírino ocorre o contrário; de fato, se as águas das chuvas caírem com intensidade, a maioria deles cega rapidamente. Com o barbudo este processo costuma ocorrer sobretudo no inverno; seus olhos tornam-se brancos e quando são capturados nesta fase estão magros e acabam mesmo por morrer. Mas parece que esta circunstância não se deve tanto ao excesso de chuva, mas principalmente ao frio. A verdade é que em diversos lugares, e sobretudo nos arredores de Náuplia, na Argólida, em torno da lagoa, foram apanhados muitos espécimes cegos devido ao frio intenso. Também foram capturados muitos que apresentavam os olhos brancos. A dourada sofre igualmente com o inverno; o *acarnas*, com o verão, quando perde peso. Aos roncadores – o que constitui por assim dizer exceção entre os peixes –, são os anos de seca os que mais convêm. A razão está no fato de a seca se fazer acompanhar sobretudo de maior calor.

Por outro lado, para cada uma das espécies é importante o lugar onde vive. Os peixes que, por natureza, são de costa ou de alto-mar devem viver num ou noutro desses dois lugares; os que estão preparados para os dois *habitats* podem viver indistintamente em qualquer deles. Há também lugares específicos para cada espécie, onde cada uma delas se dá melhor. De uma forma geral, os espaços ricos em algas convêm aos peixes. É certo que as espécies capazes de viver em qualquer lugar, se capturadas em zonas ricas em algas, são mais gordas. É que as espécies que consomem algas encontram nesses lugares alimento com fartura. É lá que os carnívoros, por sua vez, conseguem abundância de peixe.

A direção do vento, conforme sopre do norte ou do sul, tem também a sua importância. Assim, os peixes maiores se dão melhor com vento do norte e, no verão, num mesmo

602a

lugar, é com vento desse quadrante que se apanha um maior número de peixes, grandes e chatos[162].

Os atuns e os espadartes são atacados pelos estros[163] quando começa a canícula. Nessa altura, tanto uns como outros têm, junto às barbatanas, uma espécie de larvazinha pequena a qual se chama de estro. Parece-se com um escorpião e tem o tamanho de uma aranha[164]. Essas larvas os incomodam de tal maneira que por vezes o espadarte dá saltos como os do golfinho; daí que seja frequente que estes peixes caiam em cima dos barcos. Os atuns são a espécie que mais gosta de calor; é à procura dele que se dirigem para os areais, junto à costa, e lá se mantêm à tona, aquecendo-se.

Os peixes minúsculos sobrevivem porque são desprezados. É que os peixes de grande porte perseguem as espécies maiores. Quanto aos ovos e ao sêmen, há uma boa parte que se deteriora devido ao calor. Porque a temperatura elevada é prejudicial para tudo o que esteja sujeito a ela[165].

As horas mais favoráveis à pesca são as que precedem o nascer do sol e as que se seguem ao poente, e de uma forma geral as que confinam com o pôr do sol e com a aurora[166]. Diz-se que o lançar das redes ao mar, nessa ocasião, se faz no momento certo e por isso é então que os pescadores as puxam.

É sobretudo nessas horas que os peixes são mais facilmente enganados pela visão; durante a noite ficam em repouso e quando a luz é mais forte veem melhor.

Doenças dos peixes

Parece indiscutível que não há qualquer doença contagiosa que afete os peixes, como com frequência acontece com

---

[162] Peixes "chatos" é uma designação genérica para os pleuronectiformes (linguado, rodovalho, solha etc.).

[163] Cf. 557a28, *supra*, 598a18, 599b26.

[164] Cf. 557a28-29.

[165] Cf. *Geração dos animais*, 753a21-27.

[166] Cf. Plínio, *História natural*, 9.56.

os seres humanos e, entre os quadrúpedes vivíparos, com os cavalos e os bois, como também com alguns animais domésticos e selvagens. Todavia, parece haver doenças que os afetam. Os pescadores verificam isso quando, por vezes, capturam uns tantos magros, com falta de força e com uma cor anormal, no meio de uma enorme quantidade de outros da mesma espécie bem nutridos[167]. Eis o que se passa com os peixes de mar.

20. Entre os peixes de rio e de lago também não há epidemias, mas há espécies sujeitas a doenças que lhes são próprias, caso do siluro, que, sobretudo em tempo de canícula, porque nada à superfície, sofre de insolação e fica paralisado por efeito de um trovão violento[168]. Incidente parecido acontece também com a carpa, mas em menor grau. Por outro lado, os siluros, nas águas profundas, sofrem os golpes da serpente-dragão[169] e morrem em quantidade. Na brema e no tílon pode se desenvolver, em tempo de canícula, um verme intestinal que os faz vir à tona e os enfraquece. Quando na superfície, são vitimados pelo calor. O *cálcis* é afetado por uma doença grave: formam-se, em suas guelras, muitos piolhos que o liquidam[170]. Nenhuma doença deste tipo afeta os outros peixes.

Os peixes são mortos por ação do verbasco[171]. Daí que esta planta seja frequentemente usada para a pesca nos rios e nos lagos; os fenícios chegam a usá-la para a pesca no mar.

603a

---

[167] Cf. Plínio, *História natural*, 9.156.

[168] Cf. Plínio, *História natural*, 9.58.

[169] *Drakon* designa, em Aristóteles, um peixe (cf. *supra*, 598a11), ou, como neste caso, uma serpente (cf. *infra*, 609a4, 612a30). Não se tratando de um animal fabuloso, só poderá corresponder às lampreias ou à enguia. É, porém, muito duvidoso que qualquer uma destas espécies possa matar um peixe robusto e forte como o siluro.

[170] Cf. Plínio, *História natural*, 9.154. Trata-se, em geral, de copépodes parasitas, que são crustáceos e não insetos como o nome "piolho" poderia sugerir.

[171] Cf. Eliano, *História dos animais*, 1.58, Plínio, *História natural*, 25.120.

Há pescadores que usam dois outros processos de captura. Dado que, no inverno, os peixes evitam as zonas profundas nos rios (tanto mais que a água dos rios é fria), escava-se, em terra firme, uma vala na direção do rio. Cobre-se depois com feno e pedras, de modo a obter uma espécie de caverna com saída para o rio. No tempo das geadas, capturam-se os peixes com uma nassa. O outro tipo de pesca tanto se pratica no verão como no inverno: constrói-se, no meio do rio, com estacas e pedras, um recinto circular em que se deixa uma única abertura, que se cobre com uma nassa; é com ela que se pesca, depois de se retirar as pedras ao seu redor.

Influência do clima sobre os testáceos[172]

Os anos chuvosos convêm a todos os testáceos, menos aos búzios. E eis a prova: se forem postos búzios na embocadura de um rio e eles provarem a água doce, morrem no mesmo dia. No entanto, o búzio, depois de capturado, sobrevive cerca de cinquenta dias. Alimentam-se uns aos outros, já que nasce, sobre sua concha, uma espécie de alga ou líquen[173]. O alimento que lhes é fornecido destina-se, como se costuma dizer, à balança, serve só para engordá-los. Aos testáceos restantes as secas são prejudiciais; tornam-nos menores e de qualidade inferior, caso sobretudo dos leques-vermelhos. No estreito de Pirra, em certa ocasião, os leques desapareceram não só devido ao apetrecho usado para capturá-los, mas também por causa da seca. Se os anos chuvosos são bons para a maioria dos testáceos, é porque a água do mar se torna mais doce. No Ponto, devido ao frio, estes animais não aparecem, bem como nos rios, exceção feita a um número reduzido de bivalves. Os univalves são particularmente suscetíveis a gelar por efeito do frio.

---

[172] A autenticidade dos capítulos que se seguem, até o final do livro VIII (IX), foi posta em dúvida, talvez sem uma razão decisiva.

[173] Cf. Plínio, *História natural*, 9.131.

Doenças dos suínos

21. Eis o que há a dizer sobre os animais aquáticos. Entre os quadrúpedes, há três tipos de doença que atacam os porcos[174]; uma designa-se por bronquite, em que a inflamação que se produz afeta sobretudo os brônquios e os maxilares. Mas a mesma inflamação pode se manifestar em qualquer outra parte do corpo; muitas vezes ataca suas patas ou orelhas. O mal propaga-se rapidamente às partes vizinhas, até chegar aos pulmões; aí o animal não resiste. É uma doença que progride rapidamente. A rês afetada deixa por completo de comer, desde que a doença se declara e por mais benigna que ela seja. Aos criadores de porcos só resta, quando se apercebem dos primeiros sintomas da doença, praticar uma amputação da zona atingida.

603b

Há outras duas doenças, ambas designadas por definhamento. A primeira denuncia-se por uma dor e sensação de peso na cabeça. É, na maioria dos casos, uma doença mortal; a segunda consiste numa diarreia e parece ser também um mal incurável. No primeiro caso, alivia-se o sofrimento dos animais aplicando vinho em suas narinas ou lavando com ele seu focinho. Mas o animal raramente escapa e em geral não dura mais do que três ou quatro dias. A doença chamada bronquite é sobretudo frequente quando o verão é fértil em figos[175] e os porcos engordam muito. Para lhes abrandar o sofrimento dá-se a eles amoras para comer e banha-se o animal com bastante água, de preferência quente, ou então faz-se uma incisão debaixo da língua.

Os porcos com a carne flácida tendem a apresentar bolhas nas coxas, no pescoço e nos ombros[176]: é sobretudo nessas partes que as bolhas se concentram. Se não forem muitas, a carne é mais saborosa; mas se forem abundantes, a carne

---

[174] Cf. Plínio, *História natural*, 8.206, Columela, 7.10.

[175] Naturalmente porque os figos servem de alimento ao porco (cf. *infra*, 603b28, Virgílio, *Geórgicas*, 3.497).

[176] Cf. Plínio, *História natural*, 8.206.

torna-se mole e insípida. É fácil saber quando os porcos estão atacados por esta doença: têm, por baixo da língua, uma quantidade de bolhas que aparecem mais nessa região, e se forem arrancadas as cerdas da sua crina, elas trazem sangue na raiz. Por outro lado, os animais doentes não conseguem apoiar-se nas patas posteriores. Enquanto se alimentarem apenas de leite materno, os porcos são imunes a esta doença. As bolhas são eliminadas com trigo miúdo[177], que lhes serve, ao mesmo tempo, de alimento.

Os melhores alimentos para engordar e criar porcos são a fava e os figos[178]; mas há vantagem em não insistir sempre nos mesmos produtos e variar sua alimentação. De resto, eles apreciam a mudança, como aliás todos os outros animais, e dizem os entendidos que cada alimento que se dá a eles tem um efeito diferente: uns lhes provocam gases, outros fortalecem suas carnes, outros os engordam; as bolotas, que eles muito apreciam[179], tornam sua carne mole. Se as porcas, quando prenhes, comerem muita bolota, abortam, o que acontece também com as ovelhas. Aliás, é com estas últimas que o efeito da bolota se constata mais comumente. Pelo que sabemos, o porco é o único animal que ganha este tipo de bolhas.

Doenças dos cães

22. Os cães são vulneráveis a três tipos de doença: raiva, amigdalite e gota. Dessas enfermidades, a raiva produz loucura; se o animal doente morder, todos os animais mordidos contraem a raiva, exceção feita ao ser humano[180], e acabam por morrer. Esta é uma doença que mata igualmente os

---

[177] Cf. *Ilíada*, 5.196, Heródoto, 2.36, 77.
[178] Cf. *supra*, 595a25 ss.
[179] Cf. *Odisseia*, 10.242, 13.409.
[180] Certamente o que Aristóteles quer dizer é que, no homem, diversamente do que acontece aos outros animais, a mordida de um cão raivoso nem sempre provoca a doença.

cães. A amigdalite também os ataca, e, quanto à gota, poucos são os que escapam dela. A raiva afeta igualmente os camelos. Quanto aos elefantes, diz-se que são imunes às outras doenças, mas sujeitos à flatulência.

Doenças dos bovinos

23. Os bois em manada são afetados por dois tipos de doença, uma conhecida por gota, outra por definhamento. No caso da gota, as patas incham, mas nem os animais morrem, nem sequer perdem os cascos. Resistem melhor quando a parte córnea da pata for protegida com pez aquecido. Quando sofrem de definhamento, têm uma respiração ardente e ofegante. O definhamento equivale, nos bovinos, ao estado febril no homem. São sintomas desta doença as orelhas pendentes e a falta de apetite. Os animais perecem em pouco tempo e, na autópsia, verifica-se que o pulmão está putrefato.

Doenças dos equinos

24. Entre os cavalos, os que pastam em liberdade estão protegidos das várias doenças, à exceção da gota; a este mal são suscetíveis e chegam a perder os cascos. Todavia, logo que estes caem, nascem outros. É que ao mesmo tempo que um casco vai se soltando, vai crescendo-lhe outro por baixo. São os seguintes os sintomas da doença: o testículo direito treme, ou então no meio ou um pouco abaixo das narinas forma-se uma bolsa que parece uma verruga.

Em contrapartida, os cavalos que vivem em estábulo estão sujeitos a um sem-número de doenças. São mesmo sujeitos a cólicas. Sintoma desse mal é que arrastam as patas posteriores na direção das anteriores, e as aproximam tanto que quase se tocam. Se o animal tiver se recusado a comer durante uns dias antes de ter um acesso de fúria, a forma de aliviá-lo é fazer-lhe uma incisão e sangrá-lo. Podem também contrair tétano. São estes os sintomas: todos os seus vasos sanguíneos ficam rígidos, bem como a cabeça e o pescoço, e o animal caminha com as patas esticadas. Aparecem também abscessos, assim como indigestões. Nesse caso, ficam com o céu da boca mole e a respiração quente. Trata-se de doenças para as quais não há tratamento, a menos que se resolvam sozinhas.

A doença que se designa por ninfolepsia faz o animal entrar em delírio ao toque de uma flauta e fixar os olhos no chão. Se alguém o montar, sai em disparada, até quase derrubar quem o monta. Mas, mesmo em período de crise, não tira os olhos do chão. Outro sintoma da doença é que baixa as orelhas sobre a crina e volta a erguê-las, e também pode desmaiar ou ficar ofegante.

Há ainda outras doenças incuráveis: mal do coração (sintoma: o animal tem dores nos flancos); deslocamento da bexiga (fica sem conseguir urinar e arrasta os cascos e as ancas); ingestão do estafilino[181], inseto do tamanho de uma barata.

A mordida do musaranho é grave, como também para os outros animais de carga. Dá origem a pústulas. Porém ainda mais grave é a mordida de uma fêmea prenhe; nesse caso as pústulas rebentam, caso contrário, não. Há outra mordida mortal ou que, pelo menos, causa grande sofrimento: a do animal que há quem chame de *cálcis*[182] e outros, *zígnis*. É semelhante às lagartixas e da cor das serpentes cegas[183]. Em resumo: dizem os especialistas que praticamente todas as doenças que afetam o ser humano afetam também o cavalo e o carneiro. Como medicamento, o rosalgar[184] tem um

---

[181] Tipo de inseto coleóptero existente na vinha.
[182] Trata-se de uma lagartixa e o nome alude ao colorido brônzeo que tem.
[183] Cf. 567b25. Deve referir-se ao licranço.
[184] A sandáraca, a que corresponde o nome do produto citado por Aristóteles, e que é uma resina que se extrai das coníferas, não tem um comportamento compatível com o referido no texto, porque não se dissolve em água. Por isso se pensa que o autor se refira ao rosalgar, um sulfureto de

efeito agressivo sobre o cavalo, como sobre todos os animais de carga; deve-se ministrá-lo dissolvido em água e filtrado.

Uma égua prenhe aborta com o cheiro de uma lamparina que se apaga[185]. O mesmo acontece por vezes com as mulheres grávidas. É este o tipo de doenças que afetam os cavalos.

605a

Quanto ao que se chama "loucura da égua", a que anteriormente nos referimos[186], aparece nos potros, e as éguas, quando a lambem para os limpar, arrancam-na com os dentes. Mas certamente as histórias que se contam a este respeito são pura invenção de mulheres e de bruxas. O que é consensual é que as éguas expelem o chamado *pólion*[187] antes de parir o potro.

Só de ouvir o relincho de outros da mesma espécie com os quais antes tenham lutado, os cavalos são capazes de os reconhecer. Sentem-se bem nos prados e nos pântanos, porque consomem água lamacenta; se a tiverem pura, primeiro a revolvem com os cascos[188] e, depois de beberem, banham-se nela. São estes, geralmente, os animais que mais gostam de banho e de água; daí a natureza do hipopótamo[189], tal como a conhecemos. O boi procede ao contrário do cavalo: se a água não estiver limpa, fresca e pura, recusa-se a bebê-la[190].

Doenças dos burros

25. Há sobretudo uma doença que afeta os burros, o chamado mormo. Manifesta-se primeiro na zona da cabeça,

---

arsênio de cor vermelha, que continua a ser utilizado, em doses pequenas, na medicina veterinária.

[185] Cf. Eliano, *História dos animais*, 9.54.

[186] Cf. 572a20-21 e respectiva nota. Trata-se de um saco oval e achatado, contendo sais minerais variados, talvez segregados pela placenta.

[187] Trata-se da membrana amniótica. A palavra grega claramente alude à membrana que envolve o potro.

[188] Cf. *supra*, 595b30.

[189] Aristóteles tende a comparar o hipopótamo com o cavalo; cf. 502a9-15.

[190] Cf. *supra*, 595b29-30.

quando escorre das narinas um muco espesso e avermelhado. Se o mal descer até o pulmão, o animal não resiste. Os casos em que a doença permanece na zona da cabeça não são mortais. De todos os animais desta espécie o burro é o que pior suporta o frio. Daí que no Ponto e na Cítia não haja burros[191].

Doenças dos elefantes

26. Os elefantes[192] sofrem de problemas relacionados com a flatulência[193]. Por isso deixam de evacuar tanto a urina quanto as fezes. Se comerem terra, ficam debilitados, a menos que o façam regularmente; se assim for, não sofrem o menor incômodo. Chegam até a engolir pedras. Sofrem também de diarreia. Nesse caso, o tratamento consiste em fazê-los beber água quente e em dar-lhes o feno encharcado em mel; qualquer destes processos faz parar a diarreia. Quando se sentem cansados devido à insônia, recuperam-se esfregando-lhes os ombros com sal, azeite e água quente. Se lhes doer os ombros, aplicam-se neles pedaços de carne de porco assada e eles sentem alívio[194]. Há elefantes que bebem azeite e outros não. Se for o caso de eles terem um pedaço de ferro cravado no organismo, beber azeite, ao que se diz, faz o ferro sair. No caso daqueles que não bebem azeite, dá-se a eles o suco de uma raiz previamente cozida em azeite.

Doenças das abelhas

27. Eis o que se oferece dizer sobre os quadrúpedes. Na sua maioria, os insetos sobrevivem bem na estação em que

---

[191] Cf. *infra*, 606b4, *Geração dos animais*, 748a22-26.
[192] Cf. Plínio, *História natural*, 8.28.
[193] Cf. *supra*, 604a11.
[194] Cf. Arriano, *A Índia*, 14, Eliano, *História dos animais*, 13.7.

nascem, quando acontece de o ano ter um tempo de características primaveris, úmido e quente. No entanto, no caso das abelhas[195], formam-se nas colmeias uns bichinhos que deterioram os favos[196]: desde logo aquela larvazinha[197] que faz uma teia e destrói os favos (chama-se *cleros,* mas há também quem a designe por *piraustes;* esta deposita, no favo, um inseto que se assemelha a ela, como uma aranha minúscula, que propaga a doença na colmeia); há também um outro bichinho pequeno, do gênero de uma borboleta, que voa em volta da luz. Este dá origem a uma larva peluda e não é picado pelas abelhas; só foge se lhe forem feitas fumigações. Nas colmeias, formam-se também lagartas (chamadas *teredones*)[198] das quais as abelhas não se defendem. Estas adoecem sobretudo quando as plantas florescem atacadas pelo míldio[199] e em anos de seca. Todos os insetos morrem se postos em contato com o azeite[200]; muito rapidamente isso acontece se suas cabeças forem untadas com azeite e eles forem expostos ao sol.

Diferenciação dos animais de acordo com o *habitat*

28. A fauna varia conforme os lugares. Assim, tal como, de determinados *habitats,* certas espécies estão de todo ausentes, há também territórios em que elas são de um tamanho reduzido, ou em que têm um período de vida mais curto, ou onde não prosperam[201]. Há casos em que as diferenças na fauna se verificam em regiões entre si próximas; um exem-

---

[195] Cf. *infra,* 626b15 ss.
[196] Cf. Plínio, *História natural,* 11.50, 63, Columela, 9.7, 13.
[197] Parece referir-se à larva da tinha, borboleta noturna que faz a postura nas colmeias. As larvas constroem casulos e galerias invasivas, que destroem as colmeias. No entanto, o nome "cleros" é atribuído a um coleóptero que se alimenta de abelhas.
[198] Cf. *supra,* n. 197.
[199] Cf. 553b20.
[200] Cf. Eliano, *História dos animais,* 4.18, Plínio, *História natural,* 11.66.
[201] Cf. Plínio, *História natural,* 8.225.

plo são as regiões em volta de Mileto, vizinhas entre si, onde nuns locais se encontram cigarras e noutros não; outro exemplo é a ilha de Cefalênia[202], na qual um rio separa o terreno onde há cigarras de outro em que elas não existem. Na ilha de Pordoselene[203], há um caminho que demarca o lugar onde vive a doninha de outro onde ela não aparece. Na Beócia, há toupeiras em volta de Orcômeno, e em quantidade, ao passo que em Livadeia, que fica ao lado, não existem; se as levarem para lá, recusam-se a cavar a toca[204]. Em Ítaca, as lebres que para lá se levem e se soltem não conseguem sobreviver; aparecem mortas junto ao mar, de volta ao lugar preciso por onde entraram. Se na Sicília não há formigas-gigantes[205], em Cirene as rãs antes não coaxavam. Em toda a Líbia, não há javalis, nem veados, nem cabras-montesas[206]. Na Índia, segundo Ctésias – que, de resto, não é uma fonte digna de confiança[207] –, não há porcos, nem selvagens nem domésticos, e as espécies sanguíneas, assim como as que vivem em buracos, são todas enormes. No Ponto, não há nem cefalópodes nem testáceos, salvo em alguns lugares bem definidos, enquanto no Mar Vermelho todos os testáceos são de um tamanho fora do comum[208].

Na Síria, os carneiros têm uma cauda com quarenta centímetros de comprimento; as cabras, umas orelhas de uns trinta centímetros, e algumas mesmo as arrastam pelo chão; os bois, como os camelos, lá também têm bossas no dorso[209]. Na Cilícia, tosquiam-se as cabras, como se faz com

---

[202] No mar Jônico, vizinha de Ítaca.
[203] Próxima de Lesbos, no Egeu.
[204] Cf. Eliano, *História dos animais*, 17.10.
[205] Sobre os diversos tipos de formiga, cf. 534b19, Plínio, *História natural*, 11.108-111.
[206] Cf. Heródoto, 4.192, Eliano, *História dos animais*, 17.10, Plínio, *História natural*, 8.120.
[207] Idêntica desconfiança é expressa em 523a26-27.
[208] Cf. Eliano, *História dos animais*, 17.10.
[209] Cf. Plínio, *História natural*, 8.179.

os carneiros noutras regiões. Na Líbia, os animais com chifres os têm desde que nascem, e não só os cordeiros, como diz Homero[210], mas também os outros; enquanto no Ponto, junto à Cítia, se dá o contrário: estes animais nascem sem chifres.

No Egito, animais do tipo bovino e caprino são maiores do que na Grécia; outras espécies são menores, como os cães, os lobos, as lebres, as raposas, os corvos e os falcões; outras são de tamanho idêntico, como as gralhas e as cabras. Estas diferenças são atribuídas à alimentação, que para uns é abundante e para outros escasseia, caso dos lobos e dos falcões. Na verdade, ali a alimentação para os carnívoros é escassa, porque há poucas aves pequenas; tanto com as lebres como com todos os que não são carnívoros dá-se o mesmo, já que os frutos secos e também os frescos não são de longa duração.

606b

Em muitas regiões o clima é também um fator determinante. Assim, na Ilíria, na Trácia e no Epiro, os burros são pequenos[211]; na Cítia e na Gália, que são regiões de clima rigoroso, não existem em absoluto[212].

Na Arábia, encontram-se lagartos que podem atingir quarenta e cinco centímetros de comprimento, e ratinhos muito maiores do que ratos-do-campo, com as patas posteriores de uns vinte centímetros, e as anteriores de um comprimento equivalente à primeira falange dos dedos[213].

Na Líbia, as serpentes são de um tamanho enorme, ao que se ouve dizer. De fato, há navegantes que afirmam já ter visto ossadas de bovino sem conta, com todo o aspecto de terem sido devorados por serpentes. E que, ao entrarem no mar, as serpentes se puseram a toda velocidade em perseguição das embarcações e fizeram cair na água uns tantos homens, depois de lhes virarem os barcos.

....

[210] Cf. *Odisseia*, 4.85, Heródoto, 4.29.
[211] Cf. 522b19.
[212] Cf. *supra*, 605a20, *Geração dos animais*, 748a25-26.
[213] Trata-se do gerbo; cf. 581a1 ss., Eliano, *História dos animais*,

Há ainda leões, sobretudo na Europa, na parte situada entre os rios Aqueloo e Nesso[214]. Em contrapartida, há leopardos na Ásia e na Europa, não. De modo geral, os animais mais ferozes encontram-se na Ásia, mas os mais valentes encontram-se na Europa. Na Líbia é onde há formas mais variadas, o que justifica o provérbio que diz que da Líbia vem sempre algo de novo[215]. De fato, dá ideia de que, devido à falta de chuva, os animais se misturam junto aos pontos onde há água, e acasalam mesmo sem pertencer à mesma espécie. A cópula é fecunda quando o tempo de gestação é o mesmo, e quando a dimensão dos animais se corresponde mais ou menos. Tornam-se mais dóceis nas relações uns com os outros pela necessidade que têm de beber. Ao contrário dos outros animais, precisam beber sobretudo no inverno, mais do que no verão. Porque, uma vez que no verão a água escasseia, eles perdem o hábito de beber nesta estação. Os ratos, se bebem água, morrem[216]. Há também um outro tipo de crias nascidas do acasalamento de espécies diversas; assim, em Cirene, os lobos acasalam com as cadelas e têm crias[217]. Os cães da Lacônia são um cruzamento de raposa e cão[218]. Há quem diga que os cães da Índia são arraçados de tigre e cadela[219], não de um primeiro acasalamento, mas do terceiro. Porque a primeira cria é, ao que se diz, uma fera. Levam as cadelas para um local isolado e as prendem. Há muitas que são devoradas, se acontecer de a fera não estar no cio.

607a

---

[214] Cf. 579b5 e respectiva nota.

[215] Cf. Geração dos animais, 746b7-11, Plínio, História natural, 8.42.

[216] O que aqui se afirma contradiz o que foi dito *supra*, 595a8, embora nesta passagem se trate apenas de uma espécie da Líbia.

[217] Cf. Plínio, História natural, 8.148.

[218] Cf. Geração dos animais, 746a33, Eliano, História dos animais, 8.1.

[219] Cf. Geração dos animais, 746a35.

Influência do *habitat* no comportamento das diversas espécies

29. Os lugares também produzem diferenças nos comportamentos; logo, os animais de lugares montanhosos e escarpados diferem dos que habitam regiões planas e suaves. Têm um aspecto mais feroz e altivo, como é o caso dos porcos no monte Atos. Os machos das regiões mais baixas não têm capacidade para enfrentar as fêmeas dessa espécie. Quanto às picadas ou mordidas das feras, as diversas regiões apresentam também diferenças relevantes. Assim, perto de Faros[220] e em outros lugares, os escorpiões não são perigosos, enquanto noutros espaços, como na Cítia, existem em grande quantidade, enormes e agressivos, e se picarem um homem ou qualquer outro animal causam-lhe a morte; até os porcos, que são muito pouco sensíveis a outras picadas, não resistem, sendo particularmente suscetíveis os negros. Depois de atingidos, os porcos têm uma morte rápida se entrarem na água.

As picadas das serpentes também variam muito. A áspide vive na Líbia; é dela que se produz uma droga séptica, mas por outro lado a sua picada não tem cura. No sílfio[221] encontra-se também uma serpente pequena, contra a qual se diz que o remédio é uma pedra que se retira do túmulo de um rei de outros tempos; mergulha-se a dita pedra em vinho e bebe-se a seguir. Em certas regiões da Itália, até as mordidas dos sardões são mortais[222]. Mas a picada de qualquer espécie venenosa torna-se mais perigosa se ela tiver devorado outro animal também venenoso, caso de uma víbora que tenha devorado um escorpião. Contra a grande

---
[220] Ilha do Egito, fronteiriça a Alexandria.
[221] Cf. Heródoto, 4.169. Trata-se de uma umbelífera, comum na Cirenaica, que se usa como tempero e medicamento.
[222] Cf. Plínio, *História natural*, 8.111. As mordidas dos lagartos europeus podem ser dolorosas e sujeitas a infecções. Porém, não há na Europa lagartos venenosos.

maioria das picadas, a saliva humana tem poderes de antídoto[223]. Há ainda uma serpente pequena, que há quem chame de sagrada[224], que as de maiores dimensões evitam. Tem, de comprimento máximo, quarenta centímetros[225] e um aspecto peludo. Seja que animal for que ela pica, a zona em volta da picada apodrece. Também na Índia há uma serpente pequena, que é a única contra a qual não existe antídoto.

Épocas em que os produtos do mar são de melhor qualidade

607b   30. Os animais distinguem-se ainda por estarem ou não em boas condições durante o tempo da gestação. Os testáceos — leques, todo o tipo de conchas e crustáceos — são melhores na época da gestação[226], caso concreto das lagostas. Fala-se de desova mesmo quando se trata de testáceos; todavia, se, no que se refere aos crustáceos, os vemos acasalar e pôr ovos, isso não se passa com os testáceos[227]. É também no tempo da gestação que os cefalópodes têm melhor qualidade, caso das lulas, sibas e polvos.

Praticamente todos os peixes são bons quando começa a época da gestação; mas, à medida que esta fase avança, uns mantêm a qualidade e outros não. A fêmea do trombeiro é boa quando está em período de gestação. A forma da fêmea é mais arredondada, enquanto o macho é mais comprido e mais chato. Logo que a fêmea começa a ter ovos, os machos

[223] Cf. Eliano, *História dos animais*, 2.24, 4.22, 7.26, Plínio, *História natural*, 7.13.

[224] Cf. Aristóteles, *Prodígios*, 845b16, Teofrasto, *Caracteres*, 16.4. Na Europa Meridional há várias espécies de víboras, todas com picada perigosa, por vezes mortal. Esta a que Aristóteles se refere provavelmente é uma dessas espécies.

[225] Cf. Eliano, *História dos animais*, 15.18.

[226] Cf. 530b1, *Partes dos animais*, 680b2, *Geração dos animais*, 727b2.

[227] Cf. 529b1, 544a17, *Partes dos animais*, 680a24 ss., *Geração dos animais*, 763b4 ss.

ganham uma cor mais escura e pintalgada[228], e têm um gosto desagradável; há quem os chame, nesta fase, de "bodes".

Mudam também de cor, segundo a estação, os chamados bodiões-fuscos, os bodiões e o trombeiro-boga[229], como acontece igualmente com algumas aves. Na primavera, tornam-se mais escuros; passada esta, de novo mais claros. A abrótea muda também de cor; em qualquer outra estação é de tom claro, mas na primavera é matizada. É este o único peixe de mar que nidifica, segundo se diz, e que põe ovos no ninho[230]. O trombeiro, como dissemos antes[231], muda de cor, tal como o trombeiro-boga; no verão, perde o tom esbranquiçado e torna-se mais escuros. A mudança é sobretudo visível em volta das barbatanas e das guelras.

É também no tempo da gestação que a roncadeira tem melhor qualidade, como de resto o trombeiro. A tainha, o peixe-lobo e quase todos os outros peixes migradores perdem qualidade durante a gestação. São raros os que mantêm o mesmo sabor quer estejam em período de gestação quer não, caso da sereia. Os peixes velhos também não prestam; os atuns, se velhos, nem mesmo para a salga são aproveitados, porque boa parte da carne se dissolve. Isso também se passa com os outros peixes. Reconhece-se os que são velhos pelo tamanho e pela rigidez das escamas. Já se capturou um atum velho que pesava quinze talentos[232], e cuja cauda, se estendida, media cerca de dois metros e meio.

Os peixes de rio e de lago atingem a sua melhor qualidade depois da desova e da emissão do esperma, quando começam a engordar. Alguns são bons quando em período de gestação, caso do *saperdis*[233], outros não prestam, como o

---

[228] Cf. Eliano, *História dos animais*, 12.28, Plínio, *História natural*, 9.82.

[229] Todos os manuscritos têm a palavra *karis*, "camarão", que é um erro, naturalmente.

[230] Cf. Plínio, *História natural*, 9.82.

[231] Cf. *supra*, 607b13.

[232] Qualquer coisa como 390 quilos. Cf. Plínio, *História natural*, 9.44.

[233] Talvez se refira ao sável.

siluro. Em todas as outras espécies os machos são melhores do que as fêmeas, exceção feita ao siluro, em que se dá o contrário. Das enguias, as melhores são as chamadas fêmeas; apesar da designação, não se trata propriamente de fêmeas, apenas o aspecto é diferente[234].

---

[234] Cf. 538a2 ss.

LIVRO VIII (IX)

A psicologia dos animais

1. O caráter dos animais[1], quando se trata dos mais difíceis de estudar e dos que têm uma vida curta, nos é menos acessível à observação; com os que têm uma existência mais longa, o conhecimento torna-se mais fácil. Estes últimos, de fato, detêm claramente uma faculdade correspondente a cada uma das reações do espírito: à inteligência e à estupidez, à coragem e à covardia, à doçura e à ferocidade, e às outras características do mesmo tipo. Há outros que possuem uma certa capacidade de aprendizagem e de ensino, quer por transmissão geracional, quer humana; trata-se de todos os que detêm capacidade auditiva, ou seja, que não só captam as diferenças entre os sons, como também percebem as diferenças entre os sinais[2]. 608a

Diferenças de caráter entre macho e fêmea

Em todas as espécies em que fêmea e macho sejam distintos, a natureza estabeleceu uma diferenciação entre o ca-

---
[1] Esta mesma questão – a psicologia comparada das diversas espécies – já foi objeto de consideração neste tratado; cf. 488a12-b18, *supra*, 588a16 589a9.

[2] Cf. 488a32, 535a27 ss.

ráter de um e de outro. Esta diferença é sobretudo perceptível no ser humano, nos animais de grande porte e nos quadrúpedes vivíparos. Assim, o caráter das fêmeas é mais dócil, mais facilmente domesticável, mais suscetível às carícias e mais fácil de ensinar; por exemplo, as cadelas da Lacônia[3] são mais dotadas do que os cães. Entre a raça dos cães molossos[4], o tipo que se utiliza na caça não difere em nada dos outros cães, mas o que se usa para guardar os rebanhos distingue-se pelo tamanho e pela valentia perante os animais ferozes[5]. O cruzamento destas duas raças – ou seja, dos molossos com os da Lacônia[6] – produz exemplares notáveis em coragem e diligência.

As fêmeas são sempre menos valentes do que os machos, exceção feita aos ursos e aos leopardos[7]. Nestas espécies, é a fêmea que parece mais determinada. Nas restantes, as fêmeas são mais dóceis, mais manhosas, menos diretas, mais vivazes e mais atentas na criação dos filhotes; os machos, em contrapartida, são mais valentes, mais ariscos, mais diretos e menos sagazes.

Estes são traços que se registram, por assim dizer, em todos os animais, mas com maior nitidez nos que têm um caráter mais complexo, e em particular no homem. É este de fato o animal que tem um caráter mais aperfeiçoado, de modo que é nele que estas diversas disposições são mais perceptíveis. Assim, a mulher é mais sensível do que o homem, mais dada às lágrimas; mas também mais ciumenta e mais queixosa; é mais dada às injúrias e às agressões. É também mais suscetível de se entregar à depressão e ao desespero do que o homem, mais descarada e mais mentirosa, mais

---

[3] Cf. 574a16 ss., Plínio, *História natural*, 10.177 ss.

[4] Trata-se de uma raça de cães do Epiro, muito útil na caça e como guardadora de rebanhos.

[5] Cf. Opiano, *Cinegética*, 1.373.

[6] Os cães da Lacônia são, de resto, já produto de um cruzamento entre cão e raposa; cf. *supra*, 607a3 e respectiva nota.

[7] Cf. Plínio, *História natural*, 11.263.

pronta para enganar mas menos capaz de esquecer; não necessita tanto dormir e tem menos atividade; de modo geral, tem menos iniciativa do que o homem e come menos. Por seu lado, o macho, como antes afirmamos[8], é mais pronto a socorrer e mais valente do que a fêmea; assim, até mesmo entre os cefalópodes, quando se atinge uma siba com um tridente, o macho vem em socorro da fêmea, enquanto ela, se ocorre o contrário, foge[9].

Conflitos entre os animais

Os animais entram em conflito quando ocupam os mesmos lugares ou quando, para sobreviver, se valem dos mesmos recursos. Logo, se a comida escassear, até os animais da mesma espécie a disputam entre si; também as focas, ao que se diz, lutam umas com as outras quando ocupam o mesmo lugar, machos contra machos e fêmeas contra fêmeas, até que um deles mate o outro ou seja expulso pelo adversário. Assim também fazem as crias. Por outro lado, todas as espécies sem exceção se digladiam com os carnívoros, e estes com todos os outros animais, porque é deles que se alimentam. É deste fenômeno que os adivinhos inferem discórdias e concórdias: consideram como símbolos de discórdia os animais que lutam, e de concórdia os que vivem em harmonia uns com os outros[10].

É provável que, havendo alimentos com fartura, os animais que hoje tememos e que são ferozes vivessem em harmonia com o homem, e agissem com mansidão equivalente uns com os outros. A prova está no modo como são tratados os animais no Egito. Como lhes são fornecidos alimentos em abundância, eles vivem em paz uns com os outros, mesmo os mais ferozes. As facilidades proporcionadas a eles os

---

[8] Cf. *supra*, 608a33.
[9] Cf. Ateneu, 323c.
[10] Cf. Ésquilo, *Prometeu* 491-492, Aristóteles, *Ética a Eudemo*, 1236b10.

amansam. Assim acontece, em certos lugares, com os crocodilos em relação ao sacerdote que lhes dá de comer. Fato semelhante se pode constatar noutras regiões, e nos seus diversos lugares. A águia e o dragão[11] são inimigos, porque a primeira se alimenta de serpentes. O mesmo se passa com o *icnêumon*[12] e a tarântula, porque aquele a caça. No caso das aves, acontece o mesmo com a pintalgada[13], a calhandra, o pica-pau e o verdilhão, porque comem os ovos uns dos outros. Quanto à gralha e à coruja: a primeira, por volta do meio do dia, aproveita o fato de a coruja não ver bem de dia para lhe roubar os ovos e os comer; a coruja faz o mesmo com os da gralha durante a noite; uma tira vantagem do dia, outra da noite. A coruja também é inimiga do pássaro-dançarino, porque ele come seus ovos. Durante o dia, até os pássaros pequenos voam em volta da coruja – chama-se a isso "admirar" – e, no voo, arrancam-lhe as penas. É por isso que os passarinheiros se valem das corujas para caçar todo tipo de aves. São também inimigas da coruja a ave vulgarmente chamada "o velho"[14], a doninha e a gralha, porque todas elas devoram seus ovos e suas crias.

A rola e o pombo-vermelho[15] também o são, já que o lugar onde encontram alimento e o tipo de vida que levam são semelhantes. O mesmo se diga do pica-pau-verde e do líbio[16], ou do milhafre e do corvo: é que o milhafre rapina do corvo

---

[11] Aristóteles, neste caso, não parece referir-se ao animal fabuloso, mas sim a uma serpente, talvez a cobra do Egito, *Naja haje*, réptil temível pelo seu veneno.

[12] Não se trata do mangusto, citado em 612a16, mas de uma vespa; cf. Plínio, *História natural*, 10.204.

[13] A "ave pintalgada" é talvez o *acantis*, o pintassilgo; cf. *supra*, 592b30.

[14] Este é um nome que Aristóteles dá à carriça; cf. *infra*, 615a19, Plínio, *História natural*, 8.90.

[15] Trata-se por certo de uma variedade de pombo selvagem; cf. Plínio, *História natural*, 10.204, 11.119.

[16] Animal impossível de identificar.

qualquer presa que ele tenha apanhado, devido à superioridade das garras que tem e do voo, de modo que é mais uma vez a alimentação o que os torna inimigos.

Há ainda o caso das aves marinhas que lutam entre si, por exemplo o ganso, a gaivota e a águia-sapeira. Situação idêntica é a do bútio, do sapo e da serpente, porque o bútio devora os outros dois. Ou da rola e do verdilhão, porque este último mata a rola. Por sua vez, a gralha mata o chamado batedor[17]. O mocho-galego e as outras aves de garras curvas comem o cálaris[18]; daí serem inimigos. É também normal a luta entre o sardão e a aranha, porque aquele come aranhas; ou entre o cavalo e a garça-imperial, porque o primeiro come ovos e crias da garça; ou entre o pintarroxo e o burro, porque este último, ao passar pelos espinheiros, arranha as feridas, e quando tal acontece, com os zurros que dá, derruba os ovos e as crias que, com medo, caem do ninho. Aí o pintarroxo, perante o ninho derrubado, lança-se sobre o burro e bica suas feridas[19].

O lobo não se dá bem com o burro, o touro e a raposa; por ser carnívoro, ataca bovinos, burros e raposas. Estas e a gralha lutam por iguais motivos; é que a gralha, que tem garras curvas e é carnívora, ataca a raposa e fere-a com as bicadas que lhe dá. O corvo é inimigo do touro e do burro, porque paira sobre eles em voo, ataca-os e bica seus olhos[20]. Também são inimigas a águia e a garça, porque a águia, com as garras curvas que tem, ataca a garça e esta, apesar de resistir, acaba por morrer. O esmerilhão é inimigo do abutre[21]; o frango-d'água, da coruja-das-torres, do melro e do papa-figos, que certas lendas dizem que nasce das piras; pois o frango-

---

[17] O nome desta ave parece relacionar-se com o verbo "bater"; trata-se por certo de um tipo de pica-pau; cf. Eliano, *História dos animais*, 5.48.

[18] Espécie não identificada.

[19] Cf. Plínio, *História natural*, 10.204, Eliano, *História dos animais*, 5.48.

[20] Cf. Eliano, *História dos animais*, 5.48.

[21] Trata-se de uma ave de rapina diurna, mais corpulenta do que o abutre (*gyps*); cf. Eliano, *História dos animais*, 2.46.

-d'água ataca esses outros animais e as suas crias. A trepadeira e o borrelho são inimigos da águia: a primeira parte seus ovos, e a águia, perante esse fato e porque é carnívora, torna-se um potencial predador de todas as aves. A alvéola-amarela é inimiga do cavalo, que a espanta do pasto; é que ela se alimenta de erva, mas tem uma catarata na vista e enxerga mal. A alvéola põe-se a imitar o relincho do cavalo, assusta-o voando por cima dele e o fazendo fugir; mas quando o cavalo a apanha, mata-a. A alvéola vive junto aos rios e pântanos. Tem uma bonita cor e leva uma vida fácil. O burro vive em luta com o geco[22]; é que este se instala em sua manjedoura e impede-o de comer, porque entra em suas narinas.

Há três variedades de garça-imperial: a real, a branca e a chamada estrelada. A garça-real tem dificuldade em acasalar e procriar[23]. De fato, crucita e, ao que se diz, solta sangue pelos olhos quando acasala, e põe ovos com dificuldade e sofrimento. Entra em luta com as espécies que lhe causam dano: com a águia (que a captura), com a raposa (que, durante a noite, a extermina) e com a calhandra (que rouba seus ovos).

A serpente é inimiga da doninha e do porco: da doninha, quando ambas partilham a mesma casa, porque assim sendo dividem os meios de subsistência; do porco, que come as serpentes. O esmerilhão convive mal com a raposa[24]; bica-a, arranca seus pelos e mata seus filhos, porque pertence às aves de rapina. Em compensação, o corvo e a raposa se dão bem; é que o corvo ataca o esmerilhão e, por isso, protege-a quando atacada. O abutre-preto e o esmerilhão são, entre si, inimigos, já que ambos pertencem às aves de rapina. Por seu lado, o abutre faz frente à águia. Isso também acontece entre o cisne e a águia, e, muitas vezes, o cisne leva a melhor[25].

---

[22] Espécie de lagarto.
[23] Cf. Plínio, *História natural*, 10.164.
[24] Cf. Eliano, *História dos animais*, 2.51, Plínio, *História natural*, 10.204.
[25] Cf. Eliano, *História dos animais*, 5.34, 17.24.

De resto, estas últimas são as aves que têm mais propensão para se devorar entre si[26].

Há, entre as espécies selvagens, as que estão permanentemente em luta umas com as outras, enquanto existem também, como acontece com os seres humanos, as que apenas se digladiam em certas ocasiões.

O burro e o pintassilgo são inimigos; assim, esta é uma ave que vive de cardos e o burro também pasta os cardos quando estão tenros. Também são inimigos a alvéola, o pintassilgo e o pintarroxo. Há quem diga que o sangue da alvéola e o do pintarroxo não se misturam[27].

Por sua vez, a gralha e a garça-imperial são amigas, como também a escrevedeira[28], a calhandra, o laedo[29] e o pica-pau-verde. Este último vive junto aos rios e nos matagais, o laedo nos rochedos e nas montanhas, e ambos são ligados aos lugares que habitam. Vivem também em harmonia a pifinx[30], a águia-sapeira e o milhafre. O mesmo acontece com a raposa e a serpente (porque ambas vivem em galerias subterrâneas), bem como com o melro e a rola.

Outros inimigos são o leão e o chacal, porque, como carnívoros que são, se alimentam das mesmas presas. Os elefantes lutam com violência uns contra os outros, e é com as presas que investem. O vencido é sujeito a uma servidão pesada e acaba por não resistir à voz do vencedor. De resto, é espantoso verificar como os elefantes são diferentes no que respeita à valentia[31]. Os indianos os usam na guerra, tanto

---

[26] Cf. Plínio, *História natural*, 10.63. Há contradição entre esta afirmação de Aristóteles e a feita *supra*, 593b27, onde se diz que as aves não se devoram entre si quando da mesma espécie.

[27] Cf. Plínio, *História natural*, 10.205, Eliano, *História dos animais*,

[28] *Schoinion* é a "ave-dos-juncos" (*schoinos*).

[29] Espécie indeterminada. Talvez se refira à cia, escrevedeira que habita as encostas rochosas.

[30] Animal também não identificado.

[31] Plínio, na *História natural*, hierarquiza os elefantes: os do Ceilão são mais corpulentos e agressivos do que os da Índia (6.81), como também os africanos impõem-se aos outros pela força (8.27); sobre os da África, cf. ainda Tito Lívio, 37.39, que os considera, no entanto, inferiores em resistência aos da Índia.

os machos como as fêmeas. Todavia, as fêmeas são menores e bem menos agressivas. O elefante é capaz de derrubar muralhas com as presas enormes que possui. Investe com a cabeça contra as palmeiras até dobrá-las, e depois pisa nelas com as patas até derrubá-las[32]. A caça ao elefante processa-se da seguinte forma[33]: montam-se animais domesticados[34], que sejam valentes, e dá-se início à perseguição. Quando se encontra um selvagem, faz-se bater pelo domesticado, até o deixar esgotado. Aí o cornaca monta-o e controla-o com o seu gancho[35]. A partir desse momento, o elefante cede e facilmente se submete. Quando montados pelo cornaca, todos os elefantes são mansos; quando ele desmonta, uns são e outros não. Se se enfurecerem, prende-se suas patas anteriores com cordas, para acalmá-los. Caça-se o elefante quando já adulto ou ainda jovem.

Concluindo: as relações de amizade ou de conflito entre os animais citados dependem do modo de alimentação e do tipo de vida que levam.

Relações entre os peixes

2. Entre os peixes, há espécies que se agrupam e que vivem em harmonia, e outras que não se agrupam e são inimigas. Há as que se reúnem quando as fêmeas estão em período de gestação, e outras após a postura. São, em termos gerais, as seguintes as que vivem em cardumes: os atuns, os trombeiros, os góbios, as bogas, os negrões, as roncadeiras, os dentões, os ruivos, as bicudas, os peixes-pau, os eleginos[36], os

---

[32] Cf. Plínio, *História natural*, 8.29, Eliano, *História dos animais*, 5.55.
[33] Cf. Plínio, *História natural*, 8.24 ss.
[34] Cf. 572a3-5.
[35] Esta é uma designação que se aplica à foice, ou a qualquer arma curva em forma de foice (cf. Heródoto, 5.112). Aqui, trata-se da vara terminada em gancho, de que se servem os cornacas.
[36] Espécie não identificada. Talvez seja a maruca-do-mediterrâneo.

peixes-rei, os sarginos[37], as agulhetas, as lulas, os iulos[38], as sereias, os rascassos e as cavalas. Entre estas espécies, há algumas que não só vivem em cardumes, como também aos pares. As restantes movimentam-se aos pares e reúnem-se em bancos em determinadas ocasiões, como dissemos antes[39]: ou seja, quando as fêmeas estão em período de gestação ou então após a desova.

O peixe-lobo e a tainha, ainda que inimigos tremendos, reúnem-se em certas ocasiões. De fato, acontece com frequência que os peixes se agrupem não só por serem da mesma espécie, mas também quando buscam alimento do mesmo tipo ou parecido, e que exista com abundância.

É frequente aparecerem tainhas e congros com a cauda amputada até a altura do orifício dos excrementos. A da tainha é devorada pelo peixe-lobo; a do congro, pela moreia[40]. Os peixes maiores vivem em conflito com os menores, porque os grandes tendem a comê-los. Eis o que se oferece dizer sobre os peixes de mar.

O caráter dos ovinos e caprinos

3. O caráter dos animais, como relatado anteriormente[41], difere pela covardia, mansidão, coragem, docilidade, inteligência e estupidez. Os carneiros têm fama de ser pacíficos e estúpidos[42]; entre os quadrúpedes, o são no mais alto grau. Vão para locais desertos onde não há nada; muitas vezes saem do curral quando está mau tempo, e quando surpreendidos pela neve, se o pastor não os fizer mo-

---

[37] Trata-se de uma espécie não identificada, diferente do sargo (*sargos*).
[38] Espécie não identificada. Talvez se refira à judia.
[39] Cf. *supra*, 610b2-3.
[40] Cf. Eliano, *História dos animais*, 5.48, Plínio, *História natural*, 9.185.
[41] Cf. *supra*, 608a11 ss.
[42] Cf. Plínio, *História natural*, 8.199.

ver, não mostram vontade de andar. Se ficarem para trás, morrem, a menos que os pastores guiem os machos; nesse caso, vão atrás.

Quanto às cabras, se uma for agarrada pela ponta da barba (que se parece com pelo), as outras ficam paradas olhando, espantadas. Se se dormir no meio delas, vai se notar que as ovelhas produzem menos calor do que as cabras; é que estas são mais quietas e aproximam-se mais das pessoas. Em compensação, as cabras aguentam o frio pior do que as ovelhas[43].

Os pastores ensinam os carneiros a juntar-se quando ouvirem um ruído. Porque, se alguma ovelha prenhe for apanhada por um trovão e não se reunir ao rebanho, aborta. Por isso, ao menor barulho, elas por hábito se reúnem correndo no estábulo[44]. Mesmo os touros, se se afastarem e andarem à deriva, são vítima dos animais ferozes. Ovelhas e cabras deitam-se no chão, junto umas das outras, como famílias. Quando o sol dá a volta mais depressa[45], dizem os pastores que as cabras deixam de se deitar frente a frente, para passarem a ficar de costas umas para as outras.

Os bovinos e os equinos

4. As vacas também pastam em grupo, com as suas companheiras habituais; basta que uma se tresmalhe, que as outras vão atrás. Eis a razão por que os pastores, se virem que falta uma, vão logo atrás de todas elas.

Quando uma égua morre, as outras que com ela partilham a mesma pastagem repartem entre si a criação dos potros. De resto, dá ideia de que o gênero equino tem, por natureza, o sentido maternal muito apurado. Eis a prova: é frequente que as éguas estéreis roubem os potros das mães e tratem deles; mas como não têm leite, as crias não sobrevivem.

---

[43] Cf. *supra*, 596b6.
[44] Cf. Plínio, *História natural*, 8.188.
[45] Nos dias de inverno.

Modo de vida dos veados

5. Entre os quadrúpedes selvagens, a corça está longe de ser dos menos inteligentes: vai parir as crias à beira dos caminhos[46] (de onde os animais ferozes não se aproximam por causa da presença humana) e, depois de parir, trata de comer o córion. A seguir corre em busca de séseli[47], come-o e volta para junto das crias. Leva também os filhotes para os refúgios, para habituá-los a saber onde podem se esconder. O refúgio é uma rocha escarpada, só com uma via de acesso, onde a corça nessas circunstâncias se acolhe, ao que se diz, para resistir e se defender[48].

Por seu lado, o macho, quando está gordo (é no outono que ganha muito peso), não se deixa ver seja onde for; muda de refúgio, como se temesse que a obesidade o tornasse uma presa mais fácil[49]. Perdem também as hastes em lugares inacessíveis e impenetráveis. É daí que vem o dito proverbial "lá onde os veados perdem as hastes". É como se, ao perderem a armação, tomassem precauções para não se deixarem ver. Costuma-se dizer que nunca ninguém viu sua haste esquerda, que o veado trata de ocultar como se tivesse propriedades medicinais[50].

De toda forma, no primeiro ano de vida os veados não têm armação, a não ser um simples vestígio que assinala sua presença, e que é curto e peludo. Durante o segundo ano de vida, os chifres começam a crescer, primeiro muito retos,

---

[46] Cf. 578b17.

[47] Trata-se de uma planta umbelífera, de que os antigos louvavam as virtudes medicinais; cf. Hipócrates, *Natureza das mulheres*, 572, 587, *Doenças das mulheres*, 603, 626, Teofrasto, *História das plantas*, 9.15.5, Plínio, *História natural*, 8.112, 20.36.

[48] Cf. 578b23, Plínio, *História natural*, 8.113.

[49] Cf. 579a6.

[50] Cf. Pseudo-Aristóteles, *Prodígios*, 835b27, Teofrasto, fr. 175, Antígono de Caristo, *Prodígios*, 24, Eliano, *História dos animais*, 3.17, Plínio, *História natural*, 8.115. Em todos estes autores, porém, a haste com virtudes medicinais é a direita.

como uma espécie de estacas. Por isso nessa fase os veados são chamados de estacados. No terceiro ano, as hastes bifurcam-se em dois galhos, e no quarto vão se ramificando mais, e assim sucessivamente até os seis anos[51]. A partir daí, as hastes vão crescendo sempre pelo mesmo processo, de modo que deixam de ser úteis para lhes determinar a idade. Mesmo assim, os que são velhos reconhecem-se sobretudo por dois sinais: porque ou não têm dentes ou conservam poucos, e porque seus galhos deixam de crescer. Chamam-se galhos os ramos adventícios das hastes, que crescem para a frente e que lhes servem de proteção. Esses, os veados velhos não os têm; as hastes crescem para cima, retas. Este animal perde a armação todos os anos, próximo do mês do targélion[52]. Quando a perde, esconde-se durante o dia, como foi dito anteriormente. Oculta-se nos matagais, para se proteger das moscas. Durante o mesmo período, até que as hastes lhes voltem a nascer, saem à procura de alimento de noite. Primeiro as hastes brotam numa espécie de pele, e são peludas[53]. Quando aumentam de tamanho, o veado põe-se ao sol para torná-las sólidas e secá-las. Quando deixa de sentir dor ao roçá-las pelas árvores, abandona o refúgio onde se encontrava, seguro de que possui meios de defesa. Certa vez se capturou um veado velho no qual tinha crescido, nas hastes quando ainda moles, um pé de hera viçosa, como se tivesse nascido em madeira ainda verde[54].

Quando os veados são mordidos por uma tarântula, ou algo do gênero, apanham caranguejos[55] e os comem. Parece que também é bom para o ser humano beber-lhes o suco, apesar de ter um paladar desagradável. As fêmeas do veado, depois de parir, devoram logo o cório[56], sem dar tempo para

---
[51] Cf. Plínio, *História natural*, 8.117.
[52] Ou seja, maio.
[53] Cf. 500a9, 517a21-24, *Partes dos animais*, 663b12-16.
[54] Cf. Plínio, *História natural*, 8.117.
[55] Esta é a versão do manuscrito, que não deixa de ser estranha.
[56] Cf. *supra*, 611a18.

que sejam retirados, porque o abocacham antes mesmo que caia no chão. Parece que tem propriedades medicinais.

As corças deixam-se capturar se ouvem alguém tocar flauta ou cantar, porque, com o prazer que sentem, espojam-se no chão. Se os caçadores forem dois, um fica de frente para o animal cantando ou tocando; o outro fica atrás e atira quando o da frente lhe fizer sinal. Se a corça estiver com as orelhas erguidas, está com o ouvido apurado e, por isso, não se deixa surpreender; se estiver com elas baixas, é pega de surpresa[57].

Os ursos

6. Quando as ursas estão em fuga, empurram os filhotes à frente e os transportam pela boca[58]. Se estão para ser alvejadas, trepam nas árvores. Quando saem do covil, alimentam-se de árum, como dissemos antes[59], e mascam madeira, como se seus dentes estivessem para nascer.

612a

Outros exemplos de cautelas tomadas pelos animais

Há muitos outros quadrúpedes que tomam cuidados para se proteger; assim, é voz corrente que, em Creta, as cabras-montesas, quando atingidas por um dardo, se refugiam no dictamno[60]. Parece que esta planta tem a propriedade de fazer sair os dardos cravados no corpo. As cadelas, quando estão doentes, consomem uma determinada planta que as faz vomitar[61]. O leopardo, se engoliu acônito, que é veneno-

---

[57] Cf. Plínio, *História natural*, 8.114, Antígono de Caristo, *Prodígios*, 35.
[58] Cf. Eliano, *História dos animais*, 6.9.
[59] Cf. *supra*, 600b11.
[60] Cf. Pseudo-Aristóteles, *Prodígios*, 480b20, Teofrasto, *História das plantas*, 9.16, Antígono de Caristo, *Prodígios*, 30, Virgílio, *Eneida*, 12.411--415, Plínio, *História natural*, 8.101, 25.94.
[61] Cf. *supra*, 594a29.

so, procura dejetos humanos, que lhe servem de remédio. O mesmo produto é também nocivo aos leões. É por isso que os caçadores metem excrementos num vaso que penduram numa árvore, para que o animal não se afaste muito. O leopardo salta para o vaso, tentando alcançá-lo, e morre[62].

Diz-se também que o leopardo, quando percebe que os outros animais selvagens apreciam seu cheiro, enconde-se para caçá-los; eles ficam ao seu alcance e ele captura-os, nem que sejam veados.

O mangusto do Egito, quando vê uma serpente do tipo que se chama de áspide, nunca a ataca antes de pedir ajuda aos seus congêneres. Para se protegerem dos golpes e das picadas, revestem-se de lama; começam por mergulhar na água e depois rolam na terra[63].

Quando os crocodilos estão com a boca aberta, os borrelhos enfiam-se lá para dentro, em pleno voo, e limpam-lhes os dentes; dessa forma, eles arranjam alimento, e os crocodilos, que percebem que eles lhes são úteis, não lhes fazem mal. Muito pelo contrário, quando os querem fazer sair, sacodem o pescoço para não os morderem.

A tartaruga, quando está devorando uma víbora, ao mesmo tempo vai comendo orégano. Este é um fato que já foi observado[64]. Um dia, alguém que tinha reparado numa tartaruga que repetia várias vezes esta operação – comer orégano, antes de voltar à víbora –, arrancou-lhe o pé da planta. Aí a tartaruga morreu. Quanto à doninha, quando luta com uma serpente, come arruda, porque o cheiro desta planta afugenta as serpentes[65].

O dragão[66], depois de se empanturrar de fruta, bebe o

---

[62] Cf. Pseudo-Aristóteles, *Prodígios*, 831a4-10, Plínio, *História natural*, 8.100, 27.7, Eliano, *História dos animais*, 4.49.

[63] Cf. Plínio, *História natural*, 8.88, Eliano, *História dos animais*, 3.22.

[64] Cf. Pseudo-Aristóteles, *Prodígios*, 831a27-28, Plínio, *História natural*, 8.98, 20.132, Eliano, *História dos animais*, 3.5, 6.12.

[65] Cf. Plínio, *História natural*, 8.98, 20.125.

[66] Trata-se de um tipo não identificado de serpente. Sobre o processo aqui relatado, cf. Plínio, *História natural*, 8.99.

suco da alface, ocorrência já verificada. As cadelas atacadas por lombrigas tratam de comer grãos de trigo⁶⁷. As cegonhas e as outras aves, que tenham ficado feridas em alguma luta, aplicam orégano no ferimento⁶⁸. Há inúmeras testemunhas de que o gafanhoto, quando em luta com as serpentes, as agarra pelo pescoço⁶⁹. A doninha, tanto quanto parece, serve-se também da inteligência para capturar aves; degola-as, como os lobos fazem com os carneiros. E se luta com serpentes, luta sobretudo com aquelas que caçam ratos, porque ela mesma caça também este animal⁷⁰.

612b

A propósito da sensibilidade dos ouriços-cacheiros, foi possível constatar, em diferentes regiões, que, se os ventos do norte ou do sul mudarem de quadrante, os que vivem escondidos na terra mudam também a abertura do buraco, e os domésticos mudam de parede para se abrigarem⁷¹. De tal forma que, em Bizâncio, ao que se ouve dizer, houve quem ganhasse a fama de prever o tempo a partir dos registros que fazia do comportamento dos ouriços-cacheiros.

A fuinha é do tamanho de um cachorro de Melite⁷², dos pequenos; mas com relação ao pelo, ao aspecto, à mancha branca que tem no ventre e ao mau gênio que possui, é parecida com a doninha. É fácil de domesticar, mas prejudica as colmeias, porque gosta de mel. É também consumidora de aves, como os gatos. O órgão genital desta espécie, como dissemos anteriormente⁷³, é um osso, e o do macho parece constituir um remédio para a estrangúria. Raspa-se antes de ministrá-lo.

....

⁶⁷ Cf. Eliano, *História dos animais*, 5.46.
⁶⁸ Cf. Antígono de Caristo, *Prodígios*, 42.
⁶⁹ Há nesta frase um equívoco óbvio.
⁷⁰ Cf. 580b26.
⁷¹ Cf. Plínio, *História natural*, 8.133.
⁷² Não é unânime a identificação desta região, ou se trata da ilha de Malta ou de uma outra ilha da Dalmácia, hoje conhecida por Meleda.
⁷³ Cf. 500b24, Plínio, *História natural*, 11.261.

Inteligência das aves. As andorinhas

7. De um modo geral, pode-se observar, no comportamento dos outros animais, muitas semelhanças com o dos humanos; e é sobretudo nos menores, mais do que nos maiores, que se pode verificar a acuidade da inteligência de que são dotados. Este é desde logo o caso, por exemplo, entre as aves, da construção do ninho das andorinhas. Com um punhado de palha e lama, ela segue a mesma sequência que o homem. Vai misturando a palha com a lama. E se tiver falta de lama, vai se molhar e passa as asas pelo pó. Mais ainda: faz um leito de palha como os seres humanos, pondo primeiro uma camada dura, e definindo um espaço à sua medida[74]. Da alimentação dos filhotes, o pai e a mãe encarregam-se alternadamente. Vão lhes dando de comer um a um, reconhecendo, pela própria experiência, quem já comeu, para não ser servido duas vezes[75]. A princípio, são os progenitores que limpam o ninho dos excrementos das crias; mas quando estas crescem, as ensinam a ir evacuar lá fora.

Os pombos

A propósito dos pombos, pode-se fazer uma outra observação do mesmo gênero: eles recusam-se a acasalar com vários parceiros, e o casal não se separa a não ser por morte de um ou do outro[76]. Mais ainda, na fase da postura, é curioso observar o cuidado que o macho tem com a fêmea, e como se preocupa com ela: se ela dá mostras de dificuldade em entrar no ninho devido ao sofrimento que lhe causa a postura, ele a obriga a entrar à bicada. Quando nascem os filhotes, ele se preocupa em garantir o sustento deles; masca os

---

[74] Cf. Plínio, *História natural*, 10.92, Eliano, *História dos animais*, 3.24-25.
[75] Cf. Plínio, *História natural*, 10.92, Eliano, *História dos animais*, 3.25.
[76] Cf. Plínio, *História natural*, 10.104, Eliano, *História dos animais*, 3.44, Antígono de Caristo, *Prodígios*, 38.

alimentos para eles, abre seus bicos e os enfia lá para dentro, para habituá-los a comer. Chegado o momento de fazê-los sair do ninho, o macho acasala com eles todos[77].

Eis, em termos gerais, como demonstram o seu afeto um pelo outro. Acontece, porém, que certas fêmeas, apesar de terem um macho, acasalam com outros. Este é um animal belicoso, que tende a brigar com os da mesma espécie. Chegam a entrar nos ninhos uns dos outros, embora tal comportamento seja raro. Se o combate ocorrer longe do ninho, é menos violento; se se der nas proximidades, vai até as últimas consequências. Uma particularidade que parece exclusiva dos pombos-comuns, dos pombos-bravos e das rolas é que não erguem a cabeça enquanto bebem, até terem bebido o suficiente[78].

A rola e a pomba-torcaz mantêm sempre o mesmo macho e não admitem outro. Macho e fêmea colaboram na incubação dos ovos. Mas não é fácil distinguir um do outro, a não ser pelos órgãos internos. O pombo-torcaz tem uma vida longa; já se testemunhou casos de vinte e cinco ou trinta anos de vida, ou até mesmo de quarenta[79]. Com o envelhecimento, suas unhas crescem, mas os criadores as cortam. Não sofrem, com o processo de envelhecimento, de qualquer outra enfermidade. As rolas e os pombos-comuns vivem também uns oito anos; é o caso daqueles que os criadores cegam para usarem nas armadilhas. As perdizes vivem cerca de quinze anos[80]. Os pombos-bravos e as rolas nidificam sempre no mesmo lugar. Os machos em geral vivem mais do que as fêmeas; mas em relação a estas espécies a que nos referimos, há quem afirme que os machos morrem primeiro e dê como exemplo os pombos domésticos usados como isca. Há também quem diga que, no caso dos

---

[77] Cf. 564a21 e respectiva nota.
[78] Cf. Plínio, *História natural*, 10.105.
[79] Cf. 563a1-2.
[80] Cf. 563a2, onde se afirma que as perdizes vivem mais de dezesseis anos.

pardais, os machos não duram mais do que um ano e dê como prova o fato de, na primavera, quando eles aparecem, não terem ainda, em volta do pescoço, aquelas manchas negras que surgem mais tarde, o que indicaria que nenhum dos do ano anterior sobreviveu. Imagina-se que as fêmeas dos pássaros, por sua vez, vivem mais tempo; é que, entre as novas, podem ser capturadas outras velhas, que são reconhecidas por terem a ponta do bico rija.

As rolas passam o verão em regiões frias[81], enquanto os tentilhões se refugiam, na mesma estação, em zonas quentes e, no inverno, nas frias.

Comportamento das perdizes

8. As aves de voo pesado[82] não nidificam (porque os ninhos não interessam às espécies não voadoras), caso da codorna, da perdiz e das outras espécies do mesmo gênero. Fazem antes, em terrenos aráveis, um buraco na terra (porque não põem ovos em nenhum outro lugar), ocultam-se debaixo de espinhos ou de ramos para se proteger dos falcões ou das águias; e é lá que põem os ovos e os chocam[83]. A seguir, quando se dá a eclosão dos ovos, os pais tratam de levar para fora os filhotes, por não serem capazes de voar para ir em busca de alimento. Enquanto repousam, as codornas e as perdizes acomodam os filhos debaixo delas, como acontece com as galinhas. Não escolhem sempre o mesmo lugar para pôr e chocar os ovos, com receio de que se descubra o local em que permanecessem por muito tempo. Quando um caçador descobre a ninhada, a perdiz dá voltas diante dele, convidando-o a apanhá-la, atraindo sobre si mesma a atenção, como se fosse deixar-se caçar, até que os filhotes

---

[81] Cf. *supra*, 593a18, onde se diz que as rolas hibernam.
[82] Cf. Plínio, *História natural*, 10.99.
[83] Cf. 558b31-559a1, Plínio, *História natural*, 10.99 ss., Eliano, *História dos animais*, 3.16, 10.35.

estejam a salvo. Nessa altura, ela própria levanta voo, para depois reuni-los novamente[84].

A perdiz nunca põe menos de dez ovos, mas pode chegar, com frequência, até dezesseis. Como dissemos antes[85], é um animal de mau caráter e astuto. Na primavera, após sinais sonoros e combates, deixam de andar em grupo para formar pares, cada macho com a fêmea que escolheu. Como são muito fogosos, os machos, para impedirem as fêmeas de ficarem chocando os ovos, fazem-nos rolar e partem-nos, quando os encontram[86]. A fêmea, em resposta, afasta-se para pôr, e muitas vezes, na urgência de fazê-lo, deposita os ovos num lugar qualquer. Se o macho estiver por perto, a fêmea, com o propósito de proteger os ovos, nem se aproxima. Mas se for vista por uma pessoa, procede como no caso dos filhotes: afasta-a dos ovos, ficando bem à vista diante dos pés, até desviá-la para longe.

Quando a fêmea escapa para chocar os ovos, os machos reúnem-se e põem-se a cacarejar e a lutar. São chamados de viúvos[87]. O que sai vencido de uma luta passa a andar atrás do vencedor e só aceita copular com ele. Se for vencido por um segundo ou por outro ainda, copula às escondidas com o último vencedor. Este é um comportamento que não ocorre sempre, mas apenas numa determinada época do ano. O mesmo se passa com as codornas[88], ou, em certas ocasiões, também com os galináceos. De fato, nos templos em que servem de oferenda e estão separados das fêmeas[89], todos eles, como é fácil de imaginar, vão copulando com cada novo que chega. No caso das perdizes, os machos

614a

[84] Cf. Aristófanes, *Aves*, 768.
[85] Cf. 536a27.
[86] Esta afirmação contradiz a que foi feita em 564a20-23, de que macho e fêmea repartem os ovos para que cada um choque metade.
[87] Cf. Plínio, *História natural*, 10.100.
[88] Cf. Eliano, *História dos animais*, 4.16.
[89] A oferta de galos era comum no culto de várias divindades; cf. Eliano, *História dos animais*, 17.46, Pausânias, 2.148.

domesticados que copulam com os selvagens bicam sua cabeça e os maltratam.

A perdiz que se usa para a caça enfrenta o líder das perdizes selvagens, que se precipita sobre ela respondendo-lhe com um canto de guerra[90]. Quando o vê preso na rede, uma outra perdiz investe, por sua vez, fazendo ouvir um canto semelhante. É isto o que acontece se o animal que servir de isca for um macho. Mas se for fêmea, o exemplar que serve de isca e que canta, e se o chefe do grupo selvagem lhe responder, os outros machos reúnem-se em volta dele, o atacam e o obrigam a se afastar da fêmea, ao verem-no avançar para ela em vez de se juntar a eles. É por isso que, na maior parte dos casos, ele se aproxima em silêncio, para evitar que outro macho, ao ouvir sua voz, venha atacá-lo. Com frequência – dizem os entendidos no assunto – o macho, ao se aproximar da fêmea, a faz ficar quieta, evitando que os outros machos a ouçam e o obriguem a lutar com eles.

A perdiz não apenas canta, como também emite um grito agudo e outros sons[91]. Muitas vezes também, a fêmea que choca os ovos levanta-se, quando percebe que um macho se aproxima da fêmea que serve de isca. Então responde a seu canto, espera por ele e consente no acasalamento, para o afastar da que serve de isca. Perdizes e codornas são animais muito fogosos e com tal tendência para acasalar que chegam a lançar-se sobre os caçadores[92] e a pousar em sua cabeça.

Eis o que se oferece dizer sobre o acasalamento e a caça às perdizes, como sobre os defeitos de caráter que lhes são próprios. Nidificam no chão, como foi dito[93], as codornas, as perdizes e umas tantas aves que são boas voadoras. Aliás,

---

[90] Cf. Xenofonte, *Memoráveis*, 2.1.4, Plínio, *História natural*, 10.101.

[91] Cf. 536b14, Plutarco, *Moralia*, 727d, Eliano, *História dos animais*,

[92] Como o sentido não é conveniente, vários comentadores interpretam que, em vez de caçadores, trata-se das aves que servem de isca.

[93] Cf. *supra*, 613b6-8.

entre estas últimas, a calhandra, a galinhola[94] e a codorna não se empoleiram nas árvores; pousam no chão.

Comportamento do pica-pau

9. O pica-pau não pousa no chão. Bica os carvalhos, para fazer sair as larvas e as formigas, porque é quando elas saem que as apanha com a língua, que é chata e comprida. Desloca-se pelas árvores com toda a rapidez e em qualquer posição, até de cabeça para baixo, como os sardões. Tem também, naturalmente, as garras mais fortes do que as da gralha, para lhe dar segurança quando se movimenta sobre as árvores, o que faz fixando-as na madeira[95].

614b

Existe, entre os pica-paus[96], um tipo que é menor do que um melro, com umas pequenas manchas vermelhas; há outro maior do que o melro; existe ainda um terceiro, que não é muito menor do que uma galinha. Nidifica nas árvores, como se disse anteriormente[97], em todas elas, mas sobretudo nas oliveiras. Alimenta-se de formigas e das larvas que saem das árvores. Para caçar essas larvas, esburaca de tal forma as árvores que, já se tem dito, chega a derrubá-las. Houve um caso em que um pica-pau domesticado meteu uma amêndoa numa fenda da madeira, para mantê-la firme enquanto a bicava; na terceira bicada, partiu-a e comeu seu miolo.

Comportamento dos grous

10. Há muitos testemunhos de que os grous possuem inteligência. Desde cedo migram para terras longínquas[98], e

---

[94] O nome desta ave, *skolópax*, relaciona-se com *skólops*, "pua ou estaca", devido à forma alongada do bico que possui.

[95] Cf. Plínio, *História natural*, 10.40.

[96] Cf. *supra*, 593a5-14.

[97] Cf. *supra*, 614a34-35.

[98] Cf. *supra*, 597a4-9.

voam a grande altura para ver ao longe. Se avistarem nuvens ou sinais de mau tempo, pousam no chão e deixam-se ficar em repouso. Ocorre também o caso de terem líder, e por isso os que voam nas últimas fileiras emitem um silvo para se fazerem ouvir pelos que vão na frente. Quando pousam, os outros grous enfiam a cabeça debaixo da asa e dormem, apoiados ora numa pata ora na outra; mas o líder mantém a cabeça descoberta e fica de vigia, e, se perceber alguma coisa estranha, põe-se a gritar para dar sinal[99].

Comportamento dos pelicanos

Os pelicanos que vivem nos rios engolem as conchas grandes e lisas. Depois de cozê-las na zona que precede o estômago[100], vomitam-nas para as abrir, extrair sua carne e a comer[101].

A escolha dos ninhos

11. Os abrigos das aves selvagens estão preparados para lhes assegurar a subsistência e dar segurança às crias. Mas, entre as aves, há as que são dedicadas aos filhotes e que cuidam deles, e também as que fazem o contrário; há as que são hábeis para lhes garantir alimento e as que não o são. Algumas constroem os seus abrigos nas escarpas, nas cavernas e nos rochedos, como o chamado borrelho. Trata-se de uma ave de uma cor feia e com uma voz desagradável, que aparece de noite, mas que se esconde durante o dia.

O falcão também nidifica em lugares escarpados. Embora seja carnívoro, não come o coração das aves que captu-

---

[99] Cf. Plínio, *História natural*, 10.58.

[100] Ou seja, no papo.

[101] Cf. Eliano, *História dos animais*, 3.23, 5.35, Pseudo-Aristóteles, *Prodígios*, 831a10, Antígono de Caristo, *Prodígios*, 47, Plínio, *História natural*, 10.115.

ra[102]. Já houve quem registrasse este comportamento na codorna e no tordo, e outros já o testemunharam noutros casos também. Mais ainda: os falcões variam sua forma de caçar; assim, no verão, não agarram a presa do mesmo modo. Sobre o abutre, tem-se ouvido dizer que nunca ninguém viu nem seu ninho, nem suas crias. Mas foi exatamente essa circunstância que levou Herodoro, o pai do sofista Bríson[103], a afirmar que o abutre provém de outras regiões com um relevo elevado. Dá, como prova, este fato, além de eles aparecerem de repente em grande número, sem que se saiba de onde vêm. Mas a verdadeira razão está no fato de que o abutre põe ovos em penedos inacessíveis; como de resto se trata também de uma ave que não habita em muitos lugares. Põe um ovo ou dois, no máximo.

Algumas aves vivem nas montanhas e nas florestas, como a poupa e o brinto; esta última é uma ave que leva uma vida fácil e é cantadeira. O borrelho vive nos arbustos e nos buracos. Dificilmente se apanha, porque só pensa em fugir. Tem um caráter pouco vivo. Mas sobrevive bem e é habilidoso. Há quem o chame o velho ou rei. Eis a razão por que, ao que se diz, a águia entra em conflito com ele[104].

12. Há também aves que vivem junto ao mar, como o pilrito. Este tem um caráter astuto e é difícil de caçar; mas quando apanhado, facilmente se domestica. Acontece também que é uma criatura defeituosa, incapaz de comandar a parte posterior do corpo. Todas as aves palmípedes vivem junto ao mar, aos rios e aos lagos[105]. A própria natureza de cada espécie procura o *habitat* que lhe é mais conveniente. Há também muitas aves fissípedes que vivem nas zonas aquáticas e nos pântanos, caso da alvéola-amarela, que se encontra junto aos rios. Tem uma bonita cor e resiste bem.

....

[102] Cf. Plínio, *História natural*, 10.24, Eliano, *História dos animais*, 2.42.
[103] Cf. 563a6-11 e as respectivas notas.
[104] Cf. *supra*, 609b12, Plínio, *História natural*, 10.203.
[105] Cf. *supra*, 593b15-23.

O mergulhão vive junto ao mar, e quando mergulha até o fundo consegue aguentar lá embaixo por um período não inferior ao que percorre a pé uns duzentos metros. Em tamanho, é menor do que um falcão.

Os cisnes são também palmípedes e vivem nos lagos e nos pântanos; resistem bem, têm um caráter agradável, cuidam bem dos filhos[106] e chegam a ficar velhos. Se a águia os desafia, resistem bem a ela e podem sair vitoriosos; mas não tomam a iniciativa de atacar[107]. São bons cantadores, e é sobretudo na hora da morte que cantam[108]. Voam até o alto-mar; já houve navegantes que, ao costearem a Líbia, encontraram um grande número deles no mar cantando em tom lamentoso; houve mesmo alguns que foram vistos morrendo[109].

A propósito de outras aves

A cimíndis aparece poucas vezes (porque habita nas montanhas); é escura, do tamanho do falcão conhecido por caça-pombos[110], de forma alongada e fina. É na Jônia que a chamam de cimíndis. É a ela que Homero se refere neste verso da *Ilíada*: "os deuses chamam-lhe acobreada, os homens cimíndis"[111].

A híbris, que alguns identificam com o abetouro, nunca aparece de dia, por não ver bem. É durante a noite que caça, como os mochos. Com estes, trava combates tão violentos que, muitas vezes, os pastores apanham ambos vivos. Põe dois ovos, e nidifica também[112] nos rochedos e nas cavernas.

---

[106] Cf. Eliano, *História dos animais*, 1.14.
[107] Cf. Eliano, *História dos animais*, 5.34, 17.24.
[108] Cf. Plínio, *História natural*, 10.63.
[109] Cf. Eliano, *História dos animais*, 10.36.
[110] Cf. *infra*, 620a17 ss.
[111] Cf. *Ilíada*, 14.291, Platão, *Crátilo*, 392a.
[112] Tal como a águia, daí as escaramuças.

Os grous travam igualmente entre si lutas tão acaloradas que são capturados do mesmo modo, em combate. Porque aí não fogem. O grou põe dois ovos.

13. A pega muda muito de pio (pode dizer-se que emite um som diferente todos os dias)[113]; põe, em média, nove ovos, e faz o ninho no cimo das árvores, com pelos e flocos de lã. Quando as bolotas escasseiam, ela faz uma provisão desse produto e a mantém escondida[114].

Quanto às cegonhas, é voz corrente que são alimentadas pelos filhos[115]. Há quem diga que isso também acontece com o abelharuco, e que, neste caso, ele é sustentado pelos filhos não apenas na velhice, mas assim que eles tenham condições de fazê-lo. O pai e a mãe permanecem então no ninho. A cor da plumagem desta ave é amarelada por baixo, e por cima azul-escura, de um tom parecido com o do guarda-rios; a ponta das asas é avermelhada[116]. Põe geralmente seis ou sete ovos, durante o outono, nas escarpas em que o solo seja mole. É lá que ela se enterra uns quatro côvados[117].

O verdelhão, assim chamado por ter esse colorido na zona inferior, é do tamanho de uma calhandra; põe quatro ou cinco ovos; faz o ninho de consolda[118], que arranca pela raiz, e forra-o com pelos e flocos de lã. Assim fazem também o melro e a pega, que guarnecem o interior do ninho de modo semelhante[119].

616a

O ninho do pintassilgo é também construído com habilidade. É feito de fios entrelaçados, como um novelo de linho, com uma entrada pequena.

....

[113] Cf. Eliano, *História dos animais*, 6.19.

[114] Cf. Plínio, *História natural*, 10.119.

[115] Cf. Aristófanes, *Aves*, 1355-1357, Sófocles, *Electra*, 1058-1060, Eliano, *História dos animais*, 3.23.

[116] Cf. Plínio, *História natural*, 10.99, Eliano, *História dos animais*, 11.30.

[117] Cf. 559a4.

[118] Planta própria de bosques e prados alagados. São reconhecidas suas propriedades para a cicatrização de feridas.

[119] Cf. *supra*, 615b22.

Dizem os habitantes das regiões produtoras de canela que há uma ave chamada cinamomo[120]; esta ave traz, segundo eles, a chamada canela não se sabe de onde e é com ela que constrói o ninho. Nidifica em árvores de grande porte e sobre os rebentos das árvores. Os nativos, ao que se diz, alvejam seus ninhos com flechas carregadas de chumbo, para derrubá-los e poder recolher, no meio dos pedaços, a canela[121].

O ninho do guarda-rios

14. O guarda-rios não é muito maior do que um pardal; tem um colorido em que se mistura o azul com o verde e uns laivos de púrpura. Este matizado cobre seu corpo inteiro, as asas e em volta do pescoço, sem que nenhum dos tons seja claramente definido. Tem o bico amarelado, comprido e fino[122]. É este o aspecto que apresenta. Quanto ao ninho, assemelha-se às bolhas que se encontram no mar, conhecidas por espuma marinha, menos na cor. Tem um tom avermelhado e uma forma que lembra abóboras de pescoço comprido. Em tamanho são maiores do que uma esponja das grandes, mas existem os grandes e os pequenos. Estes ninhos têm uma cobertura e apresentam uma sucessão de partes sólidas e ocas. Se se tentar parti-los com a lâmina de uma faca, não é fácil penetrá-los; mas se, ao parti-los, forem comprimidos com a mão, eles desfazem-se logo, como a espuma do mar. Têm uma abertura estreita, apenas o suficiente para

---

[120] Trata-se de uma ave não identificada, que tem o mesmo nome da planta laurácea aromática designada por cinamomo. Heródoto (3.111) dá esta designação como fenícia. O autor de *Histórias* localiza ainda o país da canela na Etiópia. Trata-se de uma árvore com a dimensão de uma oliveira, e com uma folhagem semelhante à do loureiro. Cf. ainda Teofrasto, *História das plantas*, 9.5, Plínio, *História natural*, 12.85-94.

[121] Cf. Heródoto, 3.111, Plínio, *História natural*, 10.97, Eliano, *História dos animais*, 2.34, 17.21, Ovídio, *Metamorfoses*, 15.399.

[122] Cf. Plínio, *História natural*, 10.89.

dar lugar a uma entrada pequena, de tal forma que, mesmo que o mar se agite, a água não entra. As cavidades que possuem no interior lembram as das esponjas. É difícil saber com que materiais o guarda-rios constrói o ninho, mas o que parece mais provável é que use as espinhas da agulheta. É uma ave que se alimenta de peixes. É capaz de subir os rios. Põe, no máximo, cerca de cinco ovos. Gera filhos durante a vida inteira, a partir dos quatro meses.

Particularidades de outras aves

15. A poupa serve-se sobretudo de excrementos humanos para fazer o ninho[123]. Muda de cor no verão e no inverno[124], como a maioria das aves selvagens. 616b

O chapim é, ao que se diz, a ave que mais põe ovos. Mas há também quem diga que a ave conhecida por toutinegra leva a melhor sobre ele, depois da avestruz[125]. O número, já verificado, de ovos a que certa vez se chegou é de dezessete, mas na verdade pode chegar a pôr mais de vinte. Mas põe sempre, ao que se ouve dizer, em número ímpar. Nidifica ela também nas árvores e alimenta-se de larvas. Uma particularidade desta ave, como do rouxinol, que não se encontra noutras espécies, é que não tem uma língua pontiaguda[126].

O pintarroxo resiste bem e tem muitas crias, mas é coxo[127]. O papa-figos aprende com facilidade e é diligente na procura de alimento, mas é mau voador e tem uma cor feia.

---

[123] Esta informação contradiz a que é dada em 559a10, onde se diz que a poupa não nidifica, mas se instala nos buracos das árvores.

[124] Cf. *infra*, 633a17 ss.

[125] Aristóteles coloca a avestruz entre o gênero das aves e o dos quadrúpedes; cf. *Partes dos animais*, 697b15.

[126] Cf. Plínio, *História natural*, 10.85.

[127] Cf. Plínio, *História natural*, 10.21.

16. A élea[128], como as aves em geral, resiste bem. No verão, instala-se num local exposto ao vento e à sombra; no inverno, pelo contrário, procura o sol e um lugar abrigado do vento, entre os canaviais, nas margens dos pântanos. É de tamanho pequeno, mas tem uma boa voz.

O chamado tagarela tem também uma boa voz e uma bonita cor. É hábil para encontrar alimento, e tem um aspecto gracioso. Dá ideia de ser uma ave estranha à nossa paisagem, porque é raro vê-la noutros lugares que não aqueles onde habita.

17. O frango-d'água tem um caráter agressivo e uma acuidade que lhe proporciona recursos de sobrevivência; no entanto é uma ave de mau agouro[129].

A chamada trepadeira tem um comportamento agressivo, mas uma inteligência que a torna astuta, cuidadosa e que lhe facilita a vida. Diz-se que tem dotes de magia devido ao seu grande saber. Tem muitos filhos e trata-os com desvelo; vive a golpear árvores.

É de noite que o mocho-galego sai em busca de alimento; de dia, raramente aparece. Vive nos rochedos e nas cavernas, porque é assustadiço; mas, graças à inteligência de que é dotado, sobrevive bem e é diligente.

Há uma outra avezinha que se chama de trepadeira; tem um caráter atrevido. Vive nas árvores e come os vermes da madeira. Dispõe de uma inteligência que lhe facilita a vida e tem uma voz sonora.

Os pintassilgos sobrevivem com dificuldade e são feios de cor, mas têm a voz suave.

Variedades de garça

18. Entre as garças, a cinzenta, como mencionamos antes[130], acasala com dificuldade, mas é uma ave diligente; trans-

---

[128] Cf. Plínio, *História natural*, 10.21.
[129] Cf. Aristófanes, *Aves*, 1138.
[130] Cf. *supra*, 609b23.

porta os alimentos com facilidade e é boa caçadora. É ativa durante o dia. Todavia, tem uma cor desagradável e umas fezes líquidas. Das outras duas variedades (porque há três)[131], uma é a branca, com uma bonita cor, que acasala sem sofrimento; faz o ninho, põe ovos empoleirada nas árvores e os filhotes sobrevivem. Procura alimento em pântanos, lagos, planícies e prados. Quanto ao abetouro, também chamado madraça, conta uma lenda que ele provém de uma metamorfose, que houve no passado, de escravos; como o nome indica, são as aves mais preguiçosas que há. É assim que vivem as garças. O chamado alcaravão tem uma particularidade que o distingue. Entre as aves é a que mais tendência tem para devorar os olhos das vítimas. É inimigo da águia-sapeira, por ter com ela grandes semelhanças no modo de vida.

617a

O melro

19. Há duas variedades de melro: uma negra, que se encontra em toda parte, a outra branca[132], ambas semelhantes no tamanho e com uma voz idêntica. Este último tipo encontra-se no monte Cilene, na Arcádia, e em nenhuma outra parte[133]. Parecido com o melro-negro é o baio, que, em tamanho, é um pouco menor. Este vive em cima dos rochedos e dos telhados; mas não tem o bico vermelho como o do melro[134].

---

[131] Cf. *supra*, 609b21-23.

[132] Refere-se ao melro-de-papo-branco, que, no macho adulto, apresenta uma faixa branca abaixo do bico.

[133] Cf. Pseudo-Aristóteles, *Prodígios*, 831b14, Pausânias, 8.17.3, Plínio, *História natural*, 10.87.

[134] Refere-se, possivelmente, à fêmea do melro, que é menor e de cor baia. O bico, porém, não é vermelho em nenhuma espécie de melro.

Os tordos

20. Os tordos são de três espécies: um é a tordeia, que só come visco e resina, do tamanho de uma pega. Outro é o estorninho; este tem uma voz aguda e o tamanho de um melro. A última é o chamado tordo-ruivo, que é a espécie menor e menos matizada.

O pássaro-azul

21. Há uma ave que vive nos rochedos a que se dá o nome de trepadeira-azul. É sobretudo na ilha de Ciros[135] que se encontra, e leva a vida em cima das pedras. É menor do que o melro, mas um pouco maior do que o tentilhão. Tem patas grandes, que lhe permitem subir às pedras. É toda azulada. Tem um bico fino e comprido, e patas curtas semelhantes às do "cavalo"[136].

Outras espécies de ave

22. O papa-figos é todo amarelado. Não se vê durante o inverno; é sobretudo no solstício de verão que aparece e volta a desaparecer com a chegada de Arcturo. Em tamanho é equivalente a uma rola.

O "cabeça-mole" pousa sempre no mesmo lugar e é lá que é pego. De aspecto, distingue-se por ter uma cabeça grande e cartilaginosa. Em tamanho, é um pouco menor do que um tordo. Tem um bico forte, pequeno e arredondado. Quanto à cor, é totalmente cinzento. Marcha bem, mas é mau voador. Deixa-se apanhar sobretudo pelas corujas.

---

[135] Ilha do Egeu, parte do arquipélago das Espórades.
[136] Esta é a versão de D. M. Balme, *inter cruces*. Outros editores preferem a variante *pipo*, "pica-pau".

23. Há também o "leopardo". Esta é uma ave[137] que geralmente vive em bandos; nunca se encontra uma isolada. A cor é toda cinzenta e o tamanho semelhante ao das aves anteriores. Marcha bem e não é má voadora. Tem uma voz forte, sem ser grave.

O picanço come o mesmo que o melro. Em tamanho, é semelhante às aves anteriores. Apanha-se sobretudo no inverno. Mas qualquer destas aves se encontra nas mais variadas ocasiões.

Há também umas tantas aves que, por hábito, vivem sobretudo nas cidades, caso do corvo e da gralha. Veem-se em qualquer ocasião. Nunca mudam de *habitat*, nem hibernam.

24. Há três espécies de gralha: a gralha-de-bico-vermelho, semelhante à gralha-cinzenta, de bico vermelho; há uma outra que se chama de "lobo"[138]; outra, ainda, pequena, o bufão[139]; por fim existe uma última espécie de gralha que se encontra na Lídia e na Frígia, que é palmípede[140].

25. De calhandras há dois tipos. Uma que anda pelo chão e tem crista; outra que anda em bandos e não sozinha, como a anterior. Todavia são de cor semelhante, mas estas últimas são menores e sem crista. São comestíveis.

26. A galinhola apanha-se nos jardins, com uma rede. Tem o tamanho de uma galinha, bico comprido e uma cor parecida com o francolim. Corre a toda velocidade e é relativamente amiga do homem. O estorninho é matizado. Tem o mesmo tamanho do melro.

---

[137] Deve se referir ao estorninho.
[138] Deve se referir à gralha-de-nuca-cinzenta.
[139] Cf. Plínio, *História natural*, 10.77. Talvez se refira à gralha-de-bico-amarelo.
[140] Talvez se refira ao corvo-marinho-pequeno.

27. As íbis do Egito são de dois tipos[141], umas brancas e outras pretas. Em todo o resto do Egito se encontram íbis brancas, menos em Pelúsio[142], onde não existem. As pretas, em contrapartida, não existem em qualquer outra região fora de Pelúsio.

28. Quanto aos bufos, alguns são vistos durante todas as estações, e por isso são chamados de "bufos permanentes". Não são comestíveis. Outros aparecem às vezes, no outono, mas não por mais do que um dia ou dois, no máximo. São bons para comer e até muito apreciados. Diferem dos chamados "permanentes" verdadeiramente num único pormenor, a corpulência. Além disso, são silenciosos, enquanto os outros piam. Sobre a sua origem, nenhuma observação foi feita, salvo que aparecem quando o vento vem do quadrante oeste. Este é um fato evidente.

Hábitos do cuco

29. O cuco, como dissemos algures[143], não nidifica; vai pôr ovos no ninho das outras aves, sobretudo no dos pombos-bravos, ou, no chão, no da felosa e da calhandra, ou ainda, no cimo das árvores, no do chamado verdelhão. Só põe um ovo[144], e não é ele que o choca; é a ave em cujo ninho ele pôs o ovo que faz eclodir a cria e a alimenta. Ao que se conta, quando o filhote do cuco cresce, a mãe adotiva expulsa as suas próprias crias, que acabam por morrer. Há também quem diga que é mesmo esta que mata os filhotes e que os dá para a cria do cuco comer. É por ser tão bonita que a cria do cuco a faz desprezar os próprios filhotes[145]. Seja como for,

---

[141] Cf. Heródoto, 2.75, Plínio, *História natural*, 10.75, Estrabão, 17.2.4.
[142] Cidade do norte do Egito, situada no braço nordeste do delta do Nilo.
[143] Cf. 563b30-564a2.
[144] Cf. *Geração dos animais*, 750a16-17.
[145] Cf. Pseudo-Aristóteles, *Prodígios*, 830b11.

quem já foi testemunha ocular destes fatos concorda, no geral, com esta versão. Mas sobre a destruição dos filhotes da ave que acolhe, as versões não são unânimes. Uns defendem que é o próprio cuco que, de volta ao ninho, devora as crias da mãe adotiva; outros dizem que, por ser maior, o filhote do cuco devora mais depressa o alimento que lhes é fornecido, de tal forma que as outras crias morrem de fome; por fim, há também quem afirme que, por ser o mais forte, é ele que mata a ninhada com que foi criado.

Todavia, o cuco parece agir com bom senso para com as crias. É por ter a noção da sua própria inoperância e incapacidade de socorrer os filhotes que os põe na condição de crias supostas[146], para lhes assegurar a sobrevivência. Porque se trata de uma ave de uma inoperância espantosa. Permite até às aves pequenas que lhe arranquem as penas e, diante delas, põe-se em fuga.

Outras aves ainda

30. As aves ápodes, que há quem chame de andorinhas-dáuricas, parecem-se, como dissemos antes[147], com as andorinhas. Não é fácil, até, distinguir umas das outras, a não ser pelas patas, que são cobertas de penas. Nidificam em abrigos compridos, feitos de lama, apenas com uma abertura de acesso. Fazem os ninhos em locais protegidos, nos rochedos ou em cavernas, o que lhes permite escapar dos animais selvagens e do homem.

A chamada "teta-de-cabra" é uma ave de montanha, de um tamanho um pouco maior do que o de um melro, mas menor que o do cuco. Põe dois ovos, ou três, no máximo. É de um caráter indolente. Dirige-se às cabras, durante o voo, e mama em suas tetas, o que lhe valeu o nome. Há quem diga que, depois de sugar a teta, esta fica seca e que

---

[146] Ou seja, atribuídos a progenitores que não são os verdadeiros pais; cf. Platão, *República*, 537e.
[147] Cf. 487b24-32.

a cabra cega[148]. De dia não tem boa visão, o que só acontece de noite.

31. Os corvos, em áreas reduzidas e onde a abundância de alimento não é suficiente para muitos, não ultrapassam o número de dois[149]. Mal as crias se tornam capazes de voar, começam por expulsá-las do ninho e, mais tarde, correm mesmo com elas daquele lugar. O corvo põe entre quatro e cinco ovos. Quando os mercenários de Médio pereceram em Farsalo[150], os corvos desapareceram da região de Atenas e do Peloponeso, como se tivesse havido uma cadeia de transmissão entre uns e outros.

Diversas espécies de águias

32. Há diversas espécies de águias[151]: uma primeira conhecida por águia-rabalva; encontra-se nas planícies, nos bosques e nos arredores das cidades. Há quem a chame de mata-enhos. Voa para as montanhas e florestas, porque ousadia não lhe falta. Em contrapartida, as restantes variedades não frequentam senão raramente as planícies e os bosques.

Outro tipo de águia é a chamada águia-pesqueira, que é a segunda em tamanho e em vigor. Vive nos vales, nos desfiladeiros e nos lagos, e é também conhecida por caça-patos e negra. É a ela que Homero se refere a propósito da saída de Príamo[152].

---

[148] Cf. Plínio, *História natural*, 10.115, Eliano, *História dos animais*, 3.39.

[149] Cf. Plínio, *História natural*, 10.31.

[150] Cf. Xenofonte, *Assuntos da Grécia*, 4.2, 17, 4.3, 15, Diodoro 14.22.2 ss. Nesta passagem, cita-se o ataque de Médio, rei de Lárissa, na Tessália, contra Farsalo, para expulsar os espartanos, em 395 a.C. Mas é mais provável que se trate de uma referência às revoltas que eclodiram em Farsália, em 404 a.C. (cf. Xenofonte, *Assuntos da Grécia*, 2.3.36, *Anábase*, 1.1.10, Diodoro 14.82.7).

[151] Cf. Plínio, *História natural*, 10.6 ss., Eliano, *História dos animais*, 2.39.

[152] Cf. *Ilíada*, 24.316, Hesíodo, *Escudo*, 134.

Há uma outra de cor escura e de tamanho muito pequeno, que é a mais poderosa de todas. Vive nas montanhas e nas florestas e é chamada águia-negra ou mata-lebres. É a única que leva até o fim a criação dos filhos e que os orienta quando saem do ninho. Tem um voo rápido, um comportamento tranquilo e nunca se mostra receosa ou amedrontada. É combativa e silenciosa, porque nunca se ouve dela um piar lamentoso ou agudo[153].

Há ainda uma outra espécie, de asas negras, de cabeça branca e de grandes dimensões; tem as asas muito curtas, o uropígio alongado e é parecida com o abutre. Há quem a chame de cegonha-das-montanhas e gipaeto[154]. Vive nos bosques, e tem os mesmos defeitos das outras águias, sem possuir nenhuma das suas qualidades. Deixa-se apanhar e perseguir pelos corvos e pelas outras aves, porque é pesada, tem dificuldades de sobrevivência e se alimenta de carcaças. Manifesta sofrimento, leva tempo para piar e produz um som plangente.

Uma outra variedade de águias é a chamada "halieto"[155]. Estas têm um pescoço comprido e grosso, asas curvas e o uropígio achatado. Vivem em zonas marítimas e em ravinas. Quando capturam a presa e não conseguem transportá-la, muitas vezes deixam-se afundar.

Outro tipo ainda é o que se chama águias "puro-sangue". Diz-se que é o único caso, mesmo entre as aves em geral, de uma espécie puro-sangue. As outras espécies provêm de misturas e de cruzamentos[156], quer se trate de águias, de falcões ou de aves de pequeno porte. Esta é, entre as águias, a variedade de maiores proporções, superior ao xofrango e com mais do que o dobro do tamanho corrente. Tem uma cor fulva. Aparece poucas vezes, como a chamada cibindis.

619a

....
[153] Talvez haja aqui uma alusão a *Ilíada*, 22.141. Pode se referir ao açor.
[154] Trata-se de uma designação mista de falcão e águia. Deve se referir ao brita-ossos.
[155] Ou seja, águia-marinha.
[156] Cf. *supra*, 606b20 ss.

As horas em que a águia caça e voa vão do almoço à noitinha. De manhã fica inativa, até o momento em que a ágora se enche de gente[157]. À medida que envelhecem, as águias têm a ponta do bico em permanente crescimento, tornando-se cada vez mais curva, até acabarem por morrer de fome. Há mesmo uma lenda que vai mais longe ao dizer que este tormento que vitima a águia tem a ver com o fato de um dia, quando era homem, ter cometido um crime de lesa-hospitalidade. Vai armazenando, para as crias, as sobras de alimento. Porque, como não tem possibilidade de obtê-lo todos os dias, acontece às vezes de não poder trazer nada de fora. Se apanha alguém a rondar seu ninho, bate-lhe com as asas e dilacera-o com as garras[158]. Não nidificam nas planícies, preferem locais elevados, sobretudo as ravinas escarpadas, ou mesmo o cimo das árvores. Alimentam as crias até elas serem capazes de voar; nessa altura, expulsam-nas do ninho ou mesmo de todo o espaço em volta. É que um casal de águias, por si só, ocupa um território enorme. Por isso não permitem que outras se instalem por perto[159].

619b Não caçam nas proximidades do ninho, mas só depois de terem voado uma boa distância. Quando encontram e capturam uma presa, deixam-na de lado e não a levam logo; ou mesmo, se lhes parecer demasiado pesada, abandonam-na. Não capturam de pronto nem mesmo lebres; deixam-nas primeiro dirigir-se para espaços planos. Não descem em voo picado; vão se aproximando aos poucos, voando em círculos cada vez mais apertados. Em ambos os casos atuam por precaução, para não serem apanhadas de surpresa. E se pousam em locais elevados, é porque são lentas levantando voo a partir do chão. Têm um voo alto, para poderem abarcar um horizonte vasto. Daí ser esta a única ave a quem os homens aplicam o qualificativo de divina.

....

[157] Esta é uma expressão que equivale à "hora do *rush*"; cf. Heródoto, 4.181, Teofrasto, *Caracteres*, 11.

[158] Cf. Eliano, *História dos animais*, 2.40.

[159] Cf. Plínio, *História natural*, 10.14, Eliano, *História dos animais*, 2.39.

Qualquer ave de rapina muito raramente pousa nos rochedos, porque a dureza da pedra não convém à forma curva das suas garras. A águia caça lebres, enhos, raposas e todos os outros animais que seja capaz de dominar. Tem uma vida longa, o que é provado pelo fato de seu ninho ter uma grande duração.

Outros sinais de inteligência nas aves

33. Há, na Cítia, uma espécie de ave que, em tamanho, não fica atrás da abetarda[160]. Gera dois filhotes, mas não choca os ovos. A fêmea os esconde na pele de uma lebre ou de uma raposa e os deixa lá. Ela mesma, quando não vai caçar, fica à espreita no alto de uma árvore. Se alguém ousa subir, ela ataca, batendo-lhe com as asas, como as águias fazem também[161].

34. As corujas, os corujões e todas as outras aves que, à luz do dia, não veem, vão à caça de noite, à procura de alimento. Mas não ocupam nessa tarefa a noite inteira; atuam só à tardinha e ao nascer do dia. Caçam ratos, lagartos, baratas e outros bicharocos desse tipo.

A chamada águia-pesqueira trata bem das crias. Resiste bem e é hábil em arranjar alimento. Tem um temperamento suave e trata de criar não só os próprios filhotes, mas também os da águia. De fato, quando esta os expulsa do ninho, ela os apanha e cuida deles. É que a águia os expulsa muito cedo, quando ainda precisam de ajuda para sobreviver, e são incapazes de voar. É por egoísmo, ao que parece, que a águia os expulsa, devido a sua natureza ciumenta e voraz. Além do mais, atira-se à presa com violência; quando a apanha, reserva para si uma boa parte. Fica com ciúmes das crias, quando elas crescem, por terem, elas também, um apetite

---

[160] Cf. Plínio, *História natural*, 10.97.
[161] Cf. *supra*, 619a23.

devorador, e as ataca com as garras. Mesmo os filhotes disputam uns com os outros o espaço e o alimento. A águia os expulsa, batendo neles. Os que são expulsos dão gritos e é então que a águia-pesqueira os recolhe.

620a   A águia-pesqueira tem os olhos cobertos por uma catarata e enxerga mal. O halieto[162], pelo contrário, tem um olhar penetrante; obriga os filhotes, quando ainda nem penas têm, a encarar o sol; o que se recusa a fazê-lo apanha e é forçado a voltar-se para a luz. Aquele cujos olhos lacrimejarem é morto, o outro escapa[163]. Passa o tempo junto ao mar e vive da caça às aves marinhas, como foi dito antes[164]. Ataca-as individualmente; por isso observa o momento em que a ave emerge da água.

Quando esta põe a cabeça para fora e percebe a presença da águia, assusta-se e volta a mergulhar, para voltar a emergir mais adiante. Mas o halieto, com o olhar penetrante que tem, vai sobrevoando, até que a ave ou se asfixia ou se emerge e se deixa apanhar. Não as ataca se andarem em bandos. Neste caso, elas o afastam, molhando-o com as asas.

35. Os galeirões são capturados com espuma, que eles engolem avidamente. Chega-se até a distribuí-la para caçá-los. A carne destes animais exala um aroma agradável, salvo o uropígio, que cheira a lodo. Tem tendência para engordar.

Espécies de falcão

36. Do grupo dos falcões[165], o mais forte é o bútio, depois o esmerilhão e, em terceiro lugar, a gralha. O estrelado,

---

[162] Halieto e águia-pesqueira são nomes comuns atribuídos à mesma espécie, *Pandion haliaetus*. Talvez correspondam a diferentes fases da vida da espécie.

[163] Cf. Plínio, *História natural*, 10.10, Eliano, *História dos animais*, 2.26.

[164] Cf. *supra*, 593b25, 619a6.

[165] Cf. Plínio, *História natural*, 10.21-22.

o açor e o gerifalte são outras variedades. Os falcões de grande porte são conhecidos por hipobútios; há também os negros ou inimigos dos tentilhões, os falcões-dos-pântanos e os tartaranhões. Estes são os mais resistentes e têm um voo rasante.

Há quem afirme que os falcões se dividem em pelo menos dez variedades, que se distinguem umas das outras em vários aspectos. Há uns que atacam o pombo-comum no chão e o levam, mas que, durante o voo, não tocam nele. Outros, pelo contrário, caçam os pombos pousados nas árvores ou em qualquer outro poleiro, mas não tocam neles quando os veem no chão ou no ar. Outros ainda não os atacam quando pousados ou empoleirados, mas os perseguem em pleno voo. Diz-se também que os pombos reconhecem cada uma destas espécies; de tal modo que, quando o falcão que se aproxima for do tipo que captura a presa no voo, eles ficam pousados onde estão; se for do tipo que ataca os que se encontram pousados no chão, eles não ficam à espera e levantam voo.

Na Trácia, na região outrora chamada Cedrípolis, nos pântanos, as pessoas caçam aves pequenas com a ajuda dos falcões. Os caçadores, com uma vara de madeira, sacodem os canaviais e as árvores, para a passarada levantar voo; aí os falcões, em voo picado, atacam os pássaros. Estes, assustados, voam outra vez para o chão, e as pessoas batem neles com as varas e os apanham. Os falcões recebem uma parte da caçada: atiram-se para o ar algumas aves e eles as pegam[166]. No lago Meotis[167], conta-se que os lobos acompanham os pescadores. E se estes não lhes derem uma parte da pescaria, eles destroem as redes que estão secando no chão.

620b

---

[166] Cf. Pseudo-Aristóteles, *Prodígios*, 841b15, Plínio, *História natural*, 10.23, Eliano, *História dos animais*, 2.42.

[167] Ou mar de Azov.

A inteligência de alguns peixes

37. É este o comportamento das aves. Pode-se também observar, nas espécies marinhas, muitos sinais de astúcia na forma como vivem. Assim, por exemplo, as histórias que se contam sobre o tamboril conhecido por "pescador" são verdadeiras, como também as que se aplicam à tremelga. O tamboril serve-se dos filamentos que lhe pendem diante dos olhos, que têm a dimensão de um cabelo e a ponta arredondada; estão situados dos dois lados, a servir de isca. Depois de revolver os fundos arenosos ou lodosos para se esconder, o tamboril distende as antenas e, quando os peixes pequenos esbarram nelas, ele as retrai até levar a presa à boca[168]. Quanto à tremelga, possui um meio de paralisar os peixes que pretende capturar. Apanha-os com os recursos que o próprio corpo lhe proporciona, e deles se alimenta. Esconde-se na areia ou no lodo e captura quantos peixes tiver ao seu alcance, que ficam paralisados ao seu contato[169]. Já houve quem fosse testemunha ocular desse fato. A uje também tem um modo de se camuflar, embora não o mesmo.

Há provas de que estes animais dispõem de certas estratégias de sobrevivência; assim, é frequente pescá-los com tainhas no estômago, apesar de eles serem muito lentos e as tainhas o peixe mais veloz que existe. Além disso, o tamboril, quando não tem as tais bolinhas na extremidade dos filamentos, é mais magro quando pescado. A tremelga, como é bem sabido, é capaz de paralisar até o ser humano.

Também se escondem na areia a pescada, a raia, a solha e o anjo-do-mar. Depois de se tornarem imperceptíveis, estendem os filamentos que têm no focinho, que os pescadores chamam de "linhas de pesca". Os peixes aproximam-se convencidos de que se trata das algas de que se alimentam[170].

---

[168] Cf. Plínio, *História natural*, 9.143, Eliano, *História dos animais*, 9.24.
[169] Cf. Plínio, *História natural*, 9.143, Eliano, *História dos animais*, 9.14.
[170] Cf. Plínio, *História natural*, 9.143.

Em lugares onde existe peixe-pau não há predadores. Os pescadores de esponja servem-se deste indicativo para mergulhar e dão a este peixe o nome de sagrado[171]. Parece se tratar de um efeito colateral, do mesmo gênero do que acontece com os caracóis: onde eles estiverem, não há porcos nem perdizes; é que ambos se alimentam de caracóis.

621a

A cobra-do-mar, quanto à cor e à configuração do corpo, assemelha-se ao congro, mas é pontiaguda e mais vigorosa. Se se assusta e foge, enterra-se rapidamente na areia, onde abre um buraco com o focinho, que é mais pontiagudo do que a boca de uma cobra.

A chamada escolopendra-do-mar, quando engole o anzol, vira-se do avesso, até o expelir. Depois retoma a forma inicial[172]. As escolopendras-marinhas atraem-se pelo cheiro de gordura, como de resto as escolopendras de terra. Não é com a boca que mordem, mas pelo contato com todo o seu corpo, como acontece com as chamadas actínias.

Quando os peixes designados por orelhudos percebem que engoliram o anzol, defendem-se de um modo parecido com o da escolopendra. Sobem linha acima o mais que puderem e a roem[173]. É que, em muitas regiões, são pescados por meio de linha, com diversos anzóis, em zonas de corrente rápida e em águas profundas.

Os bonitos agrupam-se quando veem algum predador; os maiores nadam em círculo e, se ele tocar em algum, eles o repelem. Têm dentes poderosos, e já se viu diferentes peixes, o tubarão-sardo, por exemplo, serem surpreendidos no meio deles e saírem cobertos de feridas.

Entre os peixes de água doce, o siluro macho revela uma grande preocupação com os filhotes. É que, depois da postura, a fêmea se afasta e é o macho que permanece onde se encontra a maior parte dos ovos e fica de guarda. A sua intervenção limita-se a afastar os peixes pequenos, para não

[171] Cf. Plínio, *História natural*, 9.153, Ateneu, 282b.
[172] Cf. Plínio, *História natural*, 10.145.
[173] Cf. Plínio, *História natural*, 10.145, Eliano, *História dos animais*, 1.5.

devorarem suas crias. Desempenha esta tarefa durante quarenta ou cinquenta dias, até as crias crescerem e serem capazes de escapar dos outros peixes[174]. Os pescadores sabem reconhecer o lugar onde fica vigiando os ovos, porque, para espantar os peixes, ele salta, faz barulho e solta um grunhido. Mantém-se junto aos ovos com tal desvelo que, por vezes, os pescadores, mesmo se a postura está presa a raízes profundas, o fazem subir tão próximo quanto possível. Mas ele, mesmo assim, não abandona as crias e, se for jovem, se deixa apanhar rapidamente pelo anzol ao tentar capturar os peixes que encontra. Mas se já estiver habituado por já ter mordido um anzol antes, mesmo sem abandonar as crias, morde-os com os dentes, que são muito duros, e destrói os anzóis.

Todos os animais aquáticos, tanto os que se deslocam como os que se mantêm fixos, ou se alimentam nos lugares onde nasceram ou noutros com características semelhantes; porque é aí que cada um deles encontra a alimentação conveniente. As que mais facilmente se deslocam são as espécies carnívoras. E carnívoros são praticamente todos, salvo raras exceções, caso da tainha, da salema, do ruivo e do *cálcis*. Em volta do peixe conhecido por *folis*[175], o muco que ele segrega forma uma espécie de estojo que lhe serve de abrigo.

Entre os testáceos e os ápodes, o leque é o que se move melhor e para mais longe, encontrando em si mesmo impulso para saltar. Em contrapartida, o búzio desloca-se muito pouco, e assim também agem as espécies semelhantes a ele.

Durante o inverno, os peixes em geral, menos o góbio, abandonam o estreito de Pirra[176] devido ao frio (é que o estreito é bastante frio) e, na primavera, regressam. No estreito não se encontram então nem o papagaio, nem o sável, nem

---

[174] Cf. Plínio, *História natural*, 9.165, Eliano, *História dos animais*, 12.14.

[175] É possível que se refira ao góbio-de-água-doce, um blenídeo que habita os rios da bacia do Mediterrâneo.

[176] Sobre este estreito, a sul de Lesbos, cf. 544a21 e respectiva nota.

qualquer outro peixe de cor brilhante, nem esqualos, nem espinhosos, lagostas, polvos, bolitenas, nem outros tantos. Entre os que vivem no estreito, o góbio-branco não é um peixe de alto-mar. Entre os peixes, os que são ovíparos estão em plena forma na primavera, até o momento da postura; e os vivíparos, no outono, e, com eles, a tainha, o ruivo e todos os outros do mesmo tipo. Ao redor de Lesbos, todos os peixes, quer os de alto-mar quer os que habitam o estreito, é neste que vêm desovar. O acasalamento ocorre no outono e a desova na primavera. É também no outono que os seláceos se reúnem, machos e fêmeas, para o acasalamento; na primavera, penetram no estreito em separado, e assim se mantêm até que as crias nasçam. Na fase do acasalamento é frequente apanhá-los aos pares.

A siba e o polvo

Entre os cefalópodes, a mais astuta é a siba; é esta a única que expele a tinta para se ocultar, e não apenas por medo. Pelo contrário, o polvo e a lula só a derramam por medo. Todavia, este tipo de animal nunca ejeta a sua tinta por completo; depois da descarga, repõe-se a reserva. A siba, como dizíamos, serve-se muitas vezes da tinta para se ocultar; finge que vai avançar e volta atrás para se refugiar na tinta outra vez. Além disso, caça com aqueles tentáculos compridos que tem, não apenas peixes pequenos, mas muitas vezes até tainhas.

622a

O polvo é desprovido de inteligência (basta ver como é capaz de se aproximar de uma mão que se mergulhe na água)[177], mas cuida bem do local que habita. Junta tudo o que apanha no abrigo em que vive, mas depois de consumir tudo o que

---

[177] Cf. Plínio, *História natural*, 9.86. Esta afirmação de Aristóteles não condiz com a elevada diferenciação do sistema nervoso no polvo e cefalópodes em geral.

lá houver de aproveitável, joga fora as conchas, as carapaças dos caranguejos, bem como as espinhas dos peixes. Para capturar peixes muda de cor, tornando-se igual às pedras que haja na vizinhança. E age da mesma maneira quando assustado. Há quem diga que a siba age da mesma forma; tem-se a ideia de que ela também adquire a cor do lugar em que vive. Entre os peixes, só o anjo-do-mar reage desta forma: muda de cor, como o polvo.

De qualquer modo, a maior parte das variedades de polvo vive apenas um ano, porque se trata de um animal com tendência para se dissolver[178]. A prova está em que, quando coberto de lodo, ele vai perdendo substância até acabar por desaparecer. São sobretudo as fêmeas, após a postura, que sofrem este processo. Tornam-se insensíveis, não percebem que as ondas as projetam para cima, e torna-se fácil, num mergulho, agarrá-las com a mão. Ficam viscosas, e nem mesmo as presas que estão ao seu alcance elas capturam. Os machos ganham a consistência do couro e ficam pegajosos.

A prova de que estes animais não resistem mais do que um ano está em que, após o nascimento das crias, no verão e no outono, não é fácil encontrar um polvo grande, enquanto pouco tempo antes encontravam-se polvos bem avantajados[179]. Terminada a postura, diz-se que os espécimes de ambos os sexos envelhecem e se tornam de tal modo fracos que são capturados pelos peixes pequenos e facilmente arrancados dos abrigos. Antes nada disto acontecia. Afirma-se, por outro lado, que nada de semelhante se passa com os polvos enquanto pequenos e novos, na fase depois do nascimento; nessa altura eles são mais fortes do que os grandes. As sibas também não ultrapassam um ano de vida. O polvo é o único dos cefalópodes a fazer incursões em terra firme; avança em terrenos rugosos, mas evita os lisos. É um animal que tem

---

[178] Cf. Plínio, *História natural*, 9.89.

[179] Cf. Plínio, *História natural*, 9.89, Eliano, *História dos animais*, 6.28. Na realidade, polvos e lulas crescem rapidamente até atingir a maturidade, reproduzem-se e morrem.

o resto do corpo forte, mas o pescoço, quando se aperta, é frágil. É este o comportamento dos cefalópodes. Sobre as conchas, diz-se que aquelas cuja casca é fina e rugosa ganham em volta uma espécie de couraça resistente, que vai crescendo à medida que o animal se desenvolve; dessa couraça elas saem como se de um abrigo ou de uma habitação se tratasse.

622b

O argonauta

O argonauta é também um polvo notável pela sua natureza e pelo que é capaz de fazer[180]. Nada até a superfície vindo das profundezas marinhas: empreende esta subida com a concha voltada para baixo, para poder ascender mais facilmente e para mantê-la vazia enquanto navega; uma vez na superfície, vira a concha. Tem o intervalo entre os tentáculos até um certo ponto preenchido por um véu; semelhante a este véu é o intervalo existente entre os dedos dos palmípedes, salvo que a membrana que se encontra nestes últimos é espessa; no náutilo é fina, como uma teia de aranha. Servem-se dela, desde que haja uma brisa, como de uma vela. Os dois tentáculos que apresentam de cada lado submergem-nos como se fossem lemes. Se se assustarem, mergulham no mar com a concha cheia de água. Sobre a formação e crescimento desta concha nada se sabe de concreto. Parece, no entanto, que o argonauta não nasce de um acasalamento, mas que se forma como as outras conchas[181]. Também não está claro se consegue sobreviver sem a concha.

A inteligência dos insetos

38. Dos insetos, os mais laboriosos – em condições de competir com qualquer outro animal – são as formigas, as

---

[180] Cf. Plínio, *História natural*, 9.88.
[181] Cf. 548a1.

abelhas, os abelhões, as vespas e praticamente todos os outros do mesmo gênero. Este é ainda o caso das aranhas mais lisas, mais esguias, que são as mais habilidosas para zelar pela sobrevivência. A atividade das formigas é algo que qualquer pessoa pode constatar; dá para verificar como todas elas seguem pelo mesmo caminho e constituem um depósito de alimentos, porque até em noites de lua cheia elas trabalham[182].

A inteligência das aranhas

39. Há muitas espécies de aranhas e de tarântulas[183]; de tarântulas há dois tipos que picam, umas parecidas com as aranhas, conhecidas por "lobos"; são pequenas, matizadas e bicudas; são boas saltadoras e, por isso, há quem as chame de "pulgas". Há depois outras maiores, de cor escura, com as patas anteriores compridas, movimentos vagarosos, que avançam lentamente, sem segurança, e que não saltam. Todas as demais tarântulas, que os vendedores de remédios têm expostas, ou não picam ou produzem uma picada ligeira. Há também uma última variedade, a das tarântulas-lobo.

Voltando às primeiras, as de tipo pequeno, não fazem teia, enquanto a maior faz uma teia áspera e grosseira, no chão ou nos muros de pedras secas. Constrói sempre a teia diante de buracos, e lá de dentro, onde estão presas as pontas dos fios, ela fica à espreita, até alguma presa, que caia na teia, sacudi-la. Aí ela avança. As de tipo matizado fazem uma teia pequena e grosseira sob as árvores. Há ainda uma terceira variedade de aranha, que é a mais hábil e a mais lisa de todas. Esta, para fazer a teia[184], começa primeiro por estender fios em todas as direções. Depois, partindo do centro (que ela define com todo o cuidado), descreve os raios; é sobre esta estrutura que faz passar os fios que constituem, por assim dizer, a

---

[182] Cf. Eliano, *História dos animais*, 2.25, 4.43.
[183] Cf. Plínio, *História natural*, 11.79 ss.
[184] Cf. Plínio, *História natural*, 11.81, Eliano, *História dos animais*, 6.57.

trama. Tece depois os fios intermediários. Instala o ninho e o depósito de alimentos noutro ponto, mas para capturar as presas é no centro que fica à espreita. Quando uma presa cai na teia, o centro mexe; então ela a prende enlaçando-a em fios, até a tornar inofensiva, para depois a retirar e levar. Se tiver fome, suga-a (que é o que ela pode aproveitar); se não, dispõe-se de novo a caçar, depois de reparar o rasgão. Entretanto, se alguma outra presa cair na teia, a aranha dirige-se primeiro ao centro e daí vai ao encontro da presa, como se começasse tudo do princípio. Se qualquer circunstância danificar a teia, ela recomeça a tecê-la, ao crepúsculo ou ao nascer do dia, porque é sobretudo nessas horas que as presas são capturadas. É a fêmea que se encarrega de tecer e de caçar; o macho apenas toma parte no festim.

As aranhas lisas, que tecem uma teia espessa, repartem-se em duas espécies, uma maior e outra menor. A primeira tem patas compridas; põe-se de guarda encolhida na parte baixa da teia, para que as presas não se assustem nem desconfiem, quando caem da parte de cima (porque o tamanho que tem não lhe permite ocultar-se por completo). Há outra de um tamanho mais reduzido, que se mantém por cima, escondida num buraquinho da própria teia.

As aranhas conseguem fazer a sua teia logo depois que nascem; o fio não sai de dentro delas, como uma excreção, como afirma Demócrito[185], mas vem do seu corpo, como se fosse uma casca, ou como os pelos que o porco-espinho projeta[186]. A aranha ataca até mesmo animais maiores do que ela, como lagartos pequenos, que envolve com fios antes de investir contra eles. Vai os apertando até fechar sua boca; só então avança e os morde.

623b

---

[185] Filósofo trácio, natural de Abdera, de meados do século V a.C. Diógenes Laércio 9.47 refere-o como autor de um tratado sobre *Questões relacionadas com os animais*. Demócrito tinha razão: a seda (proteína complexa) é segregada em glândulas especiais do abdome, e sai através das fiandeiras, que são apêndices abdominais muito modificados.

[186] Cf. Eliano, *História dos animais*, 1.31.

Hábitos das abelhas

40. Eis o que há para dizer sobre estes animais. Há também um outro tipo de inseto, a que não se atribui o mesmo nome, mas que se aparenta pela forma. Trata-se de todos os que produzem cera, como as abelhas e os que têm uma forma semelhante. São, ao todo, nove variedades, das quais seis vivem em grupo: as abelhas, as abelhas-mestras, o zangão, que vive entre as abelhas, a vespa anual, o abelhão e a vespa-gulosa. Três são solitárias: a sirene pequena, que é branca, outra maior, negra e matizada, e uma terceira conhecida por bombílide, a maior de todas.

As formigas não são caçadoras, limitam-se a recolher o que encontram já preparado. As aranhas, por seu lado, não preparam nem armazenam nada; se alimentam só do que vão caçando. Das nove espécies de insetos a que nos referimos, há oito de que falaremos adiante, mas, quanto às abelhas, não se dedicam à caça, são elas mesmas que preparam o alimento e o armazenam. Porque é de mel que se nutrem. Nota-se isso quando os apicultores se ocupam da recolha dos favos. As abelhas, quando se fumigam as colmeias e elas se sentem incomodadas com a fumaça, tratam de comer grandes quantidades de mel, quando, noutras ocasiões, é visível que não consomem nada; é como se pretendessem poupá-lo e fazer uma reserva para mais tarde se alimentar[187]. Há também um outro produto de que se alimentam, que há quem chame de cerinto[188]. Trata-se de uma substância de qualidade inferior, com um paladar adocicado que faz lembrar o do figo, que elas transportam nas patas, como fazem com a cera.

Entre as abelhas, o modo de atividade e de vida é um processo altamente complexo. Assim, quando se põe à sua disposição uma colmeia limpa, elas constroem os favos com

---

[187] Cf. Plínio, *História natural*, 11.45.

[188] Trata-se de um mel em estado bruto, espesso como a cera. Cf. Plínio, *História natural*, 11.17.

o suco de diversas flores e com própolis, que recolhem no salgueiro, no ulmeiro e noutras árvores que produzem uma goma abundante. É com essa goma que revestem o fundo da colmeia para se proteger dos outros animais. Esta operação os apicultores chamam de gomagem. Tratam também de obstruir as entradas da colmeia, se forem largas.

Primeiro modelam os favos, onde nascem as obreiras como elas, depois os das abelhas-mestras e dos zangãos. Ou seja, os das obreiras são feitos sempre; os das abelhas-mestras quando há fartura de ovos, e os dos zangãos se se anuncia abundância de mel[189]. Constroem os favos das abelhas-mestras ao lado dos das obreiras (que são pequenos), e os dos zangãos depois destes; mas são de um tamanho mais reduzido do que os das abelhas. Começam a fabricar a rede dos favos por cima, a partir do teto da colmeia, e vão descendo em fileiras sucessivas até a parte de baixo. Os alvéolos, quer os que são destinados ao mel, quer aos ovos, têm uma dupla abertura. Assim, de cada um dos lados da mesma base – como nos vasos de taça dupla – encontram-se dois alvéolos, um dentro e outro fora. Os alvéolos que são primeiro construídos sobre as paredes da colmeia – que ocupam duas ou três filas em toda a volta – são pouco profundos e não têm mel. Os que receberam uma camada maior de cera estão mais cheios.

624a

Nos bordos da entrada da colmeia, a primeira parte do acesso está calafetada com própolis[190]. Trata-se de uma matéria bastante escura, uma espécie de resíduo da fabricação da cera, com um cheiro acre. É usada como remédio contra as contusões e abscessos do gênero. O revestimento que se segue a eles é uma cera misturada com resina[191], que é menos forte e com qualidade terapêutica inferior ao própolis.

Há quem diga que os zangãos fabricam, pelos seus próprios meios, alvéolos na mesma colmeia que as abelhas, e

---
[189] Sobre a reprodução das abelhas, cf. *Geração dos animais*, 759a8 ss.
[190] Trata-se de uma substância pastosa com que as abelhas vedam as fendas da colmeia.
[191] Cf. Plínio, *História natural*, 11.16.

que partilham com elas o mesmo alvéolo, sem, no entanto, fabricarem mel. É do mel das abelhas que se alimentam, eles e as respectivas crias. Os zangãos permanecem dentro da colmeia a maior parte do tempo; se voarem, erguem-se no ar em alvoroço, executam rodopios e uma espécie de exercícios gímnicos. Feito isto, regressam à colmeia e saciam-se de mel[192].

As rainhas, se não for com todo o enxame, não saem em voo, nem para se alimentar, nem por qualquer outro motivo. Diz-se também que, se o enxame se extraviar da rainha, as abelhas a procuram até a encontrarem pelo olfato.

É ainda voz corrente que a rainha é transportada pelo enxame, se estiver incapacitada de voar. Se morrer, o enxame morre também. E mesmo se o enxame conseguir sobreviver durante um tempo, como não constrói favos, deixa de haver mel e rapidamente as abelhas morrem[193].

Para recolher a cera, as abelhas pousam nas flores e usam ativamente as patas anteriores. Depois as limpam com as patas do meio e estas do meio com as articulações das posteriores[194]. Assim carregadas, põem-se em voo, e é patente que vão pesadas. Em cada saída, a abelha não passa de uma flor para outra de espécie diferente, mas sim, por exemplo, de violeta em violeta, sem tocar em nenhuma outra flor, até regressar à colmeia. Quando chega lá, sacode-se, cada uma ajudada por três ou quatro companheiras[195]. O produto da recolha é difícil de ver, como também não é fácil observar a forma como elas desempenham a sua atividade. Mas já se viu a recolha da cera[196] sobre as oliveiras, porque a espessura das folhas as obriga a permanecer mais tempo no mesmo lugar.

---

[192] Cf. Plínio, *História natural*, 11.68-69.
[193] Cf. Eliano, *História dos animais*, 5.11.
[194] Cf. Plínio, *História natural*, 11.20-21.
[195] Cf. Plínio, *História natural*, 11.22.
[196] A cera é uma substância produzida pelas abelhas, não recolhida. É o pólen que as abelhas recolhem nas flores.

Depois passam a procriar. Nada impede que, no mesmo favo, haja ovos, mel e zangãos. Diz-se, porém, que, se a rainha estiver viva, os zangãos nascem à parte; caso contrário, encontram-se nos alvéolos das abelhas, onde são elas mesmas que os geram, e nesse caso são mais agressivos. É por isso que os chamam de porta-ferrão, mesmo sem o terem, porque querem picar tudo, ainda que não consigam. Os alvéolos dos zangãos são maiores[197]. Em certos casos, as abelhas constroem à parte alvéolos para os zangãos, mas em geral misturam-nos com os das obreiras. É por isso que se tem de separá-los.

Há portanto diversas variedades de abelhas, como anteriormente foi dito[198], e duas espécies de rainhas: uma, a melhor, que é avermelhada, a outra negra e mais matizada, e com o dobro do tamanho da obreira[199]. A melhor é a abelha pequena, mais arredondada e matizada; há outra variedade mais comprida, que se parece com o abelhão. Há outra ainda conhecida por ladra, negra e com o abdome achatado. E ainda o zangão. Este é o maior de todos os insetos deste tipo; não tem aguilhão e é preguiçoso.

Há diferenças entre as abelhas conforme procuram alimento em terrenos cultivados ou em espaços de montanha. Assim, as que nascem de abelhas que frequentam os bosques são mais peludas, menores, mais ativas e mais agressivas.

As obreiras constroem os seus favos todos iguais, com a face exterior completamente lisa. Por outro lado, cada favo é de um só tipo, ou de mel, ou de ovos, ou de zangãos. Se houver mistura, de modo que num mesmo favo haja de tudo, os alvéolos de um mesmo tipo estarão dispostos uns a seguir aos outros, de ponta a ponta. Por sua vez, as abelhas compridas fazem favos irregulares, com a camada exterior empolada, como o do abelhão. Além disso, os ovos e tudo o mais

---

[197] Cf. *supra*, 624a4-5, onde se diz exatamente o contrário.
[198] Cf. 553b8 ss.
[199] Cf. Virgílio, *Geórgicas*, 4.91 ss., Plínio, *História natural*, 11.47, Varrão, 3.16, 18.

não estão ordenados, mas ao acaso. Destas abelhas nascem rainhas de má qualidade, grande número de zangãos e as abelhas chamadas ladras; quanto a mel, produz-se pouco ou nenhum.

As abelhas instalam-se sobre os favos e os fazem amadurecer. Se não o fizerem, diz-se que os favos se deterioram e ficam cobertos de teias de aranha[200]. Se elas conseguirem travar o processo, pondo-se em cima deles, a parte deteriorada fica como serragem; se não, estraga-se tudo. Nos favos deteriorados forma-se uma larva que, quando ganha asas, levanta voo[201]. Os favos que ameaçam cair são reparados pelas abelhas. Estas põem sob eles uns suportes, de modo a enfiarem-se por baixo[202]. Porque se não houver uma passagem que lhes dê acesso aos favos, elas não se instalam neles e aparecem as teias de aranha.

A ladra e o zangão, quando nascem, não produzem nenhum trabalho e danificam o das outras abelhas. Mas se forem apanhados, as obreiras os matam. Matam também, sem hesitações, a maior parte das rainhas, sobretudo as de má qualidade[203], para evitar que o excesso de rainhas disperse o enxame. Matam-nas sobretudo se o enxame não for prolífico, para que não haja subdivisões. Nesse caso, chegam a destruir os favos preparados para as rainhas, pois estas poderiam dispersar os enxames.

Destroem também os favos dos zangãos, se houver falta de mel e ele escassear nas colmeias. É então que elas se defendem a todo custo contra os que procedem à recolha do mel e que expulsam os zangãos; é também frequente, nessa situação, vê-las do lado de fora, pousadas na colmeia.

As abelhas de tipo pequeno lutam vigorosamente com as grandes, numa tentativa de expulsá-las da colmeia. E se

---

[200] Cf. *supra*, 605b13, Plínio, *História natural*, 11.48.
[201] Deve se referir à tinha, uma borboleta noturna cujas larvas se alimentam de cera.
[202] Cf. Plínio, *História natural*, 11.23-24.
[203] Cf. Plínio, *História natural*, 11.50, 56.

as dominam, pode considerar-se que a colmeia em que isso acontece se torna de primeira qualidade. Mas se as outras ficarem sós, tornam-se preguiçosas e finalmente não fazem nada que preste, até que elas próprias morrem antes da chegada do outono. Toda vez que as obreiras procedem a uma execução, tentam fazê-lo fora da colmeia. Se a morte se der lá dentro, levam do mesmo modo o cadáver para fora.

As chamadas ladras chegam a saquear os seus próprios favos, e vão tentando penetrar nos das outras. Se forem apanhadas, são mortas. Dá trabalho a elas passar despercebidas. Em todas as entradas há guardas e mesmo se a ladra passar sem dar na vista, como se empanturra, não consegue levantar voo; aí fica rolando diante da colmeia e torna-se difícil que escape. 625b

As rainhas, por sua vez, não são vistas do lado de fora senão em companhia do enxame. No momento destas partidas, podem se ver todas as outras abelhas em massa em volta da rainha. Quando a debandada está iminente, ouve-se um som monótono e especial durante uns tantos dias, e dois ou três dias antes há umas poucas abelhas voando em volta da colmeia. Se a rainha está entre elas é um pormenor que ainda não se constatou, porque não é fácil de conseguir. Depois de reunidas, as abelhas afastam-se em voo, cada grupo estabelecido em volta da sua rainha. Se acontecer que se forme um pequeno enxame ao lado de outro grande, as do pequeno fundem-se com o outro, e se a rainha que elas abandonaram as seguir, matam-na. Eis como se processa a partida do enxame e a sua organização[204].

Entre as abelhas há obreiras especializadas em tarefas concretas: assim, há as que recolhem o pólen nas flores, as que transportam água, as que alisam e alinham os favos[205]. Uma abelha vai buscar água quando está alimentando as crias. Nunca pousa na carne seja de que animal for, nem come

....
[204] Cf. Plínio, *História natural*, 11.54, Varrão, 3.16, 29.
[205] Cf. Virgílio, *Geórgicas*, 4.54, Plínio, *História natural*, 11.20-21, Eliano, *História dos animais*, 5.11.

nada cozinhado. Para elas não há uma data estabelecida para começarem a trabalhar. Mas se tiverem à sua disposição tudo de que necessitam e se estiverem saudáveis, é sobretudo na primavera que trabalham; se estiver bom tempo, trabalham sem descanso. Mesmo em princípio de vida, três dias depois de saírem do invólucro, já se põem a trabalhar se tiverem de comer. Quando um enxame vai se estabelecer algures, há algumas abelhas que se afastam em busca de alimento, e que depois voltam.

Nas colmeias pujantes, a reprodução das abelhas cessa apenas durante uns quarenta dias, a seguir ao solstício de inverno. Quando as crias completam o seu crescimento, as abelhas depositam ao seu lado o alimento e cobrem-nas com uma proteção. Quando a cria tem capacidade de fazê-lo, quebra a proteção e sai. As obreiras limpam a colmeia dos pequenos bichos que lá se formam e que danificam os favos; as outras abelhas, graças ao mau caráter que têm, ficam vendo a destruição do trabalho das obreiras, sem reação.

626a

Quando os apicultores retiram os favos, deixam-lhes alimento para o inverno[206]; se ele for em quantidade suficiente, o enxame sobrevive; caso contrário, se o inverno for rigoroso, as abelhas não resistem. Se houver bom tempo, elas saem da colmeia. Servem-se de mel como alimento, tanto de verão como de inverno. Mas acumulam também um outro tipo de alimento que tem a consistência da cera, a que se costuma dar o nome de sandáraca[207].

Os animais que mais prejudicam as abelhas[208] são as vespas e, entre as aves, os chamados chapins, além das andorinhas e dos abelharucos. As rãs do pântano também as caçam, quando as encontram recolhendo água. Daí que os apicultores caçam as rãs dos charcos onde as abelhas se abastecem de água; tratam também de retirar os vespeiros e os ninhos de andorinha que haja por perto das colmeias, e ainda

---

[206] Cf. Plínio, *História natural*, 11.35.
[207] Cf. a designação de cerinto usada em 623b23 para a mesma matéria.
[208] Cf. Virgílio, *Geórgicas*, 4.13, 245, Eliano, *História dos animais*, 1.58.

os ninhos dos abelharucos. As abelhas não fogem de qualquer outro animal, a não ser dos da sua espécie. Lutam entre si e com as vespas. Do lado de fora não se agridem umas às outras nem a qualquer outro animal, mas perto da colmeia liquidam qualquer intruso que consigam dominar. Depois de picarem, morrem por não conseguir soltar o ferrão sem arrancar os intestinos[209]. É frequente que uma abelha escape, se quem foi picado estiver atento e extirpar o ferrão. Abelha que perde o ferrão, morre. Com a picada, podem liquidar até animais de grande porte, caso de um cavalo que foi morto pelas abelhas. Em contrapartida, as rainhas são as menos agressivas e não picam.

As abelhas mortas são trazidas pelas companheiras para fora da colmeia. Trata-se, de resto, do animal mais limpo que existe. Assim, é frequente que levantem voo para evacuar, dado que são nauseabundos os excrementos que expelem. É com custo, como dissemos antes[210], que suportam os maus cheiros e também os perfumes. Eis por que picam quem os use[211].

Podem ser vítimas de vários tipos de circunstâncias, sobretudo quando as rainhas se tornam numerosas e cada uma conduz uma parte do enxame. Os sapos exterminam as abelhas: põem-se à entrada das colmeias e, depois de soprar lá para dentro, ficam espreitando as que saem em voo e as comem. Das abelhas os sapos nada têm a temer[212]; quem tem o cuidado das colmeias é que os elimina.

A variedade de abelhas que dissemos ter mau caráter[213] e que produz favos rugosos é, na opinião de alguns apicultores, constituída sobretudo por espécimes novos que o fazem por inexperiência. Abelhas novas são as daquele ano, que não picam tanto como as outras. Daí que se podem transportar

....
[209] Cf. 519a29.
[210] Cf. *supra*, 623b20.
[211] Cf. Plínio, *História natural*, 11.61.
[212] Cf. Plínio, *História natural*, 11.62.
[213] Cf. *supra*, 625a1.

os enxames que são constituídos por abelhas novas. Se há falta de mel, as abelhas expulsam os zangãos; é bom, nessas circunstâncias, dar figos e outros produtos açucarados a elas[214].

São as abelhas com mais idade as que trabalham no interior da colmeia; por estarem fechadas, tornam-se peludas, enquanto as novas, porque andam pelo lado de fora, são mais lisas[215]. Matam também os zangãos quando lhes falta espaço para a sua atividade, porque eles ocupam o fundo da colmeia.

Já houve quem tivesse visto as abelhas de uma colmeia doente irem atacar outra, lutarem e vencerem, para depois lhe retirarem o mel[216]. Quando o apicultor começa a matar as invasoras, as outras passam ao ataque e as expulsam, mas sem picar o tratador. As doenças dizimam sobretudo as colmeias robustas. Há o chamado *cleros*[217]; trata-se de umas larvazinhas minúsculas que se formam no pavimento da colmeia e que, com o crescimento, produzem uma espécie de teias de aranha por toda a colmeia, que faz apodrecer os favos. Há uma outra doença que causa uma espécie de inércia nas abelhas e que provoca mau cheiro na colmeia[218]. As abelhas vão buscar alimento no timo[219]; o branco é melhor do que o vermelho. O lugar onde está instalada a colmeia não deve ser, no verão, exposto ao sol, mas ganha se o for no inverno. As abelhas adoecem sobretudo quando recolhem pólen de uma planta tomada de mela[220]. Quando o vento é forte, elas transportam uma pedra para resistirem às lufadas[221]. Se houver um rio por perto, é lá que vão beber, e em

---

[214] Cf. Eliano, *História dos animais*, 1.11, 5.12.

[215] Cf. Plínio, *História natural*, 11.20-21.

[216] Cf. Plínio, *História natural*, 11.58, Eliano, *História dos animais*, 5.11.

[217] Cf. *supra*, 605b11 ss. Deve se referir à tinha, uma borboleta que faz a postura nas colmeias.

[218] Cf. Virgílio, *Geórgicas*, 4.251 ss. Talvez se refira ao "loque", ou podridão das larvas.

[219] Cf. Teofrasto, *História das plantas*, 6.2, 3, Virgílio, *Geórgicas*, 4.30, Plínio, *História natural*, 21.25.

[220] Cf. *supra*, 605b18-19.

[221] Cf. Virgílio, *Geórgicas*, 4.194, Plínio, *História natural*, 11.24, Eliano, *História dos animais*, 5.13.

nenhum caso em qualquer outro lugar, depois de primeiro pousarem a carga. Se não houver, vão então beber em outro lugar, mas regurgitam primeiro o mel e regressam de imediato ao trabalho.

Para a fabricação de mel há duas estações propícias, a primavera e o outono[222]. Mas o de primavera é mais suave, mais claro e, no conjunto, mais agradável do que o de outono. Aliás, o mel torna-se mais agradável se provém de uma cera nova e de plantas tenras. O mel escuro é de qualidade inferior devido ao favo onde se encontra. Está estragado, como acontece com o vinho em função do recipiente. Por isso é preciso secá-lo. Quando o timo está em flor e o favo fica cheio, o mel não coalha[223]. O mel de tom dourado é melhor. O branco não provém apenas do timo, e faz bem aos olhos e às feridas. O mel de fraca qualidade, que se tem de retirar, está sempre por cima; o mais puro, embaixo.

627a

É quando as plantas estão em flor que as abelhas fabricam a cera. Por isso é essa a época de retirar a cera antiga da colmeia, porque elas se põem logo em atividade. As plantas onde vão recolher o pólen são as seguintes: o atráctilo, o meliloto[224], o asfódelo[225], o mirto[226], o círsio[227], o vime[228] e a giesta[229]. Quando recolhem alimento no timo, misturam água antes de depositá-lo no favo. Para evacuar, como dissemos antes[230], todas as abelhas voam, ou então enfiam-se num determinado favo. As abelhas pequenas são trabalhadoras mais ativas do que as grandes, como foi dito anterior-

---

[222] Cf. 553b25 ss., onde se diz que o mel de outono é melhor.
[223] Cf. Plínio, *História natural*, 11.39.
[224] Cf. Plínio, *História natural*, 21.53.
[225] Cf. Plínio, *História natural*, 21.105.
[226] Cf. Plínio, *História natural*, 15.118.
[227] Cf. Aristófanes, *Rãs*, 244.
[228] Cf. Plínio, *História natural*, 24.59 ss.
[229] Cf. Plínio, *História natural*, 24.65 ss., Teofrasto, *História das plantas*, 1.52.
[230] Cf. *supra*, 626a25.

mente[231]; têm as asas gastas e um tom escuro, por estarem queimadas de sol. As luzidias e com boa aparência são, tal como acontece com as mulheres, as indolentes.

Ruídos parecem agradar às abelhas[232], pelo que, ao que se diz, para reuni-las na colmeia se bate com pedras em panelas. Todavia não há qualquer certeza de que ouçam, e se reagem assim por prazer ou por medo.

As abelhas expulsam as preguiçosas e as que não são poupadas. Dividem as tarefas, como foi dito antes[233]: umas fabricam a cera; outras, o mel; outras, a eritace[234]; há umas que moldam os favos, outras que levam água para os alvéolos e a misturam com o mel, outras ainda que vão trabalhar no exterior. De manhãzinha estão em silêncio, até que uma delas as desperte com dois ou três zumbidos. Nessa altura voam em tropel e põem-se a trabalhar; no regresso, começam por fazer grande alarido, mas o ruído vai diminuindo pouco a pouco, até que uma delas dê a volta na colmeia zumbindo, como a dar sinal de que é tempo de dormir. Aí rapidamente se instala o silêncio[235].

Reconhece-se que um enxame está na plenitude da sua vitalidade quando o ruído que faz é forte e quando há um grande movimento de saída e entrada das abelhas. Isto significa que estão se ocupando dos ovos.

Sentem sobretudo fome quando trabalham no fim do inverno. Tornam-se então mais preguiçosas se, quando se retira o mel, se deixar a elas uma quantidade razoável. Deve-se deixar uma quantidade de favos proporcional ao tamanho da colmeia, porque trabalham com menos ardor se

---

[231] Cf. *supra*, 624b24.
[232] Cf. Virgílio, *Geórgicas*, 4.64, Plínio, *História natural*, 11.68.
[233] Cf. *supra*, 625b18.
[234] Cf. 554a17 e as palavras sinônimas cerinto (623b23) e sandáraca (626a7).
[235] Cf. Virgílio, *Geórgicas*, 4.186-190, Plínio, *História natural*, 11.26, Eliano, *História dos animais*, 5.11.

for deixada uma reserva demasiado pequena. Tornam-se também preguiçosas se a colmeia for grande, porque têm menos empenho no trabalho. Um enxame produz de um côngio[236] a um côngio e meio de mel; os que estão pujantes, dois côngios ou dois côngios e meio; poucos são os que atingem os três.

Os carneiros[237] são inimigos das abelhas e, como dissemos antes[238], também as vespas. Os apicultores caçam vespas, pondo junto à colmeia um recipiente com carne. Quando as vespas caem sobre ela em massa, cobre-se o recipiente e leva-se ao fogo. Os zangãos, se em pequeno número, são favoráveis ao enxame, porque tornam as abelhas mais laboriosas.

As abelhas pressentem o mau tempo e a chuva. Prova disso é que não voam para longe da colmeia; ficam por ali a revolutear enquanto ainda há bom tempo, o que mostra aos apicultores que se dão conta da tempestade[239]. Quando ficam na colmeia encostadas umas nas outras, é sinal de que o enxame se prepara para partir. Quando se apercebem do caso, os apicultores regam a colmeia com vinho doce.

É bom plantar em volta da colmeia pereiras, favas, lucerna da Média[240] ou da Síria, órobo, mirto, papoula, serpão e amendoeiras.

Há apicultores que reconhecem as suas próprias abelhas, quando elas andam na recolha do pólen, pela farinha com que as aspergiram.

Se a primavera for tardia ou o tempo estiver seco, ou se houver mela, as abelhas produzem menos ovos[241].

---

[236] Um côngio equivale a cerca de 3,275 litros.
[237] Cf. Plínio, *História natural*, 11.62.
[238] Cf. *supra*, 626a7.
[239] Cf. Virgílio, *Geórgicas*, 4.191 ss., Plínio, *História natural*, 11.20, Eliano, *História dos animais*, 1.11, 5.13.
[240] Cf. 522b26 e respectiva nota.
[241] Cf. 553b20.

Hábitos das vespas

41. É este, portanto, o comportamento das abelhas. Quanto às vespas[242], há duas espécies. As primeiras, as vespas selvagens[243], são raras. Aparecem nos montes e põem os ovos não no chão, mas nos carvalhos. Quanto à forma, são maiores, mais compridas e mais escuras do que as outras, mas matizadas; todas têm ferrão e são mais agressivas. A picada que produzem é mais dolorosa do que a das outras, porque têm um ferrão maior, em proporção com o tamanho que têm. Atingem um ano de vida e, mesmo no inverno, são vistas voando quando se derruba um carvalho. Vivem escondidas durante o inverno, refugiadas nos troncos das árvores. Dividem-se em mães[244] e obreiras, como acontece também com as domésticas.

Quanto à natureza das obreiras e das mães, é a partir da das domésticas que podemos conhecê-la. De fato, há também, entre as vespas domésticas, dois tipos: as rainhas, a que se chama mães, e as obreiras. As rainhas são muito maiores e mais mansas. Por seu lado, as obreiras não ultrapassam um ano de vida, pois morrem todas com a chegada do inverno (é um fato evidente que, no princípio do inverno, as obreiras têm um ar entorpecido, e que no solstício desaparecem por completo); as rainhas, também chamadas mães, são visíveis durante todo o inverno e refugiam-se na terra. Assim, quando, no inverno, na faina agrícola, se cava a terra, é frequente ver rainhas, mas nunca obreiras.

A reprodução das vespas processa-se do seguinte modo: quando, no início do verão, as rainhas encontram um lugar bem situado, constroem os favos e os chamados vespeiros de tipo pequeno; comportam, por exemplo, quatro alvéolos ou coisa parecida, onde nascem vespas, mas não rainhas. Quando crescem, elas mesmas começam a construir outra

---

[242] Cf. Plínio, *História natural*, 11.71 ss.
[243] Cf. 554b22.
[244] Cf. *Geração dos animais*, 761a6.

série de alvéolos maiores, e quando uma nova geração cresce constrói outros, de tal modo que, no fim do outono, há vespeiros com alvéolos sem conta e enormes, onde a rainha, a chamada mãe, deixa de gerar vespas para produzir mães[245]. Estas nascem em cima, na parte superior do vespeiro, em forma de larvas enormes, em alvéolos contíguos em número de quatro ou mais, num processo semelhante àquele pelo qual nascem as larvas das rainhas no caso das abelhas.

Depois do nascimento das vespas obreiras no favo, as rainhas deixam de trabalhar e são as obreiras que lhes fornecem alimento. A prova está em que as rainhas destas obreiras deixam de voar para o exterior e passam a ficar tranquilamente instaladas lá dentro. Quanto a saber se as rainhas do ano anterior, depois de produzirem novas rainhas, são mortas por elas, e se esse é um processo regular, ou se, pelo contrário, podem ainda continuar a viver por muito tempo, é algo que continua por se observar. Como também ninguém ainda procedeu ao estudo do envelhecimento das mães nem das vespas selvagens, ou de outras particularidades do gênero.

A mãe é larga e pesada, mais grossa e maior do que a vespa, e, devido ao peso que tem, falta-lhe força para voar. Não consegue, portanto, afastar-se para longe. Por isso, deixa-se ficar no vespeiro, ocupada na manutenção e na administração do interior. Na maior parte dos vespeiros, existem as chamadas mães. Mas é uma questão em aberto se têm ferrão ou não. É provável que, como as abelhas rainhas, o tenham, embora não o façam sair nem o projetem.

628b

Entre as vespas, umas não têm ferrão, caso dos zangãos, mas outras têm. As que não têm ferrão são menores, menos vigorosas, sem capacidade de defesa, enquanto as que o têm são maiores e mais agressivas. Há quem chame de machos estas últimas e as que não têm ferrão, de fêmeas[246]. Com a aproximação do inverno, parece que muitas das que têm ferrão o perdem, embora sobre esse processo não haja uma testemunha ocular.

---

[245] Cf. *Geração dos animais*, 761a6-8.
[246] Cf. *infra*, 628b21-22.

As vespas nascem sobretudo em tempo de seca e em solos ásperos. Vivem debaixo do chão e fazem os seus favos de torrões ou de terra, cada favo partindo de um único ponto, como de uma raiz. Como alimento recorrem a certas flores e frutos, mas consomem sobretudo carne. Já se viu vespas, daquelas que não são selvagens, acasalando[247]. Mas nunca se verificou se as duas tinham ferrão ou não, ou se uma o tinha e a outra não. Também já se observou vespas selvagens acasalando, uma delas com ferrão; se a outra o tinha, também não se pôde verificar.

As larvas não parecem resultar de um parto, já que, desde o início, são demasiado grandes para sair de uma vespa. Se se pegar numa vespa pelas patas e se lhe deixar bater as asas, as vespas sem aguilhão atiram-se a ela, mas as que o têm não. É neste fato que alguns se baseiam para dizer que as primeiras são machos e as outras fêmeas. Durante o inverno, podem-se apanhar nas cavernas quer as que têm ferrão quer as que não têm.

Há umas que constroem vespeiros pequenos, com poucos alvéolos, e outras grandes e com alvéolos múltiplos. As chamadas mães são pegas no final da estação, na maior parte dos casos em volta dos olmeiros, porque é lá que vão recolher uma substância viscosa que se parece com a goma. Nascem mães em quantidade quando, no ano anterior, houve vespas com fartura e chuvas abundantes. São recolhidas em lugares escarpados e em ravinas abruptas, e todas parecem ter ferrão.

Hábitos dos abelhões

42. É este o comportamento das vespas. Os abelhões[248] não vivem, como as abelhas, de recolher o pólen nas flores; são antes essencialmente carnívoros (é por isso que passam

---

[247] Cf. *Geração dos animais*, 761a7.
[248] Cf. Plínio, *História natural*, 11.73 ss.

muito tempo nas estrumeiras, à caça de moscas gigantes; quando as apanham, arrancam-lhes a cabeça e afastam-se em voo com o resto do corpo). Alimentam-se também de frutos açucarados. Eis o tipo de alimento que consomem. Também têm rainhas, como as abelhas e as vespas. Mas estas rainhas, se comparadas com os abelhões restantes, são de um tamanho proporcionalmente maior do que a rainha das vespas ou das abelhas se comparada com as vespas ou com as abelhas comuns. Também a rainha do abelhão vive fechada, como a das vespas[249]. Os abelhões constroem a colmeia na terra, que escavam como as formigas. Nem entre eles, nem entre as vespas acontecem deslocações de enxames, como no caso das abelhas; à medida que gerações mais novas vão se juntando às anteriores, permanecem no mesmo local e vão retirando terra para alargar a colmeia. Estes ninhos podem ter um tamanho considerável; de fato, já se viu retirar de um ninho em plena atividade três a quatro cestos[250] de favos. Não fazem reservas de alimento, como as abelhas, mas, no inverno, recolhem-se e uma boa parte morre. Se isso acontece com toda a espécie, não se sabe.

629a

Não há várias rainhas por ninho, como nas colmeias das abelhas, onde a sua existência leva à fragmentação do enxame. Mas quando um certo número de abelhões se desgarra fora do ninho, voltam a agrupar-se numa árvore, onde constroem favos, como aqueles que é também frequente ver à superfície do chão, e aí produzem uma só rainha. Esta, quando eclode e cresce, toma a condução do grupo e leva-o com ela para habitar num ninho.

Sobre o acasalamento dos abelhões nada se observou, nem de onde provêm os ovos[251]. Todavia, enquanto nas abelhas os zangãos e as rainhas não têm ferrão, e, entre as ves-

---

[249] Cf. *supra*, 628a25.

[250] Cofino era a designação para um cesto de fruta. Na Beócia equivalia a três côngios, ou seja, perto de dez litros.

[251] Cf. *Geração dos animais*, 761a2 ss., onde Aristóteles não faz distinção entre a reprodução dos abelhões e das vespas.

pas, algumas também não o têm, como se disse antes[252], no caso dos abelhões é evidente que todos o possuem. Seria, no entanto, necessário observar a rainha mais de perto, para ver se possui ferrão ou não.

As bombílides e as vespas-gulosas

43. As bombílides fazem a postura debaixo de uma pedra, mesmo na terra, em dois alvéolos ou pouco mais. Chega a se encontrar nestes alvéolos um resíduo de mel de má qualidade.

A vespa-gulosa é parecida com o abelhão, mas matizada, e tem uma largura equivalente à da abelha. É voraz e entra nas cozinhas, para pousar em peixes ou em alimentos do gênero. Põe os ovos debaixo da terra, como as vespas; é prolífica e faz um ninho maior e mais comprido do que o das vespas.

O caráter do leão

44. Eis o estilo de atividade e de vida das abelhas, das vespas e das outras espécies semelhantes. Mas quando observamos o caráter dos animais, como foi dito anteriormente[253], é de considerar as diferenças no que prioritariamente respeita à coragem e à covardia, e a seguir, mesmo tratando-se de animais selvagens, à meiguice e à agressividade. Assim, o leão, quando está comendo, é muito agressivo; mas se não tiver fome ou se estiver alimentado, é muito dócil[254]. Por instinto, nem é desconfiado nem alimenta suspeitas. Brinca facilmente e pode até ser afetuoso com os outros animais com os quais tenha sido criado e aos quais esteja acostumado. Quando se sente na mira dos caçadores, nem foge nem se

---

[252] Cf. *supra*, 628b3.
[253] Cf. *supra*, 588a20 ss., 608a11 ss., 610b20 ss.
[254] Cf. Plínio, *História natural*, 8.48, Eliano, *História dos animais*, 4.34.

esconde, e mesmo se for forçado, pelo número de perseguidores, a bater em retirada, afasta-se lentamente, sem apressar o passo, até olhando para trás de vez em quando[255]. Todavia, se chegar à floresta, foge a toda velocidade até se encontrar de novo em espaço aberto. Aí volta a andar a passos lentos. Se estiver numa região plana e o número de caçadores o forçar a fugir a descoberto, ele corre alargando o passo, mas sem saltar. Tem uma corrida contínua e larga, como a do cão. Se vai em perseguição de uma presa, só quando já está muito perto é que cai sobre ela. É correta aquela história que se costuma contar de que o leão tem pavor do fogo, como afirma Homero quando diz[256]: "As tochas acesas apavoram-no, por mais feroz que seja"; como verdadeiro é também que fixa quem o pretender atingir, para atacá-lo. Se deparar com alguém que tenha atirado sobre ele sem o ferir, e se conseguir lançar-se sobre a pessoa e encurralá-la, não lhe faz mal nem a fere com as garras; limita-se a sacudi-la e a meter-lhe medo, mas depois larga-a. Frequentemente, invadem as cidades e atacam as pessoas, quando envelhecem, porque a idade e o mau estado dos dentes[257] os impedem de caçar. Têm uma vida longa e o leão coxo que foi capturado tinha a maior parte dos dentes partidos, de onde se tirou a conclusão de que os leões vivem muitos anos. Porque tal situação não aconteceria com um animal que não fosse velho.

Há duas espécies de leão[258]: uma mais arredondada, com a crina mais hirsuta, e mais tímida; a outra é mais comprida, com os pelos mais rijos, e mais valente. Por vezes fogem com a cauda estendida, como os cães. Já se viu um leão pronto a lançar-se sobre um porco, mas ao vê-lo disposto a enfrentá-lo, de pelos eriçados, fugiu. Os flancos do leão resistem mal aos golpes, mas o resto do corpo aguenta bem e a cabeça é robusta. Das feridas que produz com a mordida ou com as

---

[255] Cf. *Ilíada*, 11.548 ss.
[256] Cf. *Ilíada*, 11.554, 17.663.
[257] Cf. Plínio, *História natural*, 8.46, Eliano, *História dos animais*, 4.34.
[258] Cf. Plínio, *História natural*, 8.46.

garras escorre um pus muito amarelo, que não se consegue estancar com ataduras nem com esponjas. O tratamento próprio é o que se usa para as mordidas de cão.

Os chacais também são amigos do homem; nem lhe fazem mal, nem lhe têm medo. Mas lutam com os cães e com os leões, de modo que não se encontram normalmente em contato. Os melhores espécimes são os chacais menores. Quanto às variedades que existem, há quem diga que são duas, outros três. Não parece que haja mais, mas como acontece com certos peixes, aves ou quadrúpedes, também os chacais mudam de acordo com a estação; assim, mudam de cor entre o inverno e o verão[259], e seu pelo fica ralo no verão e espesso no tempo frio.

Costumes do bisão

45. O bisão[260] existe na Peônia[261], no monte Messápio, que separa a Peônia da Média[262], e os peônios dão-lhe o nome de *mónapo*[263]. Em tamanho corresponde ao touro, mas é mais encorpado do que um boi, porque não é tão comprido. A pele, se estendida, cobre um leito para sete convidados. De resto, de aspecto é parecido com o boi, salvo que possui uma crina até o extremo do costado, como o cavalo. Tem o pelo mais macio do que este, e mais liso. A cor é amarelada. A tal crina é abundante e espessa, e chega até seus olhos. O tom fica entre o cinza e o ruivo, diferente dos cavalos chamados alazões, mas o pelo é bastante áspero e mais felpudo por baixo. Não são nem muito escuros nem muito avermelhados. Produzem um som semelhante ao do boi, e têm chifres curvos virados

---

[259] Cf. Eliano, *História dos animais*, 1.7.
[260] Cf. Plínio, *História natural*, 8.40.
[261] Região setentrional da Macedônia.
[262] Cf. 500a2.
[263] Talvez "solitário".

um para o outro, mas inúteis para a defesa²⁶⁴; em comprimento correspondem a uns vinte centímetros ou pouco mais, em volume, ao que cabe mais ou menos em meio côngio²⁶⁵. A cor dos chifres é de um preto bonito e luzidio.
O tufo de pelo que tem à frente desce até seus olhos, de modo que enxerga melhor de lado do que de frente. Não tem dentes no maxilar superior, como os bovinos e as outras espécies com chifres²⁶⁶. As patas são peludas e o casco bifurcado. A cauda, que se parece com a do boi, é, em proporção com o seu tamanho, menor. Levanta o pó e escava a terra, como o touro. Tem um couro resistente aos golpes. A carne é agradável, razão pela qual é caçado. Quando está ferido, põe-se em fuga, e só para quando se sente esgotado. Como defesa, dá coices e projeta os excrementos até quatro braças²⁶⁷ atrás dele; é este um tipo de defesa fácil a que recorre com frequência. Estes excrementos queimam a ponto de chamuscar o pelo dos cães. Esta é uma propriedade que essa matéria tem quando o animal está perturbado ou assustado; se estiver calmo, nada acontece²⁶⁸.

630b

São estes o aspecto e a natureza deste animal. Quando é tempo de parir, as fêmeas reúnem-se nos montes. Mas antes de parir cercam de excrementos o lugar onde se encontram, como para criar uma espécie de barreira de proteção: é que a quantidade de excrementos evacuada por este animal é considerável.

Particularidades do elefante

46. Entre os animais selvagens, o elefante é o mais manso e o mais fácil de domesticar. São inúmeras as coisas que ele

---

²⁶⁴ Cf. *Partes dos animais*, 663a14.
²⁶⁵ Cerca de 1,63 litro.
²⁶⁶ Cf. 501a12-13, *Partes dos animais*, 663b35-36.
²⁶⁷ Cerca de 7 metros.
²⁶⁸ Cf. *Partes dos animais*, 663a14-17.

aprende e que é capaz de compreender; até a prostrar-se diante do Grande Rei lhe ensinaram[269]. Tem os sentidos bem apurados e uma inteligência que se manifesta de diversas maneiras. Depois de acasalar com uma fêmea e de tê-la deixado prenhe, não toca mais nela[270].

Há quem diga que o elefante vive duzentos anos, outros ainda cento e vinte[271]; e que a fêmea vive praticamente tanto tempo como o macho. É um animal que atinge a maturidade aos sessenta anos e que suporta com dificuldade os rigores do inverno. Vive junto aos rios, mas não é um animal de rio. Pode andar dentro da água e avançar enquanto a tromba estiver à tona[272], porque é com a tromba que sopra e respira. Não é capaz de nadar devido ao peso do corpo.

Relações entre mãe e filho

47. Os camelos não cobrem as mães e, mesmo que se queira forçá-los a fazê-lo, eles se recusam. Já aconteceu que, numa época em que não havia garanhão, um tratador cobriu a mãe com uma manta e lhe trouxe o filho. Durante a cobrição, a manta caiu. Na ocasião, o macho terminou de acasalar, mas pouco tempo depois mordeu o cameleiro e o matou[273]. Diz-se também que o rei da Cítia tinha uma égua de raça, que só produzia potros de qualidade. Na intenção de obter uma cria cruzando o melhor dos potros com a mãe, levou-o para acasalar. O macho não queria. Cobriu-se então a mãe com uma manta e ele acasalou sem se dar

---

[269] Cf. Eliano, *História dos animais*, 13.22.
[270] Cf. 546b10.
[271] Cf. Plínio, *História natural*, 8.28, Eliano, *História dos animais*, 4.31, 9.58, 17.7.
[272] Cf. 497b28, *Partes dos animais*, 659a13, Plínio, *História natural*, 8.28, Eliano, *História dos animais*, 4.24, 7.15.
[273] Cf. Pseudo-Aristóteles, *Prodígios*, 830b5, Eliano, *História dos animais*, 3.47.

conta. Quando, consumada a cobrição, se retirou a manta da cabeça da égua, ao vê-la, o potro fugiu e lançou-se de um precipício[274].

A inteligência dos golfinhos

48. No que diz respeito às espécies marinhas, pode-se citar uma série de situações que provam a doçura e familiaridade dos golfinhos, e sobretudo o amor e a ternura que manifestam pelas crianças; há casos comprovados em Tarento, na Cária e em outros lugares. Conta-se que, na Cária, depois de se capturar um golfinho que estava ferido, uma multidão de golfinhos se reuniu no porto, até que o pescador o libertasse[275]; partiram então todos de volta na companhia dele. Há sempre um golfinho adulto que acompanha as crias pequenas, para as proteger. Já se viu uma vez um grupo de golfinhos, grandes e pequenos, que nadava em conjunto; atrás deles, a pouca distância, seguiam dois que pareciam amparar, quando ele se afundava, o cadáver de um golfinho pequeno. Nadavam por baixo dele e erguiam-no sobre o dorso, como se tivessem pena, para evitar que fosse devorado por algum predador[276].

Contam-se também, sobre a velocidade deste animal, histórias incríveis. De todos os animais, aquáticos ou terrestres, parece ser ele o mais veloz. É capaz até de saltar por cima dos mastros dos navios de grande porte[277]. Esta é uma situação que sobretudo se verifica quando vão em perseguição de um peixe, para comê-lo. Pois então se ele escapa, perseguem-no até o fundo do mar, levados pela fome; quando depois a subida é longa, eles retêm o sopro como se estives-

---

[274] Cf. Plínio, *História natural*, 8.156, Eliano, *História dos animais*, 4.7; cf. a contradição com o que foi dito em 576a18 ss.

[275] Cf. Plínio, *História natural*, 9.10, Eliano, *História dos animais*, 5.6, 11.12.

[276] Cf. Plínio, *História natural*, 9.33, Eliano, *História dos animais*, 5.6.

[277] Cf. Plínio, *História natural*, 9.20, Eliano, *História dos animais*, 12.12.

sem a contar o tempo; dobram-se sobre si próprios e projetam-se como uma flecha, na ânsia de percorrerem rapidamente a distância que os separa do momento em que podem respirar. É então que, no salto, ultrapassam os mastros, se houver algum navio por perto. O mesmo fazem, aliás, os mergulhadores, que ousam descer até o fundo do mar. Também eles, na medida das suas forças, vêm de volta à superfície, rodopiando sobre si mesmos.

Os golfinhos vivem aos pares, machos e fêmeas. Há, sobre eles, uma questão em aberto: por que é que se projetam até a terra firme? Porque há quem diga que o fazem simplesmente por acaso, sem razão aparente.

Mudanças produzidas pelo sexo

49. Do mesmo modo que todos os animais atuam de acordo com as suas disposições naturais, assim também, em paralelo, vão mudando de caráter de acordo com os comportamentos; chega até a haver alterações nos órgãos, o que é frequente e ocorre, por exemplo, com as aves. Assim, as galinhas, quando vencem os machos, imitam seu cacarejo e procuram cobri-los; ficam de crista e cauda em riste, a ponto de não ser fácil reconhecer que são fêmeas. Há até mesmo casos em que nascem nelas vestígios de esporões.

Já se verificou também casos de machos que, por terem sido privados da fêmea, passaram, no lugar dela, a ocupar-se das crias, conduzindo-as por aqui e por ali, alimentando-as, a ponto de deixarem de cacarejar e de acasalar. Há também casos de galos que, de nascimento, são tão próximos das fêmeas que aceitam os machos que procuram cobri-los.

Alterações produzidas pela castração

50. Os animais mudam de forma e de caráter não apenas, em certos casos, devido à idade e à época do ano, mas

igualmente quando são castrados. Pode-se praticar a castração com todos os animais que tenham testículos. As aves os possuem no interior, como também os quadrúpedes ovíparos, na região dos flancos. No caso dos vivíparos terrestres, a maioria os tem na parte externa, alguns no interior, mas todos situados no baixo-ventre[278].

Castração das aves

As aves são castradas pelo uropígio, no ponto onde se estabelece o contato na cópula. Se se cauterizar esta região duas ou três vezes[279] com um ferro quente, acontece o seguinte: se se trata de um macho já adulto, fica com a crista amarela, e deixa de cacarejar e de acasalar; mas se for um animal jovem, nenhuma dessas capacidades se desenvolve com o crescimento. O mesmo se passa com os homens. Se são castrados crianças ainda, os pelos da puberdade não nascem, nem há mudança de voz, que se mantém aguda. Mas se forem já adolescentes, os pelos tardios caem, menos os do púbis (que são, neste caso, menos abundantes, mas resistem), enquanto os pelos congênitos se mantêm. De fato, nunca se viu um eunuco ficar careca[280].

Castração dos quadrúpedes

A voz muda também em todos os quadrúpedes que tenham sido castrados ou mutilados, e torna-se semelhante à da fêmea. Todos os outros quadrúpedes morrem se forem castrados quando já não são novos; só nos javalis este processo não tem consequências. Qualquer animal, se castrado durante a juventude, se torna maior do que um que não te-

---

[278] Cf. 509a27 ss., *Geração dos animais*, 716b13-32.
[279] Cf. Plínio, *História natural*, 10.50.
[280] Cf. *Geração dos animais*, 784a6-9.

nha sido, e mais bem constituído. Mas se já for adulto, não cresce mais.

Se os veados forem castrados numa idade em que ainda não têm hastes, elas não crescem[281]. Mas se já as tiverem, o tamanho delas não se altera, nem as perdem.

Castração dos bovinos

Os vitelos são castrados no primeiro ano, se não ficam feios e crescem pouco. Os garraios são castrados do seguinte modo: deitam-se no chão de patas para o ar e se desfere um golpe na parte de baixo do escroto; pressiona-se para fazer sair os testículos; depois empurram-se as raízes o mais possível para cima e fecha-se a incisão com os pelos, de modo que o corrimento possa sair. Se houver inflamação, cauteriza-se o escroto e aplica-se um emplastro. Se se castrarem os bovinos de reprodução, eles continuam, como é sabido, capazes de procriar[282].

Castração das porcas e da fêmea dos camelos

Extirpam-se também os ovários das porcas para que não sintam necessidade de ser cobertas e engordem rapidamente. A castração é feita em animais que foram sujeitos a dois dias de jejum, após suspendê-los pelas patas posteriores. Faz-se uma incisão em seu baixo-ventre, no local onde, nos machos, é usual encontrarem-se os testículos. É nesse ponto que o ovário adere às trompas do útero. Corta-se uma pequena porção de ovário e costura-se[283]. Também são castradas as fêmeas do camelo, quando se quer utilizá-las na guerra,

---

[281] Cf. Plínio, *História natural*, 8.117.
[282] Cf. 510b3.
[283] Cf. Plínio, *História natural*, 8.209.

para que não fiquem prenhes. Há gente do interior[284] que chega a possuir três mil camelos. É um animal que, quando se põe a correr, corre, em longas distâncias, muito mais do que os cavalos de Niceia[285], devido ao tamanho de cada passada. Em geral, os animais castrados tornam-se mais compridos do que os que não são.

Os ruminantes

Todos os ruminantes tiram deste processo proveito e prazer equivalente aos que comem. São ruminantes as espécies que não têm dupla fileira de dentes, como os bois, os carneiros e as cabras. Quanto aos animais selvagens, ainda não se procedeu a qualquer observação, salvo nos casos em que possam ser domesticados, caso do veado, que é um ruminante. Todos estes animais preferem ruminar deitados. É sobretudo no inverno que ruminam; os que são criados em estábulos, fazem-no durante quase sete meses[286]; os que vivem em manada, ruminam menos e durante menos tempo, por irem ao pasto.

Há também exemplos de ruminantes entre os que possuem dupla fileira de dentes, caso dos arminhos do Ponto e de alguns peixes, entre outros um que se chama, graças ao seu comportamento, de ruminante[287].

Os animais de patas longas estão sujeitos a ter um corrimento, os que têm o peito largo são dados a vômitos; esta teoria é, de um modo geral, verdadeira para os quadrúpedes, para as aves e para o ser humano.

632b

....
[284] Do interior da Ásia.
[285] Trata-se de uma raça asiática, de grande qualidade; cf. Heródoto, 3.106, 7.40, 9.20.
[286] Cf. Plínio, *História natural*, 10.200.
[287] Trata-se do "papagaio", *skaros*; cf. 508b10, *supra*, 591b22, e *Partes dos animais*, 675a4.

Metamorfoses das aves

51. Há muitas aves que, de acordo com a estação, mudam de cor e de voz: é o caso do melro, que de negro se torna amarelo e cuja voz se altera[288]. No verão canta, enquanto no inverno produz um silvo e um som confuso[289]. O tordo muda de cor; no inverno é pardacento e no verão tem manchas em volta do pescoço. Todavia, sua voz não se altera.
O rouxinol canta sem interrupção durante quinze dias e quinze noites, quando os montes se cobrem de vegetação. Depois dessa fase continua a cantar, mas já não com a mesma continuidade[290]. À medida que o verão avança, faz ouvir uma outra voz, que já não produz tantas modulações, que já não é tão viva, nem flexível, antes se torna monótona; também muda de cor e, pelo menos na Itália, nesta fase dão-lhe outro nome. Não se vê durante muito tempo, porque se esconde[291].
Os piscos-de-peito-ruivo e os chamados piscos-pretos[292] trocam uns com os outros, por metamorfose[293]; assim, o pisco-de-peito-ruivo é uma ave de inverno, os piscos-pretos aparecem no verão, mas não há, por assim dizer, qualquer diferença entre eles, exceto na cor. O mesmo se diga do papa-figos e da toutinegra, que também se transformam por metamorfose. O papa-figos aparece no outono e a toutinegra logo a seguir, no final desta estação. Só diferem na cor e na voz. Já se comprovou que se trata do mesmo animal, quando se observa cada um deles na época da metamorfose, antes de sofrerem a transformação completa e de passarem

---

[288] Nada disto se passa, de fato, na natureza. Aristóteles e outros naturalistas do seu tempo acreditavam na heterogenia, isto é, no aparecimento de uma espécie a partir de outra, diferente. No decorrer deste capítulo exemplificam-se vários casos de heterogenia.

[289] Cf. Plínio, *História natural*, 10.80, Eliano, *História dos animais*, 12.28.

[290] Cf. Plínio, *História natural*, 10.81 ss.

[291] Cf. 542b27.

[292] "De cauda vermelha", *phoinikouros*.

[293] Cf. Plínio, *História natural*, 10.86.

à outra espécie. Nada há de estranho em que, nestas espécies, se verifiquem alterações de voz e de cor, uma vez que também o pombo-torcaz, no inverno, não arrulha (a menos que venham dias de bom tempo depois de um inverno rigoroso e que ele se ponha a arrulhar, o que não deixa de surpreender os entendidos); quando chega a primavera, volta a se fazer ouvir. De modo geral, as aves cantam com voz mais forte e mais vezes na época do acasalamento.

O cuco também muda de cor e perde a nitidez da voz quando está para desaparecer. Com o calor, desaparece, e reaparece na primavera. A ave que há quem chame de *enante*[294] desaparece igualmente com a chegada de Sírio e regressa quando a mesma estrela se põe[295]. Foge ora do frio, ora da canícula.

A poupa muda igualmente, de cor e de aspecto, como diz Ésquilo nestes versos[296]: "A esta ave, a poupa, testemunha dos seus próprios males, Zeus deu um tom matizado; foi essa a marca que imprimiu a uma ave dos rochedos, corajosa, orgulhosa da sua panóplia, que, chegada a primavera, exibe a asa de uma gralha, de branca plumagem. Porque são duas as formas que apresenta, a de jovem e a de adulta, ainda que nascida de uma mesma matriz. Na altura do outono, ao dourar das espigas, de novo uma plumagem variegada irá cobri-la. Mas sempre, tomada de ódio, partirá daqui para outro lugar, para habitar florestas e a solidão dos cumes."

Cuidados de higiene entre as aves

Entre as aves, há as que rolam no pó, as que se banham e as que não fazem nem uma coisa nem outra. As que não

---

[294] "Flor da vinha". Deve se referir a uma espécie de chasco.
[295] Cf. Plínio, *História natural*, 10.87.
[296] Fr. 304 N²; Plínio, *História natural*, 10.86. Este texto, de determinação difícil, talvez não seja de Ésquilo. Pode ser que se refira ao mito de Tereu, transformado pelos deuses em poupa. Cf. Aristófanes, *Aves*.

633b são boas voadoras e não se erguem do chão rolam no pó, caso da galinha, da perdiz, do francolim, da cotovia e do faisão. Algumas aves de garras direitas, como todas as que vivem junto ao curso dos rios, aos pântanos e ao mar, banham-se. Há as que fazem ambas as coisas, que rolam no pó e se banham, caso do pombo-comum e do pardal. A maioria das aves de garras curvas não faz nem uma coisa nem outra.

Eis o que há a dizer sobre este comportamento das aves. Uma particularidade de certas espécies é a flatulência, caso das rolas. Enquanto produzem ruído, sacodem a cauda com energia.

LIVRO IX (VII)

Sinais da puberdade humana

1. O que diz respeito ao ser humano desde o ventre materno até a velhice, todos os fenômenos que decorrem da natureza que lhe é própria e como se processam, é o que passamos a abordar.

À diferença existente entre macho e fêmea e aos órgãos respectivos já nos referimos anteriormente[1]. O macho começa a produzir o primeiro esperma em geral quando completa catorze anos[2]. Pela mesma idade aparecem os pelos pubianos, do mesmo modo que as plantas que estão para produzir semente começam por florir, como diz Alcméon de Crotona[3]. É também pela mesma ocasião que a voz começa a mudar[4], tornando-se mais rouca e mais irregular: deixa de ser aguda sem passar a ser ainda grave, e nem mesmo é uni-

....
[1] Cf. 493a11 ss.
[2] O texto diz literalmente "cumpridas duas vezes sete anos". Esta forma de indicar catorze mostra a importância do número sete nas teorias biológicas gregas. Cf. 544b26, 553a7, 570a30, *Político*, 1335b33-35.
[3] Alcméon de Crotona, um médico-filósofo do século V a.C., mereceu a atenção de Aristóteles, que o cita com frequência. Oriundo da Magna Grécia, onde foi discípulo de Pitágoras, procedeu, como novidade, à dissecação de animais.
[4] Cf. 544b23, *Geração dos animais*, 776b15, 787b31.

forme. Faz lembrar as cordas mal distendidas e desafinadas. É o que se chama "balir como uma cabra". Este fenômeno é mais evidente nos que se iniciam nas relações sexuais. Assim, nos que se determinam a mantê-las, a voz muda também para o tom do adulto, nos que as não têm dá-se o contrário. Se, à custa de precauções, houver um esforço de contenção, como acontece com alguns que se dedicam ao canto coral, o tom de voz mantém-se por muito tempo e sofre apenas uma alteração ligeira.

Verifica-se, por outro lado, o crescimento dos seios e dos órgãos genitais, não só em tamanho como também na forma[5]. Nesta fase, pode acontecer a quem pratique a masturbação que, ao emitir esperma, sinta não só prazer, como também dor.

Pela mesma época, na mulher dá-se o crescimento das mamas e surge o fluxo a que se dá o nome de menstruação[6]. Trata-se de sangue como o de um animal acabado de degolar. Um fluxo branco[7] pode também ocorrer nas moças muito jovens, sobretudo se tiverem uma alimentação rica em líquidos. Neste caso o crescimento abranda e o corpo da moça emagrece. A menstruação aparece, em geral, quando o volume das mamas tiver aumentado dois dedos[8]. Do mesmo modo a voz, nas moças, muda nesta fase e torna-se mais grave.

De todo modo, se é verdade que a mulher tem a voz mais aguda do que o homem, o mesmo se passa nas mais jovens em relação às mulheres maduras, como também nos rapazes em relação aos adultos. Mas a voz das mulheres jovens é mais aguda do que a dos rapazes e a flauta tocada por uma moça é também mais estridente do que a tocada por um rapaz[9].

É sobretudo nessa ocasião que se impõe maior vigilância. Porque é aí que se começa a sentir mais propensão para o prazer sexual, de tal modo que, se não houver controle de

---

[5] Cf. 544b24, *Geração dos animais*, 728b29-30.
[6] Cf. *Geração dos animais*, 727a5-8.
[7] Cf. *Geração dos animais*, 738a25.
[8] Cf. *Geração dos animais*, 728b30.
[9] Cf. Ateneu, 176f, que divide as flautas em "femininas", "masculinas" e "de homem"; cf. ainda *Geração dos animais*, 788a20 ss.

todo e qualquer impulso que exceda o que corresponde às mudanças fisiológicas esperadas, sem haver ainda práticas sexuais, cai-se num excesso que fica para o resto da vida[10]. De fato, as moças que se entregam, sem restrições, a práticas sexuais tendem a tornar-se cada vez mais debochadas, como de resto os rapazes, se não se controlam suas relações com o outro sexo ou com os dois. O que acontece é que os canais alargam e favorecem as secreções orgânicas[11]. Ao mesmo tempo, a lembrança que se conserva do prazer incita ao desejo de um novo coito.

Alguns homens, devido a uma malformação genital, tornam-se impúberes e estéreis. Por seu lado, as mulheres podem também ficar impúberes por idênticas malformações[12].

Há também outras mudanças a registrar: homens e mulheres modificam em definitivo a sua constituição e passam a ser saudáveis ou doentes, ou adquirem uma estatura magra, forte ou bem constituída. Com a puberdade, há jovens que deixam de ser magros e engordam, conseguindo uma boa forma física, ou então o contrário. O mesmo se passa com as moças. Todos os rapazes ou moças cujo organismo produzia excreções em quantidade, quando estas excreções são expulsas, neles com o esperma, nelas com o fluxo menstrual, passam a ter um organismo mais saudável e mais bem nutrido, eliminando-se as toxinas prejudiciais à saúde e à nutrição. Os que estão na situação contrária, tornam-se magros e doentes; é que neles aquilo que se expele – nos rapazes com o esperma, nas moças com a menstruação – provém do que é natural e saudável.

582a

Além disso, nas moças o tamanho dos seios difere de umas para as outras. Em algumas são muito grandes; noutras, pequenos. Em geral, o tamanho depende das excreções que acumulam durante a infância. É que quando a menstrução está iminente, mas antes de ter aparecido, quanto maior

---

[10] Cf. *Político*, 1334b26.
[11] Cf. *Problemas*, 877b18.
[12] Cf. 518b2-4.

é a umidade, mais ela força os seios a crescerem, até o fluxo sair. De tal modo que os seios que então se tornam grandes ficam assim para o resto da vida. As mamas dos rapazes ficam também mais proeminentes nos indivíduos que possuem mais umidade, menos pelos e vasos pouco desenvolvidos, mais nos morenos do que nos brancos.

Até os vinte e um anos, o esperma é a princípio estéril. Depois torna-se fértil, mas os adolescentes, rapazes ou moças, têm filhos pequenos e malformados, como acontece com a maior parte dos outros animais[13]. De todo modo, as moças concebem mais cedo. Mas, se engravidam, têm um parto mais difícil. O corpo sofre geralmente uma interrupção no crescimento e envelhece mais depressa no caso dos homens libidinosos e das mulheres que têm partos sucessivos. Tanto quanto parece, o crescimento cessa depois do terceiro parto. As mulheres com maior tendência para as relações sexuais acalmam-se e tornam-se mais ponderadas depois de terem muitos partos. Depois dos vinte e um anos, as mulheres já estão em boa forma para ter filhos, enquanto os homens necessitam ainda se desenvolver.

O esperma pouco espesso é estéril[14]; o mais granuloso é fértil e produz sobretudo meninos. O que é mais fluido e menos granuloso tende a produzir meninas.

Nos rapazes, nessa idade, nascem os pelos do queixo[15].

A menstruação

2. O aparecimento da menstruação acontece no final do mês[16]. Daí haver uns espirituosos que dizem que a lua também é feminina, porque há uma coincidência entre a mens-

---

[13] Cf. 544b15, 575b13.

[14] Cf. *Geração dos animais*, 747a2.

[15] Cf. 518a22.

[16] Cf. *Geração dos animais*, 738a20, 767a5. Esta versão segue uma tradição popular que associa a menstruação com as fases da lua e a faz coincidir com o quarto minguante. Esta é a época do mês mais fria e úmida.

truação da mulher e o curso da lua: passada a menstruação e o quarto minguante, uma e outra recuperam a plenitude. Mas nas mulheres é raro que a menstruação se produza, sem falha, todos os meses. Na maior parte dos casos, ocorre durante o terceiro mês[17]. Aquelas mulheres em que o período dura pouco tempo, dois ou três dias, recuperam-se mais facilmente; naquelas em que dura muito, a recuperação é mais difícil. A esses dias corresponde algum incômodo. Numas o fluxo sai de um jato só, noutras pouco a pouco, mas em todas se produzem sintomas de indisposição até ele passar. É também frequente que, quando a menstruação vem ou está para aparecer, se produzam mal-estar e um ruído no útero, até ela vir.

Naturalmente a concepção dá-se, na mulher, depois do fluxo menstrual[18]. As que não têm menstruação são estéreis[19]. Há, no entanto, algumas mulheres que não menstruam e engravidam[20]: são aquelas em que o resíduo úmido corresponde ao que fica, depois da menstruação, e que permite tornar a mulher fecunda, mas que é insuficiente para se derramar no exterior. Há ainda outras que concebem no período menstrual, mas não depois dele; são todas aquelas cujo útero se fecha após a menstruação[21]. Há algumas mulheres que continuam a ter período menstrual mesmo se grávidas e até o fim da gravidez[22]. O resultado é que acabam por ter filhos frágeis, que ou não sobrevivem ou são raquíticos. Há também muitas que, porque estão privadas de relações sexuais, quer devido à sua tenra idade ou a uma longa abstinência, têm o útero descaído, e por isso têm menstruações frequentes, algo como três vezes por mês, até engravidarem.

....

[17] O que se pretende dizer é que, em geral, o intervalo entre duas menstruações ultrapassa as quatro semanas. Três meses é uma contagem que inclui o mês em que ocorreu a menstruação anterior.
[18] Cf. *Geração dos animais*, 727b10-14, 23-25.
[19] Cf. *Geração dos animais*, 727b22.
[20] Cf. *Geração dos animais*, 727b18.
[21] Cf. *Geração dos animais*, 727b22.
[22] Cf. *Geração dos animais*, 774a28.

Então o útero volta a subir e retoma o seu lugar. Às vezes, se o útero, mesmo estando em boas condições, acumula umidade, pode expelir o excesso de líquido do esperma. De todos os animais, como relatamos antes[23], a mulher é a fêmea que tem o fluxo menstrual mais abundante. De fato, entre as que não são vivíparas não se registra qualquer fluxo do gênero, porque a excreção produzida nelas é absorvida pelo organismo (há fêmeas que são maiores do que os machos, e, além disso, o excedente destina-se a se formarem placas córneas, escamas, ou ainda a plumagem). Por outro lado, nos vivíparos terrestres, esse excedente entra nos pelos e no organismo (há que se levar em consideração que o ser humano é o único animal de pele lisa), ou na urina (na maioria destes animais é abundante e espessa). Na mulher, pelo contrário, a mesma excreção transforma-se no fluxo menstrual. O mesmo se passa com os machos. Também o homem, proporcionalmente à estatura que tem, é o animal que mais esperma emite[24] (por isso é também o animal que tem a pele mais lisa); entre eles, os que têm uma natureza mais úmida segregam mais esperma do que os mais corpulentos, e os loiros mais do que os morenos. Quanto às mulheres, passa--se algo semelhante: nas que são alentadas, uma parte importante da secreção entra no organismo. Mesmo no ato sexual, as loiras emitem naturalmente mais fluxo do que as morenas. Os alimentos líquidos ou muito condimentados aumentam os humores que se emitem durante o coito.

Sintomas da gravidez

3. É sintoma de concepção quando, nas mulheres, depois da relação, as partes genitais ficam secas[25]. No entanto,

---

[23] Cf. 521a26-27, 572b30. E ainda cf. *Geração dos animais*, 727a22, 728b14, 738b5.

[24] Cf. 523a15, *Geração dos animais*, 728b15-16.

[25] Cf. *infra*, livro X. A mesma teoria é exposta nos tratados hipocráticos *As doenças das mulheres*, I, II, e a *Esterilidade das mulheres*, VIII (456 Littré).

se as bordas da vulva forem lisas, não se prestam à concepção (porque o esperma escorre para o exterior), como também se forem espessas. Mas se forem rugosas e ásperas ao toque, ou se forem delgadas, então, sim, oferecem condições favoráveis à concepção. Para se conceber é, portanto, necessário preparar o útero para tal, do mesmo modo que para evitar a concepção é preciso tomar as precauções contrárias. Assim, já que quando as bordas são lisas não há concepção, há que se proteger a parte da vagina onde cai o esperma com óleo de cedro, com alvaiade ou com incenso diluído em azeite. Mas se o esperma ficar retido durante sete dias, a concepção é infalível. Porque o que se chama "desmancho" acontece durante esses dias[26].

A menstruação reaparece, na maior parte das mulheres, por um certo tempo depois da concepção, nos trinta dias seguintes no máximo se o embrião for feminino, ou quarenta se for masculino. Depois do parto, as evacuações tendem a respeitar o mesmo número de dias, sem que haja no entanto uniformidade absoluta em todas as mulheres. Depois da concepção e cumprido o prazo a que aludimos deixa de haver, naturalmente, menstruação; o fluxo passa então para os seios e transforma-se em leite. A princípio este aparece nas mamas em pequena quantidade e em filamentos delgados.

Quando as mulheres engravidam, são sobretudo as ancas que dão sinal (em algumas elas logo se tornam mais volumosas; este sintoma é sobretudo visível nas magras), bem como as virilhas. Quando se trata de um embrião masculino, sente-se mexer mais do lado direito, ao fim de cerca de quarenta dias. Se o embrião for feminino, sente-se mexer mais à esquerda, passados noventa dias[27]. Mas esta regra está longe de ser infalível. De fato, em muitas mulheres grávidas de uma menina sente-se o movimento à direita, e em muitas

....

[26] Cf. *infra*, 583b11-12, *Geração dos animais*, 758b5-6.
[27] Esta é uma crença amplamente divulgada; cf., *e.g.*, Parmênides D.-K. 28a53, 54, Anaxágoras D.-K. 59a42.12, Hipócrates, *Aforismos*, 4.550 (5.48 Littré). Cf. ainda *Geração dos animais*, 764a33, 765a16 ss.

que esperam um rapaz, à esquerda. Estes sinais, e todos os outros do gênero, são em geral mais ou menos variáveis.

É também nessa fase que o embrião se divide. Antes apresenta-se como uma massa informe. Chama-se "desmancho" o aborto do feto nos primeiros sete dias[28] e "parto falso" a expulsão no período que vai até os quarenta dias. É sobretudo neste último período que a maior parte dos abortos ocorre.

Quando o embrião expulso dentro desses quarenta dias é do sexo masculino, se for abandonado num ambiente qualquer, ele se dissolve e desaparece. Mas se for mergulhado em água fria, torna-se uma massa envolta por uma espécie de membrana[29]. Se esta se romper, o embrião apresenta o tamanho de uma formiga gigante; são visíveis os membros, todos os outros órgãos e o pênis; os olhos são avantajados como nos outros animais.

Quanto ao embrião do sexo feminino, se sofre aborto nos primeiros três meses, apresenta-se em geral como uma massa indistinta. Se tiver chegado aos quatro meses, apresenta divisões e sofre rapidamente um processo de diferenciação. Portanto, até o nascimento, as meninas demoram mais a atingir o pleno desenvolvimento e é mais frequente que as meninas nasçam de dez meses do que os meninos. Mas após o nascimento, as mulheres são mais rápidas do que os homens a atingir a adolescência, a idade adulta e a velhice[30], sobretudo as que tiverem mais partos, como se disse antes[31].

Prosseguimento da gravidez

4. Quando o útero tiver retido o esperma, na maior parte das mulheres ele se fecha logo, até passarem sete meses;

---

[28] Cf. *supra*, 583a25.
[29] Cf. *Geração dos animais*, 758b2-5.
[30] Cf. *Geração dos animais*, 775a10 ss.
[31] Cf. *supra*, 582a22.

no oitavo, volta a abrir. O embrião, se consegue vingar, vai descendo durante o oitavo mês. Os que não conseguem e tiverem se asfixiado, não nascem de oito meses, tampouco o útero se abre nesse período. De resto, é sinal de que a criança não vinga se nascer sem que se tenham produzido os sintomas que acabamos de citar.

584a

Após a concepção, todo o corpo da mulher se torna mais pesado[32], e podem ocorrer desmaios e dores de cabeça. Estes incômodos acontecem numas mais cedo, noutras mais tarde, conforme tenham excreções mais ou menos abundantes. Além disso, a maioria sofre de náuseas e vômitos, sobretudo as que têm excesso das tais excreções, quando a menstruação é interrompida e esses fluidos não se dirigiram ainda para os seios[33].

Há mulheres que sofrem mais no início da gravidez, outras mais tarde, quando o feto já está mais desenvolvido. Em muitas mulheres, já no fim da gravidez, são frequentes crises de estrangúria. De toda maneira, em geral as mulheres grávidas de um menino passam melhor e têm melhor cor do que as grávidas de uma menina[34]. Estas tendem a ficar mais pálidas, sentem mais o peso, e muitas têm edema nas pernas e erupções de pele. Mas há casos em que se verifica exatamente o contrário.

É habitual que as grávidas sintam todo tipo de apetites e mudem rapidamente. Diz-se que têm desejos[35]. As que estão grávidas de uma menina têm desejos mais imperiosos, mas quando os satisfazem sentem menos prazer. Há também algumas que têm uma saúde mais equilibrada quando estão grávidas. Os maiores enjoos coincidem com o aparecimento dos cabelos no feto. Na mulher grávida, os pelos congênitos tornam-se mais ralos e caem, enquanto as partes do corpo que habitualmente não têm pelos ficam mais hirsutas.

....

[32] Cf. Plínio, *História natural*, 7.41.
[33] Cf. *supra*, 583a32.
[34] Cf. Hipócrates, *Aforismos*, 5.42 (4.546 Littré).
[35] Cf. Aristófanes, *Vespas*, 349, *Paz*, 497.

Em geral, o feto masculino mexe-se mais no ventre materno do que o feminino e nasce mais depressa[36]. As dores do parto, no caso de uma menina, são contínuas e mais surdas; no caso dos rapazes, agudas e muito mais penosas. As mulheres que têm relações com os maridos antes do parto dão à luz mais depressa. Há mulheres que têm a sensação de dores antes do parto; não é que o trabalho de parto tenha propriamente começado, mas é o feto mudando de posição[37] que lhes dá a ideia de terem começado as dores.

O tempo de gestação

Nos outros animais, o tempo de gestação é sempre o mesmo: ou seja, em todos os da mesma espécie o parto acontece ao fim do mesmo período. Só no homem, como única exceção, esse período varia. De fato, a gestação humana pode ser de sete, oito ou nove meses e, na maior parte dos casos, de dez[38]. Algumas mulheres atingem mesmo os onze meses.

A verdade é que as crianças nascidas antes dos sete meses em caso algum sobrevivem[39]. As de sete meses basicamente resistem, mas na maioria são frágeis (é por isso que se costuma envolvê-las em lã) e há muitas que não têm alguns canais abertos, como é o caso dos ouvidos ou das narinas[40]. Mas se vão estruturando com o crescimento e há muitas crianças nestas condições que sobrevivem. As de oito

---

[36] Cf. *supra*, 583b25.

[37] Cf. infra, 586b2-7.

[38] Cf. *Geração dos animais*, 772b6-9. Trata-se, naturalmente, de períodos lunares de vinte e oito dias, ou seja, de um total de duzentos e oitenta dias, o equivalente aos nossos nove meses. Sobre a informação dada pelos tratados hipocráticos sobre esta matéria, cf. *O feto de sete meses*, 7 (7.447 Littré), *O feto de oito meses*, 10 (7.453 Littré) e 13 (7.459 Littré).

[39] Cf. Hipócrates, *Sobre as carnes* (8.612 Littré), *O feto de sete meses*, (7.442 Littré), *O feto de oito meses* (7.452 Littré).

[40] Cf. *Geração dos animais*, 775a1-2.

meses, no Egito e noutras regiões – onde as mulheres são boas parideiras, engravidam com facilidade e têm inúmeros partos, e onde as crianças sobrevivem mesmo com malformações –, pois, dizíamos, nesses casos as crianças nascidas de oito meses sobrevivem e se desenvolvem, enquanto na Grécia são muito poucas as crianças nessa situação que o conseguem, porque a maioria morre. Em consequência dessa constatação, se uma se salva, considera-se que não nasceu de oito meses, mas que a mulher tinha concebido antes sem se dar conta disso.

A gravidez é sobretudo incômoda entre o quarto e o oitavo mês, e se os fetos morrem no quarto ou no oitavo mês, a mãe morre também, na maior parte dos casos. Logo, não só crianças nascidas de oito meses não sobrevivem, como também, se morrem, põem a vida da mãe em perigo.

Dá-se a mesma confusão quando as crianças parecem nascer de onze meses. Também neste caso as mulheres se enganam sobre o início da gravidez. Acontece com frequência que o útero se enche de ar antes de elas terem relações e engravidarem; ficam então convencidas de que engravidaram a partir do momento em que tiveram sintomas semelhantes aos da gravidez[41].

Os gêmeos

O grande número de datas possíveis para o término da gravidez distingue, portanto, o ser humano das outras espécies animais. Por outro lado, enquanto há espécies uníparas e outras multíparas, a raça humana acumula os dois tipos[42]. Na maior parte dos casos e na generalidade dos países, as mulheres dão à luz uma só criança; mas é também frequente e ocorre por toda parte que tenham duas, como é o caso do Egito[43].

---

[41] Cf. Hipócrates, *A natureza da criança*, 1 (7.532 Littré).
[42] Cf. *Geração dos animais*, 772b1.
[43] Cf. Aulo Gélio, 10.2, Plínio, *História natural*, 7.33, Columela, *Questões rústicas*, 3. 8, Sêneca, *Questões naturais*, 13.25.

Podem até ter três ou quatro gêmeos, em certas regiões bem definidas, como se disse antes[44]. O máximo é cinco, situação que já se verificou várias vezes. Houve um único caso de uma mulher que, em quatro partos, deu à luz vinte filhos; teve, de fato, cinco gêmeos de cada vez, e conseguiu criar a maior parte.

585a Nos outros animais, os gêmeos, mesmo de sexo diferente, não têm menos condições, depois de virem ao mundo, de se desenvolverem e de sobreviverem do que os do mesmo sexo, machos ou fêmeas. No homem, pelo contrário, poucos gêmeos sobrevivem se um for menina e outro menino.

A superfetação

Entre os animais, são sobretudo a mulher e a égua que têm relações durante a gestação[45]. As outras fêmeas, quando prenhes, recusam o macho, pelo menos aquelas que não estão, por natureza, sujeitas à superfetação, como está a lebre[46]. A égua, porém, depois de conceber, não é fecundada de novo por superfetação, e em geral só dá à luz um potro. No ser humano a superfetação é rara, mas por vezes acontece.

O que se passa é que os embriões formados com muito tempo de intervalo em relação a outros não vingam, mas causam sofrimento e acabam por destruir o anterior (já aconteceu que, depois de ter ocorrido um aborto nestas condições, foram expulsos doze fetos concebidos por superfetação)[47]. Se, pelo contrário, a nova concepção ocorrer com um intervalo pequeno, as mulheres geram o novo feto, e dão à luz como se se tratasse de gêmeos; é o que a lenda relata sobre Íficles e Hércules[48]. Eis também a prova cabal deste proces-

---

[44] Cf. supra, 584b7, *Geração dos animais*, 770a35.

[45] Cf. *Geração dos animais*, 773b25.

[46] Cf. 542b31, 579b32, *Geração dos animais*, 773a32-774b4.

[47] C. Plínio, *História natural*, 7.47.

[48] De acordo com o mito, Alcmena gerou, ao mesmo tempo, Íficles de seu marido, Anfitrião, e Hércules de seu amante divino, Zeus. Em alguns

so: uma mulher, depois de cometer adultério, deu à luz um filho que se parecia com o marido e outro que se parecia com o amante. Também já aconteceu que uma mulher grávida de gêmeos concebeu um terceiro filho, e quando chegou ao fim da gravidez deu à luz dois gêmeos completamente constituídos e um aborto de cinco meses, que morreu de imediato. A outra aconteceu que deu à luz primeiro uma criança de sete meses e depois mais duas com o tempo completo. Das três, a primeira morreu, mas as outras duas sobreviveram. Por outro lado, algumas mulheres que, na iminência de um aborto, conseguiram engravidar na mesma ocasião, acabaram por perder o primeiro feto e levar a bom termo o segundo.

Na maioria dos casos, se uma grávida tiver relações depois do oitavo mês, a criança nasce coberta de uma mucosidade viscosa. Muitas vezes o filho traz sinais dos alimentos que a mãe ingeriu. Quando as mulheres consomem sal em quantidades elevadas, as crianças nascem sem unhas[49].

5. O leite que se forma até os sete meses não presta. É quando as crianças vingam que o leite passa a ser bom[50]. O primeiro é salgado, como nas ovelhas.

É sobretudo durante a gravidez que a maior parte das mulheres é particularmente sensível ao vinho; se bebem, ficam prostradas e sem forças.

Duração do período fértil

A época em que as mulheres começam a conceber e os homens a procriar, assim como o tempo em que estas funções cessam, coincide nos homens com a emissão de esperma e

---

trabalhos de Hércules, também houve intervenção de Íficles, caso da luta contra o javali da Caledônia.
[49] Cf. Plínio, *História natural*, 7.42.
[50] Cf. *Geração dos animais*, 776a23-25.

nas mulheres com a menstruação; apenas no início não se tornam desde logo férteis, como não o são também quando passam a ter emissões raras e fracas. A idade em que a fecundidade começa é a que indicamos[51]. Quanto ao término, nas mulheres, na maior parte dos casos, a menstruação cessa pelos quarenta anos; naquelas que ultrapassam este limite, pode se manter até os cinquenta[52] e houve mesmo quem já tivesse filhos com essa idade. Mais tarde do que isso, nunca.

6. Os homens, na sua maioria, fecundam até os sessenta anos, e, quando vão além, até os setenta. Já houve alguns que tiveram filhos com essa idade. Já tem acontecido com muitos homens e mulheres que, enquanto estão casados, não conseguem ter filhos, e, quando se separam, os têm[53]. O mesmo se passa com a questão de se ter meninos ou meninas. Por vezes, há casais que só têm meninos ou só meninas; se mudam de parceiro, geram o sexo contrário. A idade também provoca mudanças; há casais que quando jovens só têm filhas, e já mais velhos, filhos. Há também casos em que se dá o contrário. Fato semelhante se passa com a faculdade de gerar. Há gente jovem que não tem filhos, mas que passa a tê-los quando envelhece. Outros os têm a princípio e mais tarde já não.

Há também mulheres que têm dificuldade em engravidar, mas que, quando concebem, levam a gravidez ao fim. Pelo contrário, há outras que engravidam com facilidade, mas não conseguem levar a cabo a gestação. Há também homens que só geram filhas e mulheres que só têm filhos; é o caso, segundo a lenda, de Héracles, que, em setenta e dois filhos, só teve uma menina[54]. As mulheres que não conseguem conceber sem a ajuda de um tratamento ou de qual-

---

[51] Cf. *supra*, 581a13, 31, 582a27.
[52] Cf. Plínio, *História natural*, 7.61.
[53] Cf. *Geração dos animais*, 767a23-25.
[54] Trata-se de Macária; cf. Eurípides, *Heráclidas*, 474-485, 509, *schol*. Aristófanes, *Lisístrata*, 1141, Pausânias, 1.32.61, Plutarco, *Vida de Pelópidas*, 21.

quer outra intervenção, geralmente têm mais meninas do que meninos. Com muitos homens capazes de procriar acontece que, a certa altura, perdem essa faculdade, que, mais tarde, recuperam.

Semelhanças entre pais e filhos

De progenitores diminuídos podem nascer crianças diminuídas[55]. Por exemplo, de coxos nascem coxos, de cegos, cegos, e em geral os filhos se parecem com os pais pelas deficiências. Têm de resto marcas semelhantes, como sinais ou cicatrizes. Já se viu este tipo de marcas reaparecer na terceira geração[56]; houve o caso de alguém que tinha uma marca no braço, cujo filho nasceu sem qualquer sinal, mas o neto veio com uma nódoa escura, de contornos difusos, no mesmo lugar[57]. No entanto, casos destes são raros. Na maior parte das situações, pais deficientes podem ter filhos perfeitos, sem que haja no processo qualquer regra estabelecida. Por outro lado, as crianças se parecem com os pais ou com os ascendentes, mas há casos em que não se parecem com ninguém. As semelhanças podem de resto se achar várias gerações atrás, como aconteceu na Sicília com uma mulher que teve relação com um etíope: a filha não era negra, mas o filho dela sim[58].

586a

Em geral as filhas se parecem com a mãe, os filhos com o pai. Também acontece o contrário, as filhas saírem ao pai e os filhos à mãe. Se considerarmos os pormenores, pode haver semelhanças com cada um dos progenitores. Há casos de gêmeos que não se parecem um com o outro, mas em geral e em muitos aspectos são parecidos; conta-se mesmo a

---

[55] Cf. *Geração dos animais*, 721b17-18, 724a3 ss.
[56] Cf. *Geração dos animais*, 722a8, Plínio, *História natural*, 7.50.
[57] Cf. *Geração dos animais*, 721b34.
[58] Cf. *Geração dos animais*, 722a9, mas aqui o caso se passa com uma mulher de Élida.

história de uma mulher que, nos sete dias após o parto, teve relações e concebeu, e acabou por ter um segundo filho muito parecido com o primeiro, como se fossem gêmeos. Há também mulheres que têm filhos que se parecem com elas, e outras, parecidos com os maridos, como a égua de Farsalo conhecida como a *Justa*[59].

O desenvolvimento do feto

7. A emissão de esperma é primeiro precedida de um sopro[60] (a própria emissão mostra que se produz por este processo. De fato, nada pode ser projetado à distância se não por efeito de um sopro)[61]. Quando o esperma é retido no útero e lá fica por um tempo, forma-se em volta dele uma membrana. De fato, quando é expelido antes que haja uma diferenciação das partes, parece-se com um ovo envolto numa membrana da qual se tivesse tirado a casca. A membrana está cheia de vasos.

Todos os animais que nadam, voam ou marcham, sejam eles vivíparos ou ovíparos, formam-se da mesma maneira. Todavia, uns têm o cordão umbilical ligado ao útero, os vivíparos; outros o têm ligado ao ovo; outros ainda aos dois, como acontece com um certo tipo de peixe[62]. Os fetos ora estão envolvidos por uma espécie de membrana, ora por um cório[63]. A princípio, o animal forma-se dentro do invólucro interno, depois cria-se uma segunda membrana em volta desta, que na sua maior parte adere ao útero, enquanto a par-

---

[59] Cf. Aristóteles, *Político*, 1262a21-24.

[60] Cf. *Geração dos animais*, 718a4, 728a10, 737b30-36, 738a1, *Partes dos animais*, 689a30-31, *Problemas*, 878b39, 879a15, 953b33.

[61] Cf. *Sobre o céu*, 301b20 ss.

[62] Trata-se dos seláceos. Cf. 565b5, *Geração dos animais*, 754b30, Hipócrates, *Sobre a natureza da criança*, 29 (7.530 Littré).

[63] Cf. 562a6, 565b10, *Geração dos animais*, 739b31, 745b35, 746a18. Cório, no uso que Aristóteles lhe dá, refere-se a qualquer membrana que envolva o feto e não apenas à exterior.

te restante está destacada e cheia de líquido[64]. Entre as duas há um líquido aquoso ou sanguíneo, que as mulheres chamam de as águas[65].

O embrião

8. Todos os animais com umbigo crescem através do cordão umbilical[66]. Este, nos animais com cotilédones[67], é aderente; nos que têm o útero liso, é a este que aderem através de um vaso. A posição do feto no útero é a seguinte: os quadrúpedes estão completamente estendidos; os ápodes, caso dos peixes, de lado; os bípedes, como as aves, encolhidos[68]. O feto humano, que se encontra dobrado sobre si mesmo, fica com o nariz entre os joelhos, os olhos sobre os joelhos e os ouvidos na parte de fora. Todos os fetos sem exceção têm primeiro a cabeça para cima. À medida que crescem e quando estão já próximos de sair, a cabeça passa a estar voltada para baixo e o nascimento começa naturalmente por ela. Se estão dobrados e nascem pelos pés trata-se de uma situação anormal[69]. Os fetos dos quadrúpedes, quando já estão completamente formados, têm excrementos, líquidos e sólidos, estes no extremo dos intestinos, a urina dentro da bexiga. Nos animais com cotilédones no útero, estes tornam-se cada vez menores à medida que o feto se desenvolve, e acabam por desaparecer[70].

586b

....

[64] Cf. *supra*, livro VI, 3, 10, *Geração dos animais*, 745b23-35.

[65] Cf. *supra*, livro VI, 3, 10, *infra*, 586b34.

[66] Cf. *Geração dos animais*, 745b22 ss.

[67] Cf. 511a29, *Geração dos animais*, 745b29-746a8. Os cotilédones são os lobos da placenta.

[68] Cf. 561b30, Plínio, *História natural*, 10.183 ss.

[69] Cf. *Geração dos animais*, 777a28-31, Hipócrates, *Sobre a natureza da criança*, 30 (7.532, 538 Littré).

[70] Cf. *Geração dos animais*, 746a1-8.

O cordão umbilical

O cordão umbilical[71] é uma espécie de bainha em volta de vasos sanguíneos, que tem o seu princípio no útero, nos que têm cotilédones a partir deles, nos que não os têm a partir de um vaso. Nos animais de grande porte, como nos fetos das vacas, estes vasos são quatro. Noutros menores, dois, e nos muito pequenos, como é o caso das aves, apenas um. Estes vasos penetram no embrião: dois deles atravessam o fígado, no local onde se encontram as chamadas "veias portas"[72], e chegam à veia cava[73]; os dois restantes dirigem-se à aorta no ponto em que esta se ramifica em dois braços. Em volta de cada par de vasos há membranas, e em volta delas o cordão umbilical forma uma espécie de estojo[74]. À medida que se opera o crescimento, estes vasos vão sempre reduzindo de tamanho. Quando o embrião aumenta, instala-se na cavidade uterina e lá os seus movimentos tornam-se evidentes; chega mesmo a se deslocar até os órgãos genitais da mãe.

O parto

9. Quando as mulheres entram em trabalho de parto, as dores ocorrem em pontos diferentes, mas na maioria dos casos atingem uma ou outra coxa. As que têm dores violentas na região do ventre dão à luz mais depressa. As que começam com dores nos rins têm mais dificuldade em dar à luz. Se a dor progride a partir do baixo-ventre, o parto é rápido.

De todo modo, o parto de um menino é antecedido da expulsão de humores líquidos e amarelados, o de uma menina, de humores sanguinolentos, mas também fluidos. Há

---

[71] Cf. *Geração dos animais*, 745b22-29.

[72] Cf. 496b32, Platão, *Timeu*, 71e, Hipócrates, *Sobre as doenças*, 2.4.1 (5.122 Littré).

[73] Cf. 513b1, *Partes dos animais*, 667b13 ss.

[74] Cf. *Geração dos animais*, 740a31, 745b26.

ainda mulheres que, durante o parto, não liberam nenhum destes humores.

Nos outros animais, os partos não são difíceis e é evidente que o sofrimento que as fêmeas têm ao parir é moderado. São as mulheres as que têm dores mais agudas, sobretudo as que levam uma vida sedentária e aquelas que, por não terem bons pulmões, não conseguem suster a respiração[75]. Maior ainda é o sofrimento se, durante o trabalho de parto, elas expiram quando estão fazendo força com a respiração. 587a

Portanto, em primeiro lugar é expelida uma descarga de água quando o feto se mexe e rasga as membranas; a seguir, a criança sai ao mesmo tempo que o útero dá a volta, ou seja, quando o que estava dentro do útero passa para fora.

10. Faz parte da competência da parteira saber cortar o cordão umbilical. Porque importa não só, nos partos difíceis, que ela seja hábil em prestar auxílio à mãe, como deve também estar atenta a todas as contingências e sobretudo ao momento em que é preciso atar o cordão umbilical. Porque se a placenta é expelida juntamente com a criança, deve-se prender a ela o cordão umbilical com um fio de lã e cortar-se do lado de cima. No local em que se deu o nó, as bordas unem-se e a parte contígua do cordão cai. Se o nó se desfizer, a criança morre por hemorragia. Se, pelo contrário, a placenta não for logo expulsa no momento em que a criança sai, faz-se o corte lá dentro depois de se ter dado o nó no cordão. Às vezes dá a impressão de que a criança é um natimorto, quando se trata de um ser debilitado e, antes de se dar o nó no cordão, o sangue escapa pelo umbigo e partes adjacentes. Mas há parteiras com experiência que comprimem o cordão para reter o sangue e logo a criança, que parecia exangue, volta à vida.

Como dissemos anteriormente[76], também os outros animais nascem naturalmente pela cabeça, sendo que, além

---

[75] Cf. *Geração dos animais*, 775a27-b2.
[76] Cf. *supra*, 586b7.

disso, as crianças vêm com os braços estendidos ao longo dos flancos. Assim que saem dão um grito e levam as mãos à boca. Evacuam também os excrementos, uns imediatamente, outros pouco tempo depois, mas em qualquer dos casos ao longo daquele dia. Estes excrementos são numa quantidade que o tamanho da criança não fazia prever. É o que as mulheres chamam *mecônio*[77]. São de uma cor sanguinolenta e muito escura, tipo pez, e depois tornam-se parecidos com leite, porque a criança mama assim que nasce.

Antes de sair do ventre materno, a criança não produz qualquer som, mesmo que, se o parto for difícil, tenha a cabeça do lado de fora e o corpo todo ainda dentro da mãe.

Nas mulheres em que, no momento da evacuação dos fluidos, a ruptura do saco das águas é precoce[78], a expulsão da criança é mais penosa. Se a evacuação dos fluidos depois do parto é escassa, e é feita só nos primeiros momentos e não chega a quarenta dias, as mulheres se recuperam e concebem de novo mais rapidamente.

As crianças, na época do nascimento e até os quarenta dias, não riem nem choram quando estão acordadas, mas por vezes de noite têm estas duas reações[79]. Se recebem cócegas, em geral não sentem nada, e dormem durante a maior parte do tempo. Mas à medida que crescem, vão mudando e passam a estar cada vez mais tempo acordadas. Torna-se também claro que sonham, mas só mais tarde se lembram de ter sonhado[80].

Nos outros animais, não há qualquer diferença entre os vários ossos, todos nascem com eles completamente formados.

[77] "Suco de dormideira", devido à consistência e à cor desses excrementos, acumulados durante a gravidez. Trata-se de um misto de bile e de resíduos intestinais.

[78] Cf. *supra*, 586a31, b33.

[79] Cf. *Geração dos animais*, 778b21-779a26.

[80] Cf. 537b14, *Sobre os sonhos*, 461a13, 462b5, *Geração dos animais*, 779a12.

Nas crianças, pelo contrário, o frontal é fino e só se fecha mais tarde. Por outro lado, os animais nascem com dentes[81], enquanto as crianças só começam a tê-los com sete meses. Os primeiros a nascer são os da frente; umas têm primeiro os de cima; outras, os de baixo. Aquelas crianças cujas amas tenham o leite mais quente têm dentição mais cedo[82].

O aleitamento

11. Depois do parto e da expulsão dos humores, as mulheres têm leite em abundância; em algumas chega a correr não só dos mamilos como também de outros pontos do seio, e nuns tantos casos até das axilas. Pode mesmo formar nódulos quando o leite não aparece e, em vez de correr, se acumula. De fato, o seio é totalmente poroso, de tal modo que se as mulheres, ao ingirem um líquido, engolirem um pelo, produz-se uma inflamação nos seios (conhecida por triquíase)[83] até que o pelo saia por si próprio por compressão, ou que seja sugado juntamente com o leite.

As mulheres têm leite até engravidarem outra vez. Aí o leite acaba e seca, tanto no ser humano como nos outros quadrúpedes vivíparos. Enquanto dura a amamentação, na maior parte dos casos não há menstruação, mas já aconteceu de mulheres menstruarem durante o aleitamento. De um modo geral a evacuação dos humores não se produz por várias vias ao mesmo tempo. Assim, por exemplo, as mulheres que sofrem de hemorroidas têm menstruações menos abundantes[84]. Em algumas também os humores saem pelas varizes, quando são segregados a partir da anca antes de chegar ao útero. Aquelas a quem a menstruação não vem, se vomitam sangue não sofrem por isso nenhum inconveniente.

---

[81] Cf. *Geração dos animais*, 745b9-13, Plínio, *História natural*, 7.69, 11.166.
[82] Cf. *Geração dos animais*, 789a5.
[83] Cf. Hipócrates, *Sobre as doenças das mulheres*, 2.186 (8.366 Littré).
[84] Cf. 521a29-31, *Geração dos animais*, 727a12.

A primeira infância

12. A maior parte das crianças costuma estar sujeita a convulsões, sobretudo as mais nutridas, alimentadas com um leite abundante ou espesso, e que têm amas bem providas de carnes. Prejudiciais, por provocar esta mesma perturbação, também são o vinho[85], mais o tinto do que o branco, ou o que se consome puro, e a maior parte dos alimentos que provocam gases ou prisão de ventre. A mortalidade infantil ocorre sobretudo nos primeiros sete dias. É aliás por isso que o nome só é dado às crianças nessa altura[86], por se pensar que é a partir daí que a probabilidade de sobrevivência é maior. Os ataques mais graves acontecem em tempo de lua cheia[87]. Também é perigosa a situação daquelas crianças cujas convulsões comecem pelas costas, sobretudo à medida que o crescimento se processa.

---

[85] Cf. *Sobre o sonho e a vigília*, 457a14-17.

[86] Cf. Aristófanes, *Lisístrata*, 757. Em celebração familiar, no quinto dia após o nascimento, a criança era levada em torno da casa e pela vizinhança e apresentada aos familiares e vizinhos. Além dos presentes, havia então um banquete. O sentido desta celebração corresponde ao de um batizado.

[87] Cf. Plínio, *História natural*, 7.38.

LIVRO X

Causas da esterilidade

1. À medida que, no caso do homem e da mulher, a idade avança, o fator que torna estéreis as relações entre eles pode residir em ambos, ou apenas num. Começando pela mulher, convém examinar o comportamento do útero[1], de modo a, se a razão dessa esterilidade estiver aí, se arranjar tratamento adequado; e se não, canalizar os cuidados necessários noutra direção.

633b

Estado do útero

Com o útero ocorre o mesmo que com qualquer outro órgão; percebe-se que está saudável quando cumpre bem a sua função, não produz sofrimento, nem se cansa depois de ter trabalhado; assim também os olhos que não segregam remelas, que são capazes de enxergar e que, depois de enxergar, não têm perturbações nem ficam incapazes de voltar a enxergar. De igual modo, também está em bom estado um útero que não produz mal-estar, que cumpre bem a sua função e que, depois de tê-la cumprido, é capaz de prosseguir e não dá sinais de esgotamento.

---

[1] Cf. 510b5-20.

Diz-se também que um útero que não está em boa forma pode, mesmo assim, exercer bem e sem sofrimento a sua função se a lesão que o atinge não afetar seu funcionamento; do mesmo modo que a visão pode não sofrer qualquer redução quando o olho não tem todas as suas partes em bom estado, ou se apresentar qualquer tumor; também o útero, se no essencial estiver em boa forma, não altera o seu funcionamento.

634a

É condição, desde logo, para que um útero interrompa as suas capacidades funcionais, que não esteja ora num local ora noutro, mas sempre na mesma posição. Pode, no entanto, situar-se mais longe, sem qualquer prejuízo ou dor, e sem deixar de ser bastante sensível ao toque. Esta é uma situação que facilmente se pode verificar. Eis o que mostra que o útero tem de estar assim localizado. Se não estiver suficientemente próximo do local de onde deve recolher o esperma, não tem capacidade de absorção devido ao próprio distanciamento[2]. Em contrapartida, se estiver localizado perto deste ponto, mas não conseguir retrair-se, terá menos sensibilidade, pelo fato de o contato ser permanente, de onde resulta que não abre com prontidão. Convém que ele o faça com facilidade e reaja a qualquer solicitação.

Normalidade do período menstrual

São estas as condições às quais deve obedecer o útero; se não as reunir, precisa de tratamento. É também necessário uma menstruação normal[3], quer dizer, que aconteça a intervalos regulares e não de uma forma incerta, sendo o estado geral do organismo igualmente bom. Com efeito, os períodos menstruais que acontecem desta forma denotam que o útero abre com facilidade e que estará pronto a receber o fluxo

---

[2] Cf. *infra*, 634b35, *Geração dos animais*, 739b4.
[3] Cf. *supra*, livro IX (VII), 2.

de sangue vindo do corpo[4], quando este lho fornecer. Pelo contrário, se as menstruações forem demasiado frequentes, raras ou incertas, enquanto o resto do organismo não está sendo tratado e goza de boa saúde, a anomalia está claramente no útero. Então este ou não abre, por falta de sensibilidade, na altura certa, de modo que acaba por receber uma quantidade de fluxo insuficiente, ou então absorve uma quantidade de fluxo excessiva, por efeito de qualquer inflamação; torna-se assim evidente a necessidade que há de tratamento, tal como acontece com os olhos, a bexiga, o ventre e os demais órgãos. De fato, todas as partes onde haja uma inflamação ganham um fluido proporcional; é normal, nessas circunstâncias, que se forme uma secreção em cada um desses órgãos que não é semelhante nem em qualidade nem em quantidade à que se forma em situação normal. Assim também um útero que evacua muito fluxo dá sinal de uma inflamação; esse humor será idêntico ao que é habitual, mas mais abundante.

Doenças do útero

Se, pelo contrário, mesmo se idêntico, esse fluido estiver deteriorado em relação ao que proviria de um útero são, há qualquer afecção, que tem os seus sintomas próprios. É nesse caso inevitável que sobrevenham dores, que provam que algo de anormal se passa.

Nas mulheres saudáveis, os fluxos brancos[5] e deteriorados aparecem tanto no início do período menstrual como também – o que é mais frequente – no final. Por isso, sempre que as mulheres têm corrimentos mais deteriorados do que é normal, ou desregulados, ou seja, mais abundantes ou mais escassos, é quando mais necessitam de tratamento, para que não haja dificuldades com a gravidez. Se, pelo contrário,

---

[4] Ou seja, o fluxo menstrual.
[5] Cf. *supra*, 581b2, *infra*, 634b18-25, *Geração dos animais*, 22-23.

os períodos forem sempre irregulares e a intervalos incertos, essa alteração constitui um obstáculo menos grave; revela, contudo, que a posição do útero não permanece sempre a mesma. Esta alteração pode prejudicar as mulheres com uma constituição normal e com capacidade de concepção. Não se trata propriamente de uma doença, mas de uma 634b daquelas alterações que se podem regularizar mesmo sem tratamento, se não existir qualquer outra anomalia.

O estado geral

Se houver alterações na frequência ou na abundância do período, com modificações simultâneas no resto do organismo, que ou se mostra mais úmido ou mais seco, a causa da perturbação não está no útero; simplesmente ele se vê obrigado a acomodar-se ao funcionamento do organismo, e a receber ou a expelir um fluido proporcionalmente ao que lhe é fornecido. Se o organismo em geral estiver bem de saúde, ainda que com alterações pontuais, não há necessidade de tratamento.

Em contrapartida, em caso de doença, o útero ou evacua muito pouco fluido, porque a secreção se perde noutro lado, na região onde reside o mal, ou produz um fluxo demasiado, porque é por ele que o organismo o descarrega; sintomas deste gênero indicam que não é o útero que precisa de tratamento, mas todo o organismo. Concluindo: em todos os casos em que o fluxo menstrual acompanha as modificações que se operam no organismo, fica evidente que o mal não reside no útero e que ele persiste em bom estado.

O fluxo menstrual

Mas um mesmo útero tem ocasiões em que está mais fraco, e outras mais forte; como também fases em que está mais úmido, e outras mais seco. O fluxo que periodicamente aparece é mais abundante se o corpo o segregar em maior quantidade, e mais reduzido se o corpo o segregar com menos abundância; mais fluido, se o organismo tiver mais umidade, ou, se o organismo estiver mais seco, mais sanguinolento. A menstruação principia por um fluxo esbranquiçado e leitoso, que se mantém inodoro. Depois vem um fluxo vermelho que, no final, se torna de novo esbranquiçado, quando a menstruação tende a cessar. O odor do fluxo esbranquiçado não é o das substâncias em decomposição – é mais acre e mais forte –, nem o do pus. Não há putrefação, mas a temperatura sobe quando o período se processa assim. Todas as mulheres em que estes fenômenos se produzem têm um útero capaz de conceber.

Disposição do útero

2. É portanto esta a primeira observação que importa fazer para verificar se tudo está bem; a seguir deve considerar-se também como está o colo do útero. É importante que ele esteja numa posição direita, ou não absorve o esperma. É diante do útero que tem lugar a sua emissão[6], como é evidente quando as mulheres se entregam a sonhos eróticos que vão até as últimas consequências. Em função disso, este é um local que necessita de cuidados de higiene, porque fica umedecido como se tivesse havido relações com o sexo oposto, dado que também a emissão do esperma masculino se projeta precisamente para o mesmo lugar e não para o interior do útero[7]. Mas depois que ali ocorre uma emissão de esperma, o útero, como acontece com as narinas, aspira-o por um efeito de sopro[8]. Eis por que as mulheres são fecundadas

---

[6] Cf. *Geração dos animais*, 727a27, onde Aristóteles nega que a mulher seja capaz de emitir esperma.

[7] Cf. *Geração dos animais*, 739a35-b2.

[8] Teoria oposta à expressa por Aristóteles em *Geração dos animais*, 737b28-32.

por cópula em qualquer posição, pois é diante do útero que ocorre a emissão do esperma. Se esta tivesse de atingir o interior do útero, as mulheres nem sempre poderiam conceber em função de qualquer tipo de relações que tivessem tido. Se, pelo contrário, o útero não estiver bem direito, mas voltado para as nádegas, para os rins ou para o baixo-ventre, a concepção é impossível pela razão que referimos[9], porque o útero não tem capacidade de absorver o esperma. Se, portanto, por natureza ou em consequência de uma enfermidade, o útero estiver nessas posições estranhas, o mal é sem remédio. Mas se se tratar de uma ruptura, ou congênita, ou em resultado de uma doença acompanhada de contrações devido a um processo inflamatório, a afecção uterina é, num e noutro caso, de uma gravidade diferente.

Para as mulheres engravidarem, é necessário, como antes se disse[10], que o colo do útero esteja direito e que, além disso, abra bem. Por "abrir bem" entendo o seguinte: é importante que, quando o período menstrual começa, o colo do útero esteja mais suave ao tato do que antes, e visivelmente não dilatado. Se estiver nestas condições, devem se manifestar os primeiros sinais do período, ou seja, o fluxo esbranquiçado[11]. Quando o corrimento é de um tom semelhante ao da carne, a abertura do útero é perceptível e processa-se sem causar qualquer dor, quer se toque nele ou não; neste caso, o útero não estará insensível nem o seu colo muito diferente do seu estado habitual. Mas terminado o período, é importante que o colo fique dilatado e seco, sem todavia endurecer, durante um dia e meio ou mesmo dois. Quando tudo se passar deste modo, é sinal de que o útero está em boas condições e desempenhando bem a sua função, não se abrindo logo, tendo o colo flexível, porque o útero vai relaxando à medida que o resto do corpo relaxa também[12]. Não impõe obstáculo

---

[9] Cf. *supra*, 634b28.
[10] Cf. *supra*, 634b28, 39.
[11] Cf. *supra*, 634b18-25.
[12] Cf. *supra*, 634b17 ss.

à evacuação, apenas dá primeiro saída ao fluxo que provém do próprio colo; depois, quando o corpo segrega uma quantidade maior de fluido, ele abre mais. É este o funcionamento de um colo do útero em boas condições. Quando o período termina, o útero, como o colo, não cerra de imediato, mostra – se sobre o fato houvesse alguma dúvida – que está vazio, seco, completamente limpo e que, no seu canal, não conserva nenhum resíduo.

Como o útero tem a capacidade de aspirar o esperma, quando este processo se faz sem dor e sem qualquer sensibilidade é sinal de que o útero está em boa posição para conceber no momento da cópula. É também conveniente que o colo não esteja muito diferente da sua posição habitual; é sinal de que nada impede o útero de se fechar no momento próprio.

Estado do útero após o período menstrual

3. São estes os sinais a serem verificados para determinar se o colo do útero está em boas condições ou não. Sobre o útero propriamente dito, é preciso que, após a menstruação, nele se processem os seguintes fenômenos: antes de mais nada, que a mulher que, durante o sono, pense estar tendo relações com um homem, emita esperma como durante o coito, sem dificuldade. Se se verificar que ela tende a produzir estas emissões com frequência, melhor. Ao levantar, deve tomar os mesmos cuidados que se tivesse tido relações sexuais, ou então se secar.

Mas o útero não deve permanecer sempre seco; deve, após o despertar, impregnar-se de umidade, mais depressa ou mais lentamente, dentro dos limites de metade de um dia dos de curta duração[13]. Esta umidade deve ser semelhante à que acompanha o ato sexual. Todos estes são sinais de que o útero está pronto a absorver o que for dado a ele, e que os

---

[13] Decerto como um dia de inverno.

cotilédones[14] têm capacidade de aspirar e de reter o que receberem, e de não o expelir.

Por outro lado, tem de se produzir no útero flatulências sem sofrimento, como as dos intestinos, que são evacuadas, sejam elas grandes ou pequenas, sem que se produza um estado mórbido. De fato, estes são sintomas de que o útero não está mais endurecido do que é conveniente, nem que, por causas naturais ou por doença, perdeu sensibilidade, mas que está capaz, durante todo o tempo da concepção, de acomodar o embrião que lá irá se desenvolver. Possui também elasticidade.

Pelo contrário, se este fenômeno não se verificar[15], é sinal de que o útero é de um tecido demasiado espesso, ou de que não tem sensibilidade suficiente, por natureza ou em consequência de qualquer patologia. Logo, não tem capacidade para alimentar um embrião; deixa-o abortar, o que sucede, se este tipo de deficiência for acentuado, quando o embrião é ainda pequeno, ou, se as deficiências forem menos sensíveis, quando ele for maior. Se forem apenas ligeiras as deficiências, o produto desse útero é malformado e dá a impressão de ter saído de um recipiente de má qualidade.

Além disso, as paredes da direita e da esquerda do útero devem ser lisas ao tato, e as restantes também. Na relação com um parceiro masculino, o útero deve ficar úmido, mas esta secreção nem deve ser frequente nem demasiado abundante. Este processo é uma espécie de transpiração local, comparável à secreção da saliva que acontece repetidamente na boca, sobretudo na ingestão de alimentos, ou quando falamos ou trabalhamos com esforço particular. De igual modo, os olhos lacrimejam quando fitamos alvos muito brilhantes[16], ou por efeito de frio ou calor excessivos, que esses órgãos não podem suportar a não ser que tenham bastante umidade. Assim também o útero se lubrifica no momento

....

[14] Cf. *supra*, 586b10-12, *Geração dos animais*, 745b29-746a8.

[15] Ou seja, que não haja flatulências.

[16] Cf. *supra*, 620a2 ss.

de funcionar, quando se encontra numa disposição muito úmida. Estes fenômenos ocorrem mesmo em úteros bem constituídos. Por isso as mulheres devem ter sempre uma maior ou menor necessidade de cuidados de higiene, do mesmo modo que a boca necessita cuspir. Mas há casos em que o útero fica de tal modo úmido que não consegue aspirar o esperma masculino quando puro, porque este se encontra misturado com o fluido que provém da própria mulher.

Além destes sintomas, é importante observar o que se passa quando a mulher julga, em sonhos, unir-se ao homem[17]. Como está ela ao se levantar? Está, por exemplo, mais enfraquecida? E, nesse caso, o enfraquecimento acontece sempre, ou em certos momentos sim e noutros não? Será que, por vezes, se sente até mesmo mais forte? E os seus órgãos, não estarão primeiro secos e a seguir mais úmidos? Estes são, de fato, sinais que a mulher fértil deve apresentar. É que a sensação de fadiga mostra que o corpo está pronto a derramar esperma, a toda hora, o que se reflete sobre a própria mulher. E quanto mais robusta a mulher for, mais sensível é esse enfraquecimento. Se esta ocorrência não for acompanhada por nenhum outro incômodo, é sinal de que esta evacuação é natural e se processa de modo conveniente. Caso contrário, a fraqueza seria sinal de enfermidade. Quanto à circunstância de a mulher poder se sentir mais forte, e que o útero esteja seco e só depois umedeça, ela prova que é todo o organismo que retém e que expele, e não apenas o útero; é portanto todo o corpo que se sente forte. Porque o útero absorve, por um sopro, tudo o que o penetre vindo do exterior, como foi dito antes[18]. E não emite esperma no interior de si próprio, mas no mesmo ponto em que o homem o emite. Além disso, tudo o que funciona por meio de um sopro o fez sempre com dispêndio de força. De onde resulta evidente que também o corpo feminino, se detentor de força, tem a faculdade de aspirar.

636a

---

[17] Cf. *supra*, 635a33.
[18] Cf. *supra*, 634b33.

Há casos de mulheres sujeitas à chamada gravidez de vento[19]. Este é também um mal de que a mulher não deve sofrer. Eis do que se trata. No ato sexual, estas mulheres não emitem, sem sombra de dúvida, esperma e não são fecundadas; daí a expressão "gravidez de vento". É o útero o responsável por esta afecção, quando está demasiado seco. Assim, depois de ter aspirado o líquido seminal, volta a rejeitá-lo. Esta substância seca fica reduzida a uma quantidade pequena e acaba por sair do útero sem que a perda se perceba, por ser tão insignificante. Quando a afecção é grave e a secura do útero extrema, o líquido é evacuado rapidamente e logo se percebe que não ocorreu a concepção. Se, pelo contrário, o processo no útero não for muito rápido, parece ter havido concepção, no intervalo de tempo que precede a expulsão do que o útero tinha retido. Em seguida, estas mulheres apresentam sintomas semelhantes às que realmente engravidaram; ao fim de um certo tempo o útero incha, a ponto de fazer crer numa gravidez visível, até o momento em que ocorre a expulsão e ele fica idêntico ao que era antes. Costuma atribuir-se esta anomalia a uma intervenção divina. Tem cura, se o útero não tiver uma predisposição natural para sofrer desta doença. Percebe-se que essa predisposição não existe, se se verificar que ele não emite esperma no momento em que absorve o do homem, e também não concebe.

Espasmos do útero

4. O útero também fica bloqueado se houver um espasmo. Os espasmos ocorrem ou na sequência de uma dilatação do útero devido a um processo inflamatório, ou quando, durante o parto, se acumula uma grande quantidade de líquido e o colo do útero não abre. É então que, sob o efeito da distensão, o espasmo acontece. Reconhece-se que não há espasmo se o útero, quando em funcionamento, não mani-

---

[19] Cf. 539a31, 559b24, 572a13, *Geração dos animais*, 737a30.

festa tendência para a inflamação. Porque se tivesse tendência para o espasmo, a qualquer momento teria de haver um processo infeccioso.

Tumores

Além disso, se, perto do colo do útero, houver um tumor que lhe provoque lesões graves, esse é um obstáculo à concepção. Prova de que não há tumor é o fato de ser evidente que o útero abre e fecha bem na altura da menstruação, e no momento das relações sexuais.

636b

Retração do colo do útero

Há também o caso em que as bordas do colo do útero estão coladas, seja esta anomalia congênita ou resultado de uma doença. Este é um problema que em certos casos tem cura e noutros não. Mas não é difícil diagnosticá-lo, se existe, porque o útero fica incapacitado de reter o que tem de reter ou de emitir seja o que for. Se for evidente que ele absorve o esperma masculino e que emite esperma, é óbvio que não sofre desta patologia.

Problemas de compatibilidade entre o casal

Em todas as situações em que nenhum destes impedimentos se verifique, e em que o útero tenha a disposição que dissemos que devia ter, a menos que seja o homem o causador da infertilidade, o casal tem capacidade para procriar. Todavia, se marido e mulher não se harmonizam de forma a ejacular ao mesmo tempo, mas o fazem em total dessincronização, não poderão ter filhos.

5. Para se poder avaliar a responsabilidade do homem, é necessário ter em conta outro tipo de sinais. O mais fácil de

constatar é se ele tem relações com outras mulheres e se consegue engravidá-las.

Mas se marido e mulher não estão em sincronia[20], mesmo que estejam reunidas todas as condições citadas, a fertilização não ocorre. O que prova que só este aspecto está em pauta. Se a mulher segregar a sua parte de esperma e contribuir para a concepção, é evidente que os dois esposos devem estar sincronizados. Logo, se o homem for demasiado rápido e a mulher lenta em acompanhá-lo (porque as mulheres são, muitas vezes, mais lentas), ocorre um impedimento à concepção. É por isso que esses casais, que não conseguem conceber juntos, acabam por conceber quando encontram outro parceiro que se sincroniza com eles nas relações. Assim, se a mulher, quando excitada, está preparada e concentra a atenção de uma forma conveniente à circunstância, e se o marido, por seu lado, está preocupado e fica frio, daí resulta que haverá harmonia entre ambos.

A importância da ejaculação

Acontece por vezes que mulheres que fizeram descargas seminais, mesmo que em sonhos, e homens que tiveram relações sexuais, se encontrem em melhor condição física, não do ponto de vista do vigor, mas da saúde. Esse processo acontece quando o esperma tiver se acumulado em abundância no local de onde parte a emissão. Se a ejaculação se produzir nessas circunstâncias, não enfraquece a mulher; porque esta não fica esgotada pela ejaculação, se o que resta for em quantidade suficiente. Também não há enfraquecimento se o produto emitido for supérfluo; o organismo ganha até agilidade, como se a substância ejetada estivesse a mais. Daí resulta o vigor, não porque as mulheres fiquem de fato mais fortes, mas sim mais leves. Pelo contrário, se se dá uma emissão de um fluido de que o corpo carece, elas sen-

---
[20] Cf. *Geração dos animais*, 727b10.

tem-se enfraquecidas. Mas é uma debilidade que rapidamente desaparece se a pessoa tiver um organismo saudável e uma idade em que a produção de esperma é rápida. Porque se trata de uma substância do tipo que aumenta rapidamente e que se repõe. É sobretudo nessas ocasiões que as mulheres são fertilizadas sem se aperceberem do fato. Porque não imaginam que possam conceber sem se darem conta da emissão de esperma[21] (que realmente acontece), ao mesmo tempo que consideram indispensável a confluência simultânea do esperma provindo de ambos os parceiros, da mulher e do homem. As que mais facilmente não se apercebem da fertilização são as que estão convencidas de que não podem conceber se não tiverem o útero seco e sem que o sêmen que receberam tenha sido absorvido. Há casos em que mulher e homem emitem uma quantidade de líquido seminal superior à que pode ser absorvida, e que seria suficiente. Logo, quando uma quantidade suficiente foi aspirada, e que mesmo assim o que resta é abundante, elas ficam com a impressão de não terem sido fecundadas. Para provar que este tipo de situação ocorre e que o processo não exige a totalidade do esperma, pode-se invocar o caso de todos aqueles animais que, de um só acasalamento, produzem várias crias[22], ou o nascimento de gêmeos após uma única cópula. Torna-se evidente que a concepção não exigiu a totalidade do esperma, mas que o lugar onde ela ocorre retém apenas uma parte, e que o excedente, em muitos casos, é até o mais importante. Por outro lado, se várias crias nascem de uma só cópula, como se verifica nos porcos, ou no caso, que por vezes acontece, dos gêmeos, é evidente que o esperma não provém de todo o organismo[23], mas que se reparte de acordo com cada forma[24]. Porque é possível que haja subdivisão a partir de um todo, e que este todo se divi-

637a

---
[21] Há aqui uma lacuna no texto.
[22] Cf. *Geração dos animais*, 723b9.
[23] Cf. *Geração dos animais*, 722b6-724a13.
[24] Ou seja, o feto ou parte dele.

da em diversas partes. De tal modo que o esperma não possa ser, ao mesmo tempo, um todo e um conjunto de partes[25].

Penetração do sêmen no útero

Por outro lado, a mulher projeta o seu líquido seminal sobre a parte anterior do colo do útero, no mesmo ponto onde o homem ejacula, durante a cópula[26]. É dali que ele é aspirado por um sopro, como no caso da boca e das narinas[27]. Porque tudo o que não é atraído por meios mecânicos ou tem condições naturais para se elevar graças à própria leveza ou tem de ser puxado, por aspiração, do lugar onde se encontra. Por isso as mulheres se preocupam em que esse lugar fique de novo seco como estava antes[28].

Eis como a natureza dispôs a passagem que, na mulher, dá acesso ao esperma. Ela possui um canal[29] que corresponde ao pênis masculino, mas que é interior. Através deste canal, a absorção se faz por um orifício pequeno, situado um pouco acima do ponto por onde a mulher urina. Daí a razão por que, no momento da excitação, este ponto não se encontra exatamente nas mesmas condições que antes. É por este canal que o esperma vai desembocar no útero, sendo a parte anterior deste muito maior do que aquela à qual o esperma tem acesso. Este órgão apresenta com as narinas a seguinte semelhança: as narinas possuem, internamente, um canal que se dirige para a faringe e que se comunica com o ar exterior. Pois esse outro órgão tem, no exterior, um orifício pequeno e apertado, suficiente para a saída do ar, enquanto a parte que termina diante do útero é mais larga, assim como as narinas têm a parte que se comunica com o ar exte-

---

[25] O texto está de novo mutilado.
[26] Cf. *supra*, 636a6, *Geração dos animais,* 739a35 ss.
[27] Cf. *supra*, 634b35, *infra*, ll. 28-35.
[28] Cf. *supra*, 635a36-37.
[29] Cf. 510b5-20.

rior mais larga do que a que se dirige para a boca e laringe. Pois, da mesma forma, as mulheres têm também maior e mais largo o orifício que dá para a parte anterior do útero do que o que dá para o exterior.

Complexidade das causas

A intervenção da mulher é responsável pelas mesmas afecções, na medida em que também a mulher produz uma secreção fértil, afecções essas que estão relacionadas com as mesmas causas. Assim, aqueles que encaram a doença e a morte uma como a causa da outra estão a sobrevalorizar o efeito final em proporção com o ponto de partida, que é o que se deve ter em conta. Porque há processos que ascendem, antes de mais nada, às mesmas causas, mas outros não; também há os que apenas em parte têm causas comuns, mas nem todas. Os efeitos produzidos obedecem à mesma proporção. No primeiro caso, o resultado terá de ser a verificação das mesmas afecções; há outros casos que partilham de várias causas em comum, que produzem igualmente várias afecções em comum; em outros as semelhanças são poucas; finalmente existe um último grupo que obedece a causas distintas com resultados igualmente distintos[30].

637b

Intervenção da mulher na geração

6. Entre os animais, a fase em que as fêmeas estão no cio é perceptível. Vemo-las então a perseguir os machos, caso das galinhas, que andam atrás dos galos e se deitam debaixo deles se não os veem reagir. Há outras espécies em que o mesmo acontece. Portanto, se são idênticas em todos os animais as reações que dizem respeito ao acasalamento, é evidente que os fatores de causalidade são os mesmos.

---

[30] Este parágrafo, de texto muito inseguro, produz igualmente um sentido confuso.

Contudo, no caso da galinha, ela tem desejo não só de reter, mas também de emitir esperma. Eis a prova: na ausência do macho, a fêmea simula a cópula[31], fica grávida e põe ovos chocos[32], como se quisesse emitir esperma e o tivesse feito do mesmo modo que acontece quando o macho participa na cópula. Os outros animais funcionam do mesmo modo; houve até uma mulher que fez uma experiência com gafanhotos cantadores, que criava desde muito pequenos ainda, e que ficaram espontaneamente grávidas. Casos destes mostram bem que todo o sexo feminino contribui com parte do esperma, pelo menos quanto se pode perceber a partir de um caso isolado[33]. De fato, o ovo choco difere do comum apenas por não dar origem a um animal. O ovo comum o produz porque provém de ambos os sexos. Eis também por que nem todas as emissões do macho são férteis, também há as estéreis, quando não houver, como é necessário, sincronia entre os sexos.

Além disso, as mulheres que têm emissões de esperma durante a noite experimentam, em função delas, sensações idênticas às que se seguem às relações sexuais com um parceiro: de esgotamento e de falta de forças. De onde resulta claro que, se, nessas descargas noturnas, elas emitem manifestamente esperma, e portanto colaboram com a sua parte, após essas emissões o lugar que fica úmido é o mesmo, e exige os mesmos cuidados de higiene que são necessários depois da relação sexual com um homem[34]. Daí ser inegável que a emissão de esperma é comum aos dois sexos para haver fecundação[35].

O útero não emite esperma em si próprio, mas fora, no mesmo ponto onde se dão as emissões masculinas. É de lá

---

[31] Cf. 560b30.
[32] Cf. 561a1, *Geração dos animais*, 751a13-24.
[33] O das espécies que põem ovos chocos.
[34] Cf. *supra*, 635a36-37, 637a20-21.
[35] Cf. *Geração dos animais*, 727a27. Esta afirmação é contrária à posição aí defendida por Aristóteles.

que depois o aspira para o seu interior. Entre as fêmeas, há algumas que concebem autonomamente, como por exemplo as aves, embora produzam ovos chocos, enquanto outras fêmeas não produzem nada, caso das éguas e das ovelhas. Haverá o caso de uma ave fêmea emitir esperma dentro do útero, e de, externamente, não ter lugar para essa emissão, nem para a do macho? Eis por que, se a cópula falha, o esperma se derrama no chão. Nos quadrúpedes, em contrapartida, há um lugar próprio, no exterior, para a emissão da fêmea e do macho[36].

638a

O sêmen, nos outros animais, escorre juntamente com os outros humores, e não se concentra no útero porque lá não penetra; nas aves, o útero o absorve, procede à cozedura e produz um corpo de certo modo parecido com qualquer outro, mas não propriamente uma cria; essa deve resultar dos dois sexos.

7. Pode-se contestar se as mulheres estão falando a verdade quando dizem que, depois de uma emissão noturna, se levantam secas. Porque é óbvio que o útero absorve o esperma que vem de cima. Então por que é que as mulheres não geram por si próprias, já que absorvem o esperma quando há mistura do feminino com o masculino? Por que é que não absorvem o seu próprio esperma as cabras[37], se o projetam para o exterior?[38]

Os abortos

Há uma doença que ocorre nas mulheres que ficam grávidas vários anos seguidos[39]. Geram o que se chama um

---
[36] Cf. *supra*, 637a21 ss.
[37] É naturalmente estranha a versão dos manuscritos.
[38] Exterior do útero, onde se confundem os espermas masculino e feminino; cf. *supra*, 637b38.
[39] Cf. *Geração dos animais*, 775b26-34.

aborto, como aconteceu com uma determinada mulher. Depois de ter relações com o marido e de pensar que estava grávida, seu útero aumentou de volume e ocorreram os outros sinais habituais. Chegado o momento do parto, não nascia nada, nem o volume se reduziu. Passaram-se três ou quatro anos nesta situação, até que lhe sobreveio uma disenteria; foi então que, depois de correr perigo de vida, deu à luz uma massa carnuda de tamanho considerável, que se chama de aborto. Há casos em que esta situação se prolonga até a velhice ou morte da paciente. Será que esta patologia ocorre por efeito do calor, quando o útero fica quente e seco e ganha, nessas condições, capacidade de absorção, a ponto de atrair todo o esperma e de conservá-lo?[40] Em úteros nestas condições, se não tiver havido mistura de espermas de ambos os sexos, mas se, como no caso dos ovos chocos, o esperma provier apenas de um, é então que se produz o chamado aborto, que não tem vida, porque não provém dos dois sexos, nem é uma matéria inanimada, porque era viva a substância que penetrou no útero, como acontece também com os ovos chocos.

O tal aborto fica ali alojado por um tempo enorme, devido à disposição do útero; e, no caso de uma ave que ponha um número elevado de ovos chocos, como o útero está distendido por causa dos ovos, eles são empurrados para diante e expelidos. Aberto o útero, saem todos, até o último. Porque nada os impede de sair; bem pelo contrário, o próprio corpo se torna flexível se se enche de ovos, e o útero não consegue impedir que saiam. Nos vivíparos, com a mudança de resistência que se opera à medida que a cria se desenvolve e sente necessidade de uma alimentação diferente, o útero como que se inflama e permite que o parto se dê na ocasião própria. Pelo contrário, a massa carnuda, como não é um ser vivo, tem um aspecto sempre igual. É necessário que esta carga do útero não provoque nele qualquer inflamação. Assim, algumas

---

[40] Cf. *Geração dos animais*, 776a1-8, que contradiz as afirmações aqui feitas.

pacientes preservam até a morte esta anomalia, a menos que lhes sobrevenha, no curso de uma doença, alguma feliz ocorrência, como no caso da mulher que pegou uma disenteria. Mas será, como antes afirmamos[41], o calor que provoca esta afecção, ou antes a umidade, dado que o útero está tão sobrecarregado dela que tende a se fechar? Ou será que a afecção se produz num útero não tão frio quanto o necessário para rejeitar o líquido, nem tão quente para fazê-lo cozer? Decerto será por isso que o mal se prolonga, do mesmo modo que a cozedura pode-se também prolongar; a cozedura dos alimentos, porém, tem fim e é muito rápida. Pelo contrário, úteros com malformações profundas levam um imenso tempo a fazê-lo. Por outro lado, o fato de o aborto não ser um ser vivo com movimento não provoca dores de parto. Estas realmente têm origem no movimento dos ligamentos, movimento esse que o embrião produz ao sair, quando está vivo.

638b

Do ponto de vista do grau de resistência que caracteriza esta massa, ele é o resultado de uma cozedura superficial. De fato, o aborto pode atingir uma tal dureza que nem com um machado pode-se parti-lo ao meio[42]. Mas a verdade é que tudo o que leva uma fervura ou que foi bem cozido se torna mole, ao passo que o que foi sujeito a uma cozedura incompleta não fica bem passado, mas é duro.

Este é um fato que muitos médicos ignoram: por razões de semelhança, diagnosticam à paciente um aborto sempre que veem um ventre inchado sem hidropisia, acompanhado da interrupção do período menstrual, quando o mal se prolonga. Mas não se trata de nada parecido, porque a formação de abortos é rara[43]. Tanto se trata de um fluxo simultâneo de secreções frias, úmidas e aquosas, como de matérias mais espessas, que se acumulam ao redor do ventre, quer em consequência de um processo natural, quer devido a uma circunstância particular. Estes depósitos não causam dor nem

---

[41] Cf. *supra*, 638a18.
[42] Cf. *Geração dos animais*, 775b35-36.
[43] Cf. *Geração dos animais*, 775b25-26.

calor porque são frios. Sofrendo um crescimento mais ou menos acentuado, não trazem nenhum outro inconveniente que não seja a sua própria existência; tornam-se uma espécie de anomalia crônica. A suspensão do período menstrual deve-se ao fato de as excreções contribuírem para a formação deste depósito, como em período de aleitamento. Este é um tempo em que a menstruação desaparece ou se processa em pequena quantidade[44].

Pode também acontecer que uma excrescência de carne se produza na região situada entre o útero e o ventre e que se pareça com um aborto sem o ser. Mas não é difícil perceber se se trata de um aborto, por apalpação do útero. Se ele estiver bem proporcionado e não apresentar aumento de volume, é evidente que não é lá que radica a afecção. Mas se estiver em estado semelhante ao que ocorre quando há um feto, trata-se de um aborto. Aí ou fica quente, ou frio ou seco, devido aos humores que encerra, e tem um colo semelhante ao de uma mulher grávida. Se o volume for de outra natureza, é frio ao tato e não seco, e o colo conserva sempre a mesma forma.

---

[44] Cf. *Geração dos animais*, 777a12-21.

ÍNDICE DOS NOMES DE ANIMAIS

ἀετός, "águia", 592b, 601b, 609a, 609b, 610a, 613b, 615a, 615b, 618b, 619a, 619b, 620a
ἀηδών, "rouxinol", 616b, 632b
ἀθερίνη, "peixe-rei", 610b
αἰγίθαλος, "chapim", 592b, 616b, 626a
αἰγοθήλας, "teta-de-cabra", 618b
αἴγιθος, "pintarroxo", 609a, 610a, 616b
αἰγυπιός, "abutre", 609b, 610a
αἰγώλιος, "mocho-galego", 592b, 609a, 616b
αἴθυια, "alcatraz", 593b
αἴλουρος, "gato", 612b
αἴξ, "cabra", 596a, 596b, 606a, 610b, 611a, 618b, 632b, 638a
αἴξ, "cabra" (ave), 593b
αἴξ ἀγρία, "cabra-montesa", 606a, 612a
αἰσάλων, "esmerilhão", 609b, 620a
ἀκαλήφη, "actínia, anêmona", 588b, 590a
ἀκανθίας, "espinhoso", 621b
ἀκανθίς, "pintassilgo", 592b, 593a, 610a, 616b

ἀκανθυλλίς, "pintassilgo", 593a, 616a
ἀκρίς, "gafanhoto", 592b, 601a, 612a, 637b
ἀλεκτορίς, "galinha", 613b, 614b, 617b, 631b, 633b, 637b
ἀλεκτρυών, "galo", 592b, 614a
ἁλιαίετος, "águia-rabalva, halieto", 593b, 619a, 620a
ἀλκυών, "guarda-rios", 593b, 615b, 616a
ἀλώπηξ, "raposa", 606a, 607a, 609b, 610a, 619b
ἀλώπηξ, "orelhudo", 621a
ἀμία, "bonito", 591a, 591b, 598a, 601b, 621a
ἀνθίας, "peixe-pau", 610b, 620b
ἄνθος, "alvéola-amarela", 592b, 609b, 610a, 615a
ἀνθρήνη, "abelhão", 622b, 623b, 624b, 625a, 628b, 629a
ἄνθρωπος, "homem", 581a, 581b, 582a, 582b, 583a, 583b, 584a, 584b, 585a, 585b, 586a, 586b, 587a, 587b, 588a, 588b, 596b, 597a, 601b, 602b, 604a, 604b, 605a, 607a, 608a, 608b, 610a,

610b, 611a, 611b, 612a, 612b,
  613b, 616b, 618b, 620b, 622a,
  626b, 630a, 631b, 632a, 632b,
  633b, 634a, 634b, 635a, 635b,
  636a, 636b, 637a, 637b, 638a,
  638b
ἀραχνή, "aranha", 594a, 602a,
  605b, 609a, 622b, 623a, 623b,
  625a, 626b
ἄρκτος, "urso", 594b, 595a, 600a,
  600b, 608a, 611b, 612a
ἄρπη, "águia-sapeira", 609a, 610a,
  617a
ἄρχαρνος, "arcarno", 591b
ἀσκαλαβώτης, "sardão", 599a,
  600b, 607a, 609a, 614b
ἀσκαλώπας, "galinhola", 617b
ἀσπάλαξ, "toupeira", 605b, 606a
ἀσπίς, "mosquito", 601a
ἀσπίς, "áspide", 607a, 612a
ἀστακός, "lavagante", 601a
ἀστερίας (ave), "abetouro", 620a
ἀτταγήν, "francolim", 617b, 633b
ἀχάρνας, *acarnas*, 602a

βαιός, "baio", 617a
βάλερος, "brema", 602b
βασιλεύς, "estrelinha-de-cabeça-
  listada", 592b
βασιλεύς; cf. τροχίλος,
  "tarambola", 615a
βατίς, βάτος, "raia", 599b, 620b
βατίς (ave), "chasco", 592b
βάτραχος, "rã", 589a, 606a, 626a
βάτραχος, "tamboril", 620b
βελόνη, "peixe-agulha", 610b,
  616a
βόαξ, βῶξ, "boga", 610b
βολίταινα, "bolitena", 621b
βομβυλίς, βομβύλιος
  "bombílide", 623b, 629a
βόνασος, "bisonte", 630a, 630b
βόσκας, "marreco", 593b

βοῦς, "boi", 586b, 595a, 595b,
  602b, 604a, 605a, 606a, 606b,
  609b, 611a, 630a, 630b, 632a,
  632b
βρένθος, "ganso", 609a
βρίνθος, "brinto", 615a
βύας, "bufo-real", 592b
βωμολόχος, "bufão", 617b

γαλεός, "esqualo", 621b
γαλῆ, "doninha", 605b, 609a,
  609b, 612a, 612b
γέρανος, "grou", 597a, 597b, 614b,
  615b
γλάνις, "siluro", 602b, 608a, 621a,
  621b
γλάνος, *glano*; cf. ὕαινα, 594a
γλαῦκος, "sereia", 598a, 607b
γλαῦκος, "tintureira", 599b
γλαύξ, "coruja", 592b, 597b, 600a,
  609a, 617b, 619b
γλωττίς, "maçarico", 597b
γνάφαλος, "tagarela", 616b
γόγγρος, "congro", 590b, 591a,
  598a, 599b, 610b, 621a
γύψ, "abutre", 592b, 615a, 618b

δαμάλης, "garraio", 632a
δάσκιλλος, "dascilo", 591a
δασύπους, "lebre", 585a, 606a,
  606b, 619a
δελφίς, "golfinho", 589a, 589b,
  591b, 598b, 602a, 631a, 631b
δράκων, "peixe-aranha", 598a
δράκων, "dragão" (serpente),
  602b, 609a, 612a
δρυοκολάπτης, "pica-pau", 593a,
  614a, 614b

ἔγχελυς, "enguia", 591b, 592a, 608a
ἔλαφος, "veado", 594b, 595a,
  606a, 611a, 611b, 612a, 632a,
  632b

ἐλέα, "élea", 616b
ἐλεγῖνος, "elegino", 610b
ἐλειός, "arganaz", 600b
ἐλειός, "falcão-dos-pântanos",
  620a
ἐλεός, "coruja-das-torres", 592b,
  609b
ἐλέφας, "elefante", 596a, 604a,
  605a, 605b, 610a, 630b
ἕλμινς, "verme, lombriga", 602b,
  612a
ἐμύς, "cágado", 589a, 600b
ἔντομα, "insetos", 596b, 599a,
  601a, 605b, 622b, 623b
ἐνυδρίς, "lontra", 594b, 595a
ἐπιλαίς, "toutinegra-comum",
  592b
ἔποψ, "poupa", 615a, 616a, 616b,
  633a
ἐρίθακος, "pisco-de-peito-ruivo",
  592b, 632b
ἐρυθρῖνος, "bica", 598a
ἐρωδιός, "garça-real", 593b, 609a,
  609b, 610a, 616b, 617a
ἔχιδνα, "víbora", 599b
ἐχῖνος, "ouriço-cacheiro", 612b
ἔχις, "víbora", 594a, 600b, 607a,
  612a

ζιγνίς, "zígnis"; cf. χαλκίς, 604b

ἠπίολος, "borboleta", 605b

θραυπίς, "pintarroxo", 592b
θρίττα, "sável", 621b
θύννος, "atum", 591a, 591b, 597a,
  598a, 598b, 599b, 602a, 607b,
  610b
θώς, "chacal", 610a, 630a

ἶβις, "íbis", 617b
ἱέραξ, "falcão", 592b, 606a, 613b,
  615a, 615b, 619a, 620a, 620b

ἰκτῖνος, "milhafre", 592b, 594a,
  600a, 609a, 610a
ἴκτις, "fuinha", 612b
ἰλιάς, "tordo-ruivo", 617a
ἴουλος, "iulo", 610b
ἱππομύρμηξ, "formiga-gigante",
  606a
ἵππος, "cavalo", 585a, 594b, 595a,
  595b, 602b, 604a, 604b, 605a,
  609a, 609b, 611a, 617a, 626a,
  630a, 631a, 632a, 637b
ἵππος ποτάμιος, "hipopótamo",
  589a, 605a
ἱππoῦρος, "rabo-de-cavalo", 599b
ἰχθύς, "peixe", 586a, 586b, 590a,
  590b, 591a, 591b, 592a, 593b,
  597a, 597b, 598a, 599b, 600a,
  601a, 601b, 602a, 602b, 603a,
  607b, 608a, 610b, 616a, 620b,
  621a, 621b, 622a, 630a, 631a,
  632b
ἰχνεύμων, "mangusto", 612a
ἰχνεύμων, "icnêumon" (vespa),
  609a

κάλαρις, "cálaris", 609a
καλλιώνυμος, "cabeçudo", 598a
κάμηλος, "camelo", 595b, 596a,
  604a, 606a, 630b, 631a, 632a
κάμπη, "lagarta", 605b
κάνθαρος, "escaravelho", 601a
κάνθαρος (peixe), "xaputa", 598a
κάπρος, "javali", 632a
κάραβος, "lagosta", 590b, 601a,
  607b, 621b
καρίς, "camarão", 591b, 607b
καρκίνος, "caranguejo", 590b,
  594b, 601a, 611b, 622a
κάστωρ, "castor", 594b
καταρράκτης, "mergulhão", 615a
κεγχρηίς, "peneireiro", 594a
κελεός, "pica-pau-verde", 593a,
  609a, 610a

κέπφος ou κέμφος, "galeirão",
593b, 620a
κέρθιος, "trepadeira", 616b
κεστρεύς, "tainha", 591a, 591b,
598a, 601b, 602a, 607b, 610b,
620b, 621b, 622a
κέφαλος, "barbudo", 591a, 602a
κήρυλος, "guarda-rios-de-colete",
593b
κῆρυξ, "búzio-fêmea", 599a
κητώδη, "cetáceos", 589a, 591b
κηφών, "zangão", 623b, 624a,
624b, 625a, 626a, 626b, 627b,
628b
κίγκλος, "pilrito", 593b, 615a
κιννάμωμον, "cinamomo", 616a
κίρκος, "gralha", 609b, 620a, 633a
κίττα, "pega", 592b, 615b, 616a,
617a
κίχλη, "bodião", 598a, 599b, 607b
κίχλη, "tordo", 593b, 600a, 615a,
617a, 617b, 632b
κνίδη, "actínia", 621a
κνιπολόγος, "papa-moscas", 593a
κόγχος, κόγχη, "concha", 590b,
591a, 614b, 622a, 622b
κόκκυξ, "cuco", 618a, 618b, 633a
κόκκυξ, "peixe-cuco", 598a
κολία, "cavala", 598a, 598b, 599a,
610b
κολιός, κολοιός, "gralha", 614b,
617b
κολλυρίων, "picanço", 617b
κολυμβίς, "mergulhão", 593b
κορακίας, "gralha-de-bico-
-vermelho", 617b
κορακῖνος, "roncadeira", 599b,
602a, 607b, 610b
κόραξ, "corvo", 606a, 609a, 609b,
617b, 618b, 619a
κόραξ, "corvo-marinho", 593b
κορδύλος, "tritão", 589b
κορύδαλος, "cotovia", 617b, 633b

κόρυδος, "calhandra", 600a, 609a,
609b, 610a, 614a, 615b, 618a
κορώνη, "gralha", 593b, 606a,
609a, 610a, 617b
κόττυφος, "melro", 599b, 600a,
609b, 610a, 614b, 616a, 617a,
617b, 618b, 632b
κόττυφος, "bodião-fusco", 607b
κοχλίας, "caracol", 599a, 621a
κρέξ, "frango-d'água", 609b, 616b
κριός, "carneiro", 590b
κροκόδειλος, "crocodilo", 589a,
599a, 609a, 612a
κτείς, "leque", 599a, 603a, 607b,
621b
κύανος, "trepadeira-azul", 617a
κύβινδις, "cibindis", 619a
κύκνος, "cisne", 593b, 597b, 610a,
615a, 615b
κύμινδις, "cimindis", 615b
κυπρῖνος, "carpa", 602b
κύχραμος, "codornizão", 597b
κύψελος, "andorinha-dáurica",
618a, 618b
κύων, "cão", 594a, 594b, 604a,
606a, 607a, 608a, 612a, 612b,
629b, 630a, 630b
κωβιός, κωβῖτις, "góbio", 591b,
598a, 601b, 610b, 621b
κωλωτή, "geco", 609b

λάβραξ, "peixe-lobo", 591a, 591b,
601b, 607b, 610b
λαγωός, "lebre", 606a, 619b
λαγωφόνος, "mata-lebres", 618b
λαεδός, "laedo", 610a
λάμια, "tubarão-sardo", 621a
λάρος, "gaivota", 593b, 609a
λάταξ, "rato-d'água, castor",
594b, 595a
λεῖος ἱέραξ, "falcão-liso", 620a
λεπάς, "lapa", 590a
λευκερωδιός, "garça-branca", 593b

λέων, "leão", 594b, 606b, 610a,
  612a, 629b, 630a
λιβυός, "líbio", 609a
λύκος, "lobo", 594a, 595b, 596b,
  606a, 607a, 609b, 612b, 620b
λύκος, "lobo" (ave), 617b
λύκος, "lobo" (aranha), 622b,
  623a

μαία, "aranha-do-mar", 601a
μαινίς, "trombeiro", 607b, 610b
μαλάκια, "cefalópodes", 589b,
  590b, 591b, 606a, 607b, 608b,
  621b, 622a, 622b
μαλακοκρανεύς, "cabeça-mole",
  617a, 617b
μαλακόστρακα, "crustáceos",
  589b, 590b, 599b, 607b
μελαγκόρυφος, "toutinegra",
  592b, 616b, 632b, 633a
μελανάετος, "águia-negra", 618b
μελάνουρος, "melanuro", 591a
μέλιττα, "abelha", 596b, 599a,
  601a, 605b, 622b, 623b, 624a,
  624b, 625a, 625b, 626a, 626b,
  627a, 627b, 628a, 628b, 629a,
  629b
μέροψ, "abelharuco", 615b, 626a
μήρυξ, "ruminante" (peixe),
  632b
μόσχος, "vitelo", 632a
μυγαλῆ, "rato-musgo", 604b
μυῖα, "mosca", 596b, 611b, 628b
μύραινα, "moreia", 591a, 598a,
  599b, 610b
μύρινος, "mírino", 602a
μύρμηξ, "formiga", 583b, 594b,
  614b, 622b, 623b, 629a
μῦς, "rato", 595a, 606b, 612b,
  619b
μῦς λευκός, πόντιος, "arminho",
  600b, 632b
μύωψ, "moscardo", 596b

νάρκη, "tremelga", 620b
ναυτίλος, "argonauta", 622b
νεβρός, "enho", 618b, 619b
νῆττα, "pato", 593b
νυκτικόραξ, "corujão", 592b,
  597b, 619b

ξιφίας, "espadarte", 602a
ξυλοκόπος, "pica-pau", 593a

οἰνάνθη, "enante", 633a
οἰνάς, "pombo-ruivo", 593a
οἷς, "ovelha", 595a, 596b, 610b, 611a
οἶστρος, "estro", 596b, 598a,
  599b, 602a
οἶστρος (ave), "felosa", 592b
ὄνος, "burro", 595b, 605a, 606b,
  609a, 609b, 610a
ὄνος, "pescada-branca", 599b,
  600a, 620b
ὀρεύς, "mula", 595b
ὄρνις, "ave", 586b, 592a, 592b,
  593a, 593b, 594a, 595a, 597a,
  597b, 600a, 601a, 601b, 606b,
  607b, 609a, 610a, 612a, 612b,
  613b, 614b, 615a, 615b, 616a,
  616b, 617a, 617b, 618a, 618b,
  619a, 619b, 620a, 620b, 626a,
  630a, 631b, 632b, 633a, 633b,
  637b, 638a
ὀρόσπιζος, "tentilhão-montês",
  592b
ὀρτυγομήτρα, "frango-d'água",
  597b
ὄρτυξ, "codorniz", 597a, 597b,
  613b, 614a, 615a
ὀρφός, "agulha", 591a, 599b
ὀρφώς, "agulha", 598a
ὄρχιλος, "pássaro-dançarino",
  609a
ὀστρακόδερμα, "testáceos",
  588b, 590a, 599a, 603a, 606a,
  607b, 621b

ὄστρεον, "concha, ostra", 590a, 591a, 607b
ὄφις, "cobra, serpente", 594a, 599a, 599b, 600b, 601a, 602b, 604b, 606b, 607a, 609a, 609b, 610a, 612a, 612b, 621a

πάρδαλις, "leopardo", 606b, 608a, 612a
πάρδαλος, "leopardo" (ave), 617b
πελαργός, "cegonha", 593b, 600a, 612a, 615b
πελειάς, "pombo-bravo", 597b
πελεκάν, "pelicano", 597a, 597b, 614b
πέρδιξ, "perdiz", 613a, 613b, 614a, 621a, 633b
περιστερά, "pombo-comum", 593a, 597b, 612b. 613a, 620a, 633b
πέρκη, "perca", 599b
πέρκος, "falcão-negro", 620a
πηλαμύς, "sereia", 598a, 610b
πηνέλοψ, "piadeira", 593b
πίννα, "funil", 588b
πίπρα, "pica-pau", 609a
πιπώ, "pica-pau", 593a
πίφιγξ, "pifinx", 610a
πλάγγος, "águia-pesqueira", 618b
ποικιλίς, "pintalgada"; cf. ἀκανθίς, 609a
πολύπους, "polvo", 590b, 591a, 607b, 621b, 622a, 622b
πορφύρα, "búzio", 590b, 599a, 603a, 621b
πορφυρίων, "caimão", 595a
πρέσβυς, "velho", 609a, 615a
πριμάς, "atum-jovem", 599b
πρόβατον, "carneiro", 585a, 596a, 596b, 604a, 604b, 606a, 610b, 612b, 627b, 632b, 637b
πτέρνις, "gerifalte", 620a
πτυγγίς, "abetouro", 615b, 617a

πύγαργος, "águia-rabalva", 593b, 618b
πυραλλίς, "pombo-vermelho", 609a
πυρρούλας, "dom-fafe", 592b
πῶλος, "potro", 605a, 611a

ῥίνη, "anjo-do-mar", 620b, 622a

σαθέριον, "marta", 594b
σάλπη, "salema", 591a, 598a, 621b
σαπερδίς, "saperdis", 608a
σαργῖνος, "sarguino", 610b
σαργός, "sargo", 591b
σατύριον, "toupeira-d'água", 594b
σαῦρος, σαύρα, "lagarto", 594a, 599a, 600b, 604b, 606b, 619b, 623a
σαῦρος, "negrão", 610b
σειρήν, "sirene", 623b
σελάχη, "seláceos", 591a, 591b, 598a, 599b, 621b
σηπία, "choco", 590b, 607b, 608b, 621b, 622a
σίλφη, "barata", 601a
σινόδων, "dentão", 591a, 591b, 598a, 610b
σίττη, "trepadeira", 609b, 616b
σκαλίδρις, "maçarico", 593b
σκάρος, "papagaio", 591a, 591b, 621b
σκίαινα, "salvelino", 601b
σκνίψ, "formiga", 593a, 614b
σκολόπαξ, "galinhola", 614a
σκολόπενδρα, "escolopendra", 621a
σκομβρίς, σκόμβρος, "rascasso", 597a, 599a, 610b
σκορπίος, "escorpião", 602a, 607a
σκορπίος, "rascasso", 598a
σκώληξ, "larva", 592b, 593a, 601a, 602a, 605b, 614a, 614b, 616b, 625a, 626b, 628a

σκώψ, "mocho-d'orelhas", 592b, 617b, 618a
σμαρίς, "trombeiro-boga", 607b
σπερμολόγος, "frouva", 592b
σπίζα, "tentilhão", 592b, 613b, 617a, 620a
σπόγγος, "esponja", 588b, 616a, 620b
σπονδύλη, "barata", 604b, 619b
σταφύλινος, "estafilino", 604b
στρουθός, "pardal", 592b, 613a, 613b, 616a, 633b
στρουθός, "avestruz", 616b
συκαλίς, "papa-figos", 592b, 632b, 633a
σφήξ, "vespa", 622b, 623b, 626a, 627b, 628a, 628b, 629a, 629b
σφύραινα, "bicuda", 610b
σχοινίκλος, "abibe", 593b
σχοινίων, "escrevedeira", 610a
σωλήν, "lingueirão", 588b

ταῦρος, "touro", 594b, 595b, 609b, 611a, 630a, 630b
τενθρηδών, "vespa-gulosa", 623b, 629a, 629b
τέττιξ, "cigarra", 601a, 605b
τευθίς, "lula-pequena", 590b, 607b, 621b
τεῦθος, "lula-gigante", 610b
τήθυα, "ascídias", 588b
τίγριος, "tigre", 607a
τίλων, "tílon", 602b
τράγος, "bode" (peixe), 607b
τρίγλα, "ruivo", 591a, 591b, 598a, 610b, 621b
τριόρχης, "águia-d'asa-redonda", 592b, 609a, 620a
τριχάς, "estorninho", 617a
τριχίας, "sardinha", 598b
τροχίλος, "borrelho", 593b, 609b, 612a, 615a
τρυγών, "uge", 598a, 620b
τρυγών, "rola", 593a, 597b, 600a, 609a, 610a, 613a, 613b, 617a, 633b
τύπανος, "batedor", 609a
τύραννος, "estrelinha", 592b

ὕαινα, "hiena", 594a, 594b
ὕβρις, "híbris", 615b
ὑπολαίς, "felosa", 618a
ὗς, "porco", 595a, 595b, 603a, 603b, 604a, 605b, 606a, 607a, 609b, 621a, 630a, 632a, 637a
ὗς ἄγριος, "javali", 594b, 606a
ὕστριξ, "porco-espinho", 600a, 623a

φάγρος, "pargo", 598a, 601b
φάλαινα, "baleia", 589b
φαλαρίς, "galinha-d'água", 593b
φάλλαγξ, "tarântula", 594a, 609a, 611b, 622b, 623a
φασιανός, "faisão", 633b
φασσοφόνος, "açor", 615b, 620a
φάττα, "pombo-torcaz", 597b, 600a, 601a, 613a, 615b, 633a
φάψ, "pombo-bravo", 592b, 593a, 613a, 618a
φήνη, "xofrango, águia--pesqueira", 592b, 619a, 619b, 620a
φθείρ, "piolho, traça", 596b
φθείρ, "piolho" (peixe), 602b
φοινίκουρος, "pisco-preto", 632b
φρύνη, φρῦνος, "sapo", 609a, 626a
φρυνολόγος, "tartaranhão", 620a
φυκίς; cf. φύκης, "abrótea", 591b, 607b
φώκαινα, "toninha", 598b
φώκη, "foca", 589a, 594b, 595a, 608b
φωλίς, *fólis*, 621b
φῶυζ, "alcaravão", 617a

χαλκίς, *"cálcis"*, 602b, 621b
χαλκίς, *"cálcis"* (réptil); cf. ζιγνίς, 604b
χάννη, "serrano", 591a, 591b, 598a
χαραδριός, "borrelho", 593b, 615a
χελιδών, "andorinha", 592b, 597b, 600a, 612b, 618a, 626a
χελών, "roncador", 591a
χελώνη, "tartaruga", 589a, 590b, 600b, 612a
χήν, "ganso", 593b, 597b
χηναλώπηξ, "tadorno", 593b
χλωρεύς, "verdilhão", 609a

χλωρίς, χλωρίων, "papa-figos", 592b, 609b, 615b, 616a, 616b, 617a, 618a
χρομίς, "calafate", 601b
χρυσομῆτρις, "crisometris", 593a
χρύσοφρυς, "dourada", 591b, 598a, 599b, 602a

ψάρος, "estorninho", 600a, 617b
ψῆττα, "solha", 620b
ψιττάκη, "papagaio", 597b
ψύλλα, "pulga" (aranha), 622b, 623a

ὦτος, "bufo-pequeno", 597b

Coleção Obras de Aristóteles

Projeto promovido e coordenado pelo Centro de Filosofia da Universidade de Lisboa em colaboração com os Centros de Filosofia e de Estudos Clássicos da Universidade de Lisboa, o Instituto David Lopes de Estudos Árabes e Islâmicos e os Centros de Linguagem, Interpretação e Filosofia e de Estudos Clássicos e Humanísticos da Universidade de Coimbra. Este projeto foi subsidiado pela Fundação para a Ciência e a Tecnologia.

COLABORADORES

I. Coordenador

António Pedro Mesquita (Centro de Filosofia da Universidade de Lisboa).

II. Pesquisadores

Abel do Nascimento Pena, doutor em Filologia Clássica, professor auxiliar do Departamento de Estudos Clássicos da Faculdade de Letras da Universidade de Lisboa e pesquisador do Centro de Estudos Clássicos da Universidade de Lisboa.

Adriana Nogueira, doutora em Filologia Clássica, professora auxiliar do Departamento de Letras Clássicas e Modernas da Faculdade de Ciências Humanas e Sociais da Universidade do Algarve e pesquisadora do Centro de Estudos Clássicos da Universidade de Lisboa.

Ana Alexandra Alves de Sousa, doutora em Filologia Clássica, professora auxiliar do Departamento de Estudos Clássicos da Faculdade de Letras da Universidade de Lisboa e pesquisadora do Centro de Estudos Clássicos da Universidade de Lisboa.

Ana Maria Lóio, licenciada em Estudos Clássicos pela Universidade de Lisboa.

António Campelo Amaral, mestre em Filosofia, assistente do Departamento de Filosofia da Faculdade de Ciências Humanas da Universidade Católica Portuguesa.

António Manuel Martins, doutor em Filosofia, professor catedrático do Instituto de Estudos Filosóficos da Faculdade de Letras da Universidade de Coimbra e diretor do Centro de Linguagem, Interpretação e Filosofia da Universidade de Coimbra.

António Manuel Rebelo, doutor em Filologia Clássica, professor-associado do Instituto de Estudos Clássicos da Faculdade de Letras da Universidade de Coimbra e pesquisador do Centro de Estudos Clássicos e Humanísticos da Universidade de Coimbra.

António Pedro Mesquita, doutor em Filosofia, professor auxiliar do Departamento de Filosofia da Faculdade de Letras da Universidade de Lisboa e investigador do Centro de Filosofia da Universidade de Lisboa.

Carlos Silva, licenciado em Filosofia, professor-associado convidado do Departamento de Filosofia da Faculdade de Ciências Humanas da Universidade Católica Portuguesa.

Carmen Soares, doutora em Filologia Clássica, professora-associada do Instituto de Estudos Clássicos da Faculdade de Letras da Universidade de Coimbra e pesquisadora do Centro de Estudos Clássicos e Humanísticos da Universidade de Coimbra.

Delfim Leão, doutor em Filologia Clássica, professor associado do Instituto de Estudos Clássicos da Faculdade de Letras da Universidade de Coimbra e pesquisador do Centro de Estudos Clássicos e Humanísticos da Universidade de Coimbra.

Francisco Chorão, mestre em Filosofia, pesquisador do Centro de Filosofia da Universidade de Lisboa.

Hiteshkumar Parmar, licenciado em Estudos Clássicos pela Universidade de Lisboa.

José Pedro Serra, doutor em Filologia Clássica, professor auxiliar do Departamento de Estudos Clássicos da Faculdade de Letras da Universidade de Lisboa e pesquisador do Centro de Estudos Clássicos da Universidade de Lisboa.

José Segurado e Campos, doutor em Filologia Clássica, professor catedrático jubilado do Departamento de Estudos Clássicos da Faculdade de Letras da Universidade de Lisboa e pesquisador do Centro de Estudos Clássicos da Universidade de Lisboa.

Manuel Alexandre Júnior, doutor em Filologia Clássica, professor catedrático do Departamento de Estudos Clássicos da Faculdade de Letras da Universidade de Lisboa e pesquisador do Centro de Estudos Clássicos da Universidade de Lisboa.

Maria de Fátima Sousa e Silva, doutora em Filologia Clássica, professora catedrática do Instituto de Estudos Clássicos da Faculdade de Letras da Universidade de Coimbra e pesquisadora do Centro de Estudos Clássicos e Humanísticos da Universidade de Coimbra.

Maria do Céu Fialho, doutora em Filologia Clássica, professora catedrática do Instituto de Estudos Clássicos da Faculdade de Letras da

Universidade de Coimbra e diretora do Centro de Estudos Clássicos e Humanísticos da Universidade de Coimbra.

Maria José Vaz Pinto, doutora em Filosofia, professora auxiliar do Departamento de Filosofia da Faculdade de Ciências Sociais e Humanas da Universidade Nova de Lisboa e pesquisadora do Instituto de Filosofia da Linguagem da Universidade Nova de Lisboa.

Paulo Farmhouse Alberto, doutor em Filologia Clássica, professor auxiliar do Departamento de Estudos Clássicos da Faculdade de Letras da Universidade de Lisboa e pesquisador do Centro de Estudos Clássicos da Universidade de Lisboa.

Pedro Falcão, licenciado em Estudos Clássicos pela Universidade de Lisboa.

Ricardo Santos, doutor em Filosofia, pesquisador do Instituto de Filosofia da Linguagem da Universidade Nova de Lisboa.

III. Consultores científicos

1. Filosofia

José Barata-Moura, professor catedrático do Departamento de Filosofia da Faculdade de Letras da Universidade de Lisboa.

2. Filosofia Antiga

José Gabriel Trindade Santos, professor catedrático do Departamento de Filosofia da Faculdade de Letras da Universidade de Lisboa e pesquisador do Centro de Filosofia da Universidade de Lisboa.

3. Língua e Cultura Clássica

Maria Helena da Rocha Pereira, professora catedrática jubilada do Instituto de Estudos Clássicos da Faculdade de Letras da Universidade de Coimbra e pesquisadora do Centro de Estudos Clássicos e Humanísticos da Universidade de Coimbra.

4. História e Sociedade Gregas

José Ribeiro Ferreira, professor catedrático do Instituto de Estudos Clássicos da Faculdade de Letras da Universidade de Coimbra e pesquisador do Centro de Estudos Clássicos e Humanísticos da Universidade de Coimbra.

5. Língua e Cultura Árabe

António Dias Farinha, professor catedrático do Departamento de História da Faculdade de Letras da Universidade de Lisboa e diretor do Instituto David Lopes de Estudos Árabes e Islâmicos.

6. Lógica

João Branquinho, professor-associado com agregação do Departamento de Filosofia da Faculdade de Letras da Universidade de Lisboa e pesquisador do Centro de Filosofia da Universidade de Lisboa.

7. Biologia e História da Biologia

Carlos Almaça, professor catedrático jubilado do Departamento de Biologia da Faculdade de Ciências da Universidade de Lisboa.

8. Teoria Jurídico-Constitucional e Filosofia do Direito

José de Sousa e Brito, juiz jubilado do Tribunal Constitucional e professor convidado da Faculdade de Direito da Universidade Nova de Lisboa.

9. Aristotelismo Tardio

Mário Santiago de Carvalho, doutor em Filosofia, professor catedrático do Instituto de Estudos Filosóficos da Faculdade de Letras da Universidade de Coimbra e pesquisador do Centro de Linguagem, Interpretação e Filosofia da Universidade de Coimbra.

Plano da edição

PARTE I: TRATADOS CONSERVADOS

Volume I: Lógica
Tomo 1
Introdução geral
Tomo 2
Categorias
Da interpretação
Tomo 3
Primeiros analíticos
Tomo 4
Segundos analíticos
Tomo 5
Tópicos
Tomo 6
Refutações sofísticas

Volume II: Física
Tomo 1
Física
Tomo 2
Sobre o céu
Tomo 3
Sobre a geração e a corrupção
Tomo 4
Meteorológicos

Volume III: Psicologia
Tomo 1
Sobre a alma
Tomo 2
Sobre a sensação (= *Parva Naturalia* 1)
Sobre a memória (= *Parva Naturalia* 2)
Sobre o sono e a vigília (= *Parva Naturalia* 3)
Sobre os sonhos (= *Parva Naturalia* 4)
Sobre a predição pelos sonhos (= *Parva Naturalia* 5)
Sobre a longevidade e a brevidade da vida (= *Parva Naturalia* 6)
Sobre a juventude e a velhice (= *Parva Naturalia* 7)
Sobre a respiração (= *Parva Naturalia* 8)

Volume IV: Biologia
Tomo 1
História dos animais I-VI
Tomo 2
História dos animais VII-X
Tomo 3
Partes dos animais
Tomo 4
Movimento dos animais
Progressão dos animais
Tomo 5
Geração dos animais

Volume V: Metafísica
Tomo 1
Metafísica
Tomo 2
Metafísica
Tomo 3
Metafísica

Volume VI: Ética
Tomo 1
Ética a Nicômaco
Tomo 2
Grande moral
Tomo 3
Ética a Eudemo

Volume VII: Política
Tomo 1
Política
Tomo 2
Econômicos
Tomo 3
Constituição dos atenienses

Volume VIII: Retórica e Poética
Tomo 1
Retórica
Tomo 2
Poética

Volume IX: Espúrios
Tomo 1
Sobre o universo
Sobre o alento [= *Parva Naturalia* 9]
Tomo 2
Sobre as cores
Sobre aquilo que se ouve
Fisiognomônicos
Sobre as plantas
Sobre os prodígios escutados
Tomo 3
[Problemas] Mecânicos
Tomo 4
Problemas [Físicos]
Tomo 5
Sobre as linhas indivisíveis
Sobre os lugares e nomes dos ventos
Sobre Melisso, Xenófanes e Górgias
Virtudes e vícios
Retórica a Alexandre

PARTE II: OBRAS FRAGMENTÁRIAS

Volume X: Autênticos
Tomo 1
Diálogos e obras exortativas
Tomo 2
Tratados, monografias, recolhas e textos privados

Volume XI: Espúrios e Duvidosos
Tomo 1
Medicina
Apologia contra Eurimedonte a propósito da acusação de impiedade
Agricultura
Mágico
Tomo 2
Epítome da arte de Teodectes
Sobre a filosofia de Arquitas
Problemas físicos em 38 (68) (78) livros
Sobre as cheias do Nilo

PARTE III: APÓCRIFOS

Volume XII: Lógica, Física e Metafísica
Tomo 1
Divisões [pseudo]aristotélicas
Problemas inéditos [de medicina]
Sobre a pedra
Tomo 2
Livro da causa
Livro da maçã

Volume XIII: Teologia
Tomo 1
Segredo dos segredos
Tomo 2
Teologia

PARTE IV: BIBLIOGRAFIA E ÍNDICES

Volume XIV
Tomo 1
Bibliografia geral
Tomo 2
Índices

Impressão e acabamento:

Orgrafic
Gráfica e Editora
tel.: 25226368